本书系浙江省社会科学规划后期资助项目
（19HQZZ25）成果

创新活动与企业生存风险：机理与实证研究

鲍宗客　张雪娇 ⊙ 著

立信会计出版社

图书在版编目(CIP)数据

创新活动与企业生存风险：机理与实证研究/鲍宗客，张雪娇著. —上海：立信会计出版社，2021.12
ISBN 978-7-5429-6675-9

Ⅰ.①创… Ⅱ.①鲍… ②张… Ⅲ.①企业创新—研究—中国②企业管理—风险管理—研究—中国 Ⅳ.①F279.23

中国版本图书馆 CIP 数据核字(2022)第 005381 号

策划编辑　　张巧玲
责任编辑　　张巧玲

创新活动与企业生存风险：机理与实证研究
CHUANGXIN HUODONG YU QIYE SHENGCUN FENGXIAN JILI YU SHIZHENG YANJIU

出版发行	立信会计出版社
地　　址	上海市中山西路 2230 号　　邮政编码　200235
电　　话	(021)64411389　　传　真　(021)64411325
网　　址	www.lixinaph.com　　电子邮箱　lixinaph2019@126.com
网上书店	http://lixin.jd.com　　http://lxkjcbs.tmall.com
经　　销	各地新华书店
印　　刷	苏州市古得堡数码印刷有限公司
开　　本	787 毫米×1092 毫米　　1/16
印　　张	15　　插　页　1
字　　数	278 千字
版　　次	2021 年 12 月第 1 版
印　　次	2021 年 12 月第 1 次
书　　号	ISBN 978-7-5429-6675-9/F
定　　价	58.00 元

如有印订差错，请与本社联系调换

序

企业生存是企业能够持续经营而不退出市场的可能性,企业的持续生存与成长是产业发展的重要基础,也是实现就业和经济增长等宏观政策目标的有效保障。相对于市场进入来说,企业在市场中持续生存更为困难,因此,生存风险一直伴随着企业从进入市场到退出市场这一存续周期。理论界对企业生存问题的探讨,主要是研究企业在市场中如何成长、竞争博弈、持续经营等问题,目的在于更加深入地剖析产业动态、行业演化,甚至市场均衡问题。近年来,企业生存研究已经成为产业组织研究领域解释产业变迁的重要视角,对理解企业决策、产业间成长差异,揭示产业演进规律有着重要的价值。

企业生存问题,尤其是中小企业生存问题一直是理论界和相关政府部门关心的焦点,国外也有许多相关调查研究。美国《财富》杂志的统计数据显示,美国62%的企业寿命不超过5年,只有2%的企业能存活50年。日本《日经实业》的调查显示,日本企业平均寿命为30年;《日本百强企业》一书记录了日本百年间企业变迁史,在百年中,始终列入全球百强的企业只有一家。Bartelsman等人通过对10个经合组织(OECD)国家的数据分析发现,20%~40%的企业在最初两年之内就会退出市场,40%~50%的企业可生存7年以上。

目前,中国企业的生存风险还没有引起理论界的足够关注,对中国企业生存风险巨大这一事实,现有的为数不多的研究普遍将其归结为两点:一是制度变迁论。中国市场化转轨过程带来一系列制度变迁,如产业政策、监管制度、宏观调控政策等的变迁,这些制度变迁所带来的微观层面变化可能会影响企业的适应能力,一些产品单一、抗风险能力较差的企业会难以适应政策变化而被迫选择退出市场。二是资源基础论。该理论从企业内部独特的资源束来解释企业间的生存风险差异,企业生存风险的大小主要取决于其所拥有的那些稀缺的、难以被模仿和替代的异质性资源,如专利、人力资本、商誉、政治关系等。然而,由于转轨时期中国企业具有关系型嵌入市场的特征,企业的异质性资源主要表现为缄默的关系型资源。缄默关系型资源的重要特征是企业难以长时间对其维持和拥有。一旦企业在某个生存时间点失去这一异质性资源的优势,极有可能使得企业之间出现同质化现象,市场出现恶性竞争,企业面临严峻的生存问题。这也是中国市场化改革中企业面临的典型问题。

进入21世纪以来,中国政府把"推动产业转型,促进技术创新"作为中国产业政策的主要方向。为此,中国政府颁发了一系列政策措施来引导企业进行创新活动。例如,我国在2008年重新修订《中华人民共和国科技进步法》,2013年国务院办公厅推出《关于强化企业技术创新主体地位全面提升企业创新能力的意见》。特别是中共十八大召开以后,中国政府明确实施创新驱动发展战略,把科技创新摆在国家发展的核心位置。2016年5月,《国家创新驱动发展战略纲要》的出台标志着创新驱动发展战略进入全面实施的阶段。可以说,中国经济增长的模式正处于由粗放型驱动向创新型驱动发展转变的重要机遇期,创新正逐渐成为"新常态"下中国宏观经济实现可持续发展的关键因素。那么,在"大众创业、万众创新"的背景下,中国企业的生存状况是否得到改善?创新活动是否能够抑制企业在市场中的生存风险?企业创新激励需要什么样的知识产权制度来协调?

在这一背景下,本书以转轨时期中国企业面临巨大生存风险这一事实为出发点,以我国的创新驱动政策为切入点,研究创新行为抑制我国企业生存风险的演化机理和路径,并考察这一机理需要什么样的知识产权保护制度来协调,由此设计降低中国企业生存风险的创新政策,寻求中国政府支持创新驱动发展战略的微观证据。

本书总共分为七章。第一章和第二章是导论和研究基础与研究方法。一方面,该部分对现有国内外关于企业生存、创新活动与知识产权保护制度的相关文献进行回顾和评述;另一方面,介绍本书所使用的研究方法——事件史分析方法,包括其来源、最新研究进展及具体内容。

第三章为中国企业生存态势的基本特征。本章借助原中国工商总局的企业信息库初步分析2000—2012年全国新设立企业的数量、退出企业的数量及生存时间等反映企业基本生存特征数据,以及这些生存特征在不同行业、不同区域、不同企业规模之间的差异。第四章为创新行为的演化态势与生存统计。这一章所要探讨的问题是在市场化转轨的过程中,中国制造企业从进入到退出的生存特征以及市场运营过程中的创新演化特征。这一章的内容为后续的实证研究提供初步支撑。

第五章和第六章为实证研究内容,所探讨的问题是创新活动如何影响企业的生存风险,以及如何将知识产权制度所引发的研发扭曲特征引入生存风险的研究中。第七章为研究结论与政策建议。政策启示主要从降低企业生存风险的视角展开,结合本专著的研究结论,包括三个部分：一是宏观制度的启示,包括营造优越的制度环境、维持良好的宏观经济运行状态、降低国有企业的补贴力度等；二是关于企业创新的机制,包括鼓励企业进行自主创新、创新的融资机制、研发扭曲的矫正机制及合理的退出机制等；三是关于知识产权保护制度的相关机制。

由于笔者水平有限,疏漏之处在所难免,诚恳地欢迎同行专家和读者批评指正,提出宝贵的意见。

鲍宗客

2021年10月

目　　录

第一章　导论 ··· 001
　　第一节　研究概述 ··· 001
　　　　一、研究背景 ··· 001
　　　　二、研究意义 ··· 003
　　第二节　研究工作 ··· 007
　　　　一、研究问题 ··· 007
　　　　二、研究内容和技术路线图 ··· 010
　　　　三、研究方法 ··· 012
　　第三节　本书的创新点 ··· 015

第二章　研究基础与研究方法 ··· 016
　　第一节　研究现状 ··· 016
　　　　一、企业生存的相关研究 ··· 016
　　　　二、创新活动与企业生存关系的相关研究 ································· 027
　　　　三、知识产权保护制度相关研究 ··· 030
　　　　四、相关文献评述 ··· 034
　　第二节　事件史分析方法 ··· 035
　　　　一、事件史分析方法的来源 ··· 035
　　　　二、事件史分析方法的应用进展 ··· 036
　　　　三、事件史分析方法的内容 ··· 041

第三章　企业风险积聚成因与生存特征 ··· 051
　　第一节　企业风险积聚的成因 ··· 051
　　　　一、战略因素 ··· 051

二、财务因素 ……………………………………………… 051
三、运营因素 ……………………………………………… 052
四、宏观环境因素 ………………………………………… 053

第二节 企业生存的关键时期 …………………………………… 054
一、创立与成熟是生存的两个关键时期 ………………… 054
二、创业初期企业死亡率高的原因 ……………………… 056

第三节 企业死亡的成因和过程 ………………………………… 059
一、企业死亡的成因 ……………………………………… 059
二、企业死亡的过程 ……………………………………… 062

第四节 企业生存现状 …………………………………………… 064
一、企业生存时间分布 …………………………………… 065
二、死亡率和存活率变化趋势 …………………………… 065
三、企业生存瓶颈期 ……………………………………… 067
四、企业生存的行业差异 ………………………………… 067
五、各地区企业生存时间特征 …………………………… 071
六、不同规模企业生存特点 ……………………………… 071

第四章 创新行为的演化态势与生存统计 …………………………… 074

第一节 数据构建 ………………………………………………… 074
第二节 中国企业进入和退出特征 ……………………………… 077
一、企业进入态势 ………………………………………… 077
二、制造企业的生存状况 ………………………………… 078

第三节 企业进入市场与创新行为动态演化 …………………… 081
一、企业进入市场的特征 ………………………………… 081
二、市场进入与创新行为的演化 ………………………… 083
三、创新行为的纵向分解 ………………………………… 085

第四节 企业生存时间的非参数统计 …………………………… 091
一、Kaplan-Meier 统计量 ………………………………… 091
二、按研发分组的企业生存时间差异 …………………… 092
三、按知识产权保护程度分组的生存时间差异 ………… 094

第五节 研发企业的生存溢价检验 ……………………………… 095

一、研究设计 ··· 095
　　二、研发企业的生存溢价 ··· 098

第五章　创新活动对企业生存风险的影响 ································· 102
第一节　引言 ··· 102
第二节　研究设计 ··· 105
　　一、倾向得分匹配 ·· 106
　　二、Cox 模型 ·· 107
第三节　创新活动对企业生存风险的估计结果 ························ 110
　　一、倾向得分匹配结果 ·· 110
　　二、创新倾向与企业生存风险 ··· 112
　　三、创新强度对企业生存风险的异质性效应 ························· 117
第四节　基于动态的维度 ··· 121
第五节　本章小结 ··· 124

第六章　创新活动、产权制度与生存风险 ································· 126
第一节　引言 ··· 126
第二节　中国知识产权制度 ·· 127
第三节　研究假说 ··· 132
第四节　研究设计 ··· 134
第五节　估计结果 ··· 138
　　一、知识产权保护程度与研发企业生存风险估计结果 ············· 138
　　二、实质性创新企业和策略性创新企业的分类估计 ··············· 142
第六节　稳健性检验 ··· 145
　　一、模型拟合度评价 ··· 145
　　二、稳健性检验 ··· 145
第七节　本章小结 ··· 146

第七章　结论与启示 ·· 148
第一节　研究结论 ··· 148
第二节　政策启示 ··· 150

一、关于宏观制度的启示 …………………………………………… 150

　　二、关于创新机制的启示 …………………………………………… 151

　　三、关于知识产权制度的启示 ……………………………………… 153

第三节　研究展望 ………………………………………………………… 155

附录1　国务院关于大力推进大众创业万众创新若干政策措施的意见 …… 157

附录2　国家知识产权战略纲要 …………………………………………… 166

附录3　深入实施国家知识产权战略　加快建设知识产权强国推进计划
　　　　……………………………………………………………………… 176

附录4　2008—2018年各个地区实施知识产权战略概括 ……………… 186

主要参考文献 ……………………………………………………………… 205

第一章 导 论

企业生存是产业组织研究领域解释产业变迁的重要视角,对理解企业决策、产业间成长差异,揭示产业演进规律有着重要价值。中国企业的生存风险还没有引起国内理论界的足够关注。目前,中国经济增长的模式正面临由粗放型驱动向创新型驱动发展转变的重要机遇期,创新正逐渐成为"新常态"下中国宏观经济实现可持续发展的关键因素。那么,在"大众创业、万众创新"的背景下,中国企业的生存状况是否得到改善?创新活动是否能够抑制企业在市场中的生存风险?企业的创新激励需要什么样的知识产权制度来协调?这些内容是本书将要探讨的问题。

第一节 研究概述

一、研究背景

市场化改革以来,中国政府逐渐放开对产业的进入管制:一方面,取消对传统制造业和一般服务业的进入限制,产业资本可以无准入地进入住宿餐饮业、计算机服务业、制造加工业等领域;另一方面,中国开放了大量特殊的行业,使境外主体取得了在未来几年中逐步进入特殊服务经营市场的资格,如金融业、运输业、电信业、零售业、旅游业等。特别是近几年,中国政府进一步放开自然垄断行业、金融业、通信业等领域的准入限制。

在这一阶段,中国微观产业组织领域所表现的一个突出特征是制造企业的大规模进入,其中民营资本和外商投资占据了进入的绝大部分比例。例如李平等(2011)对中国制造业1998—2007年进入数据的统计显示,中国制造业历年的平均进入率高达35.17%,其中2004年的平均进入率最高,达到94.18%。而成熟市场的制造部门的平均进入比率在3.2%～8.2%(Gable 和 Schwalbach,

1991)。毫无疑问,中国企业的进入态势要远远高于成熟的市场经济体。市场开放、以非国有资本为主体的大规模进入和退出及其导致的市场结构演变和产业演化是中国市场化转轨的重要特征和近年来中国经济最重要的结构变迁之一(Nauguton,1992;Mcmillan 和 Naughton,1992;Perkins,2002;李平等,2011)。

这一现象引起了理论界持续的关注(张军,1998;魏后凯,2003)。部分学者认为大规模的市场进入是中国制造业出现重复建设、产业同构甚至恶性竞争的根源(张军,1998;杨慧馨,2000;魏后凯,2003)。事实上,中国宏观经济出现了两次重大且与大规模进入相关的问题。

一是,20世纪90年代中期,中国政府对非国有部门的行政性管制,包括准入门槛、审批时限和权限的进一步放松以及批准、放宽和鼓励外商投资企业进一步进入中国制造的部分行业。在随后的几年时间里,中国的绝大部分制造业存在厂商的过度进入,市场结构趋于分散,企业规模小,经营高度同质化,甚至更为严重的是,出现恶性竞争、重复建设等一系列问题,中国制造企业的绩效呈现进一步恶化的态势。

二是,2008年中国政府为应对金融危机推出的4万亿元投资计划,行业需求的扩张刺激钢铁、水泥、有色金属、化工及基建等行业出现了企业大量进入现象,其后不到两年的时间,这些行业的绝大部分出现了严重的产能过剩问题,钢铁、水泥、电解铝、平板玻璃、焦炭等行业的产能利用率大概在70%[①],光伏行业的利用率更低不到60%,这一问题造成企业估值的严重下滑,面临产能过剩问题的上市公司,如中国中冶、中国铝业等公司的股价连续创出历史新低。

在这期间,大量在位企业选择退出或者被挤出市场,原中国工商总局的统计数据显示,从2008年年初至2012年年底,全国累计退出市场的企业共有394.22万家。从退出企业生存时间分布来说,生存时间为1年以内(即注册后当年退出市场)的企业共53.96万户,占退出企业总量的13.7%;然后是生存时间为2年的企业共53.18万户,占退出企业总量的13.5%;生存时间在5年以内的企业合计233.12万户,占退出企业总量的59.1%。许多家喻户晓、享有较高声誉的"百年老店",如王麻子、张小泉、太平馆等,相继出现盈利衰退、停业,甚至破产清算。根据一些学者的测算,中国企业的年死亡率大致维持在20%~30%,这一退出比率要远远超过成熟经济体的平均水平(李平等,2011)。

---

① 数据来源于中国行业研究网。

高死亡率意味着企业生存时间很短,中国企业面临巨大的生存风险(曹献飞和于诚,2015)。表1-1报告了中国企业生存时间的分布态势。截至2012年年底,中国实有企业1 322.54万户,企业的平均生存时间为6.09年。其中,大部分企业生存时间在5年以内,共有652.78万户企业,占企业总量的49.35%;5～10年的企业数量为435.24万户,占企业总量的32.91%;在市场上生存10年以上的企业则相对较少,只有234.52万户,占企业总量的17.74%;而具有历史积淀的"百年老店"在中国则几乎不存在。

可以说,企业生存状况差、难以在市场中长时间持续经营,是中国当前市场的典型特征。随着中国市场化改革逐步进入"深水区",中国宏观环境变得越发动态和复杂,这对企业的持续经营提出了更高的挑战。面对中国企业纷纷陷入"一年建厂,二年发财,三年倒闭"的怪圈,通过有效措施切实降低中国企业的生存风险变得十分紧迫和必要。

表1-1 2008—2012年中国企业生存时间分布

生存时间	企业数量(万户)	比重	生存时间	企业数量(万户)	比重
1年	195.91	14.81%	11年	43.13	3.26%
2年	185.19	14.00%	12年	33.95	2.57%
3年	153.39	11.60%	13年	27.15	2.05%
4年	118.29	8.94%	14年	21.71	1.64%
5年	89.92	6.80%	15年	18.16	1.37%
6年	82.54	6.24%	16年	13.18	1.00%
7年	76.66	5.80%	17～19年	27.74	2.10%
8年	67.84	5.13%	20～24年	35.83	2.71%
9年	62.47	4.72%	24年以上	13.67	1.03%
10年	55.81	4.22%	合计	1322.54	100.00%

数据来源:全国工商总局企业信息库。

二、研究意义

企业生存是指能够持续经营而不退出市场的可能性(Hannan和Freeman,1988),某一产业内企业的持续生存与成长是产业发展的重要基础,也是贡献于就业和经济增长等宏观政策目标的有效保障(Holmes等,2010)。相对于市场进入来说,企业在市场中持续生存更为困难,因此,生存风险一直伴随着企业从进入市场到退出市场这一存续周期。理论界对企业生存问题的探讨,主要是研究企业在市场中如何成长、竞争博弈及持续经营等问题,目的在于更加深入地剖析产业动态、行业演化甚至市场均衡问题。近年来,企业生存研究已经成为产业组织研究领域解释产业变迁的重要视角,对理解企业决策、产业间成长差异,揭示产业演进规律有着重要的价值。

企业生存问题尤其是中小企业生存问题一直是理论界和相关政府部门关心的焦点,国外也有许多相关调查研究。美国《财富》杂志的统计数据显示,美国62%的企业寿命不超过5年,只有2%的企业能存活50年。日本《日经实业》的调查显示,日本企业平均寿命为30年。《日本百强企业》一书记录了日本百年间的企业变迁史,在百年中,始终列入全球百强的企业只有一家。Bartelsman等人通过对10个经合组织(OECD)国家的数据分析发现,20%~40%的企业在最初两年之内就会退出市场,40%~50%的企业可以生存7年以上。

目前,中国企业的生存风险还没有引起理论界的足够关注,对中国企业生存风险巨大这一事实,现有的为数不多的研究普遍将其归结为两点:一是制度变迁论,这一观点认为中国市场化转轨过程带来的一系列的制度变迁,如产业政策、监管制度、宏观调控政策等,这些制度变迁所导致的微观层面变化可能会影响企业的适应能力,一些产品单一、抗风险能力较差的企业会难以适应政策变化而被迫选择退出市场(李平等,2012)。二是资源基础论,这一观点从企业内部独特的资源束来解释企业间的生存风险差异,其生存风险的大小主要取决于企业所拥有的那些稀缺的、难以被模仿和替代的异质性资源,如专利、人力资本、商誉及政治关系等(Zahra等,2006;Garnsey等,2006)。然而,由于转轨时期中国企业具有关系型嵌入市场的特征,企业的异质性资源主要表现为缄默的关系型资源。缄默关系型资源的重要特征是企业难以长时间对其维持和拥有(陈艳莹和夏一平,2011)。一旦企业在某个生存时间点失去这一异质性资源的优势,所导致的结果是,极有可能使得企业之间出现同质化现象,市场出现恶性竞争,企业面临严峻的生存问题。这也是中国市场化改革中企业面临的典型问题。

事实上,一个很容易被理论界和政策制定者所忽略的问题是,中国企业并不像发达国家的企业那样存在良性产业演化机制,即在完善的产权监管体制下,企业之间通过创新竞争、干中学竞争等方式获取竞争优势来毁灭性地破坏行业中的市场结构,使行业产生动态演化,这一结果导致低效率的企业逐渐衰退、被兼并或者退出市场。在产权制度不完善的背景下,绝大多数企业通过比拼产品价格、压缩成本等方式来获得竞争优势,技术创新和产品开发的速度较缓慢。在这种竞争模式下,中国企业的处境极为尴尬,大量企业"不愿"进行创新甚至"不敢"进行创新活动。尤其对中小企业来说,它们创新意愿极低。可以说,大多数企业普遍将创新投资当作一种沉没成本,在创新活动中投入的越多,企业的负担就越大。创新缺失所引发的恶性竞争格局很可能会使中国的企业天然地缺乏核心竞争力,从而直接增加中国企业的生存风险,并使其呈现低效率均衡的特征。虽然中国政府近年来不断地加大对企业的创新扶持力度,但中国企业仍然面临巨大的生存风险,这可能与中国企业创新投资水平存在一定的关系。

知识产权保护制度作为一种旨在提高创新激励水平而设立的制度,由于其需要在垄断产生的静态损失和动态收益之间取得合理平衡而引发了许多争论(尹志峰等,2013)。一直以来,由于市场化改革的特殊背景,中国政府所执行的是较为宽松的知识产权保护制度(张杰等,2015)。大量中小制造企业通过向行业中的龙头企业实施技术模仿、知识窃取等方式来优化自身的产品结构。这种技术溢出方式被认为是近些年中国宏观经济高速增长的重要推动力(陈艳莹和鲍宗客,2012)。然而,这一制度也在微观领域产生了一系列的问题,一方面,企业之间专利侵权、专利诉讼等不利于企业发展的事件频频发生,中小企业模仿跨国公司的企业名称、注册商标甚至直接盗用专利,这些事件极大地降低了跨国公司的投资热情,破坏了企业间的竞争环境;另一方面,这也导致很多跨国公司不愿意将技术转移到知识产权保护程度较弱国家的子公司中。

进入21世纪以来,中国政府把"推动产业转型、促进技术创新"作为中国产业政策的主要方向。为此,中国政府颁发了一系列的政策措施来引导企业进行创新活动。例如,我国在2008年重新修订了《中华人民共和国科技进步法》,国务院办公厅在2013年推出了《关于强化企业技术创新主体地位全面提升企业创新能力的意见》。特别是在中共十八大召开以来,我国政府明确实施创新驱动发展战略,把科技创新摆在国家发展的核心位置。2016年5月,《国家创新驱动发展战略纲要》的出台标志着创新驱动发展战略进入全面实施的阶段。可以说,中国经济增长的模式正面临由粗放型驱动向创新型驱动发展转变的重要机遇期,创新正逐渐成为"新常态"下中国宏观经济实现可持续发展的关键因素(张杰等,2015)。那么,在"大众创业、万众创新"的背景下,中国企业的生存状况是否得到改善?创新活动是否能够抑制企业在市场中的生存风险?企业创新激励需要什么样的知识产权制度的协调?

目前,已有文献主要关注两个方面的内容:一方面,知识产权保护制度与创新激励之间的联系。这方面文献认为良好的知识产权保护制度可以降低创新知识被模仿的风险，增加创新技术的专有性，有利于企业进行技术创新投入（Cohen，2010；史宇鹏和顾全林，2013；Fu 和 Yang，2009；尹志峰等，2013）。另一方面，创新活动与企业生存之间的关系（Boyer 和 Blazy，2014；Colombelli 等，2013）。产业演化观认为创新是行业的破坏性力量，创新企业能够引领行业的演化方向，而不创新的企业由于生产率达不到留在市场所必需的最低生产率水平而选择退出市场。相对于非创新企业来说，创新企业的生存时间更长（Fontana 和 Nesta，2010；Buddelmeyer 等，2010；鲍宗客，2016）。

然而，已有文献普遍忽略的是，在现有研发扶持政策下，部分研发企业的研发行为会出现一定程度的扭曲。目前，政府在激励微观实体进行研发活动方面主要有两种政策——研发补贴和税收优惠。这两种政策的实施主要在生产环节一端，以研发投入量的一个当量系数进行补贴或者以研发投入量超倍数加计成本支出。这种事后扶持政策加大了政府识别企业研发行为的难度，政府和研发企业之间会产生严重的信息不对称，研发企业可能会向政府发送虚假的创新信号以获取政策扶持（安同良等，2009），甚至经济中会充满寻租活动（Dosi 等，2006）。

这种扭曲从根本上改变了研发企业从事研发活动的真正目的，企业进行研发活动并不是真正出于产品创新的目的而进行实质性创新，而且这种研发行为的扭曲对技术创新来说是低效率的。在这一制度背景下，研发行为扭曲对企业生存溢价影响这一问题的研究又被赋予了新的内涵，产业演化观得出生存溢价的结论有待进一步商榷。

因此，本书以转轨时期中国企业面临巨大生存风险这一事实为出发点，以中国的创新驱动政策为切入点，研究创新行为抑制中国企业生存风险的演化机理和路径，并考察这一机理需要什么样的知识产权保护制度的协调，由此设计降低中国企业生存风险的创新政策，寻求中国政府创新驱动发展战略的微观证据。同时，本书的研究也是对知识产权保护制度设计理论的拓展和深化，有望在知识产权保护制度设计的分析框架、产业动态的演进规律等方面取得创新性成果，这一演化机理可以解释目前中国企业创新动力缺失的事实，具有重要的理论价值。

在实际应用价值方面：一是，市场化转轨以来，虽然中国企业的高流程特征改善了宏观经济的效率，但对企业个体来说，其自身却面临巨大的倒闭风险，这严重制约了企业自身的发展和个体品牌的建立。本书提出的降低企业生存风险的创新政策能够为企业延长生存时间，为建立个体声誉提供新的参考。二是，中国企业存在的研发扭曲现象已经引起监管当局的重视,这一问题产生的根源是现有研发激励政策不完善。本书所提出的研发激励政策的调整对监管当局制定适当的研发激励政策具有一定的参考价值。三是,当前中国正处产业结构转型的关键期,这一阶段企业需要进行更多的创新投资以顺利完成产业升级,然而中国企业普遍认为创新的溢价并不明显,甚至创新投资是一种沉没成本,本书的研究可以为企业的创新激励提供新的理论依据,推进中国宏观经济的结构转型,加速中国经济增长方式向创新驱动发展转变,具有重要的现实意义。

第二节 研 究 工 作

一、研究问题

本书以转轨时期中国企业面临巨大生存风险这一事实为出发点,以中国的创新驱动政策为切入点,研究创新行为抑制中国企业生存风险的演化机理和路径,并考察这一机理需要什么样的知识产权保护制度来进行协调,由此设计降低中国企业生存风险的创新政策,寻求中国政府创新驱动发展战略的微观证据。本书所研究的问题主要包括以下几个:

第一,转轨时期企业生存风险形成的基本理论,对中国企业生存风险有较强的指导意义。在中国转轨经济的特殊背景下,中国企业的进入特征并不像发达国家那样主要是基于企业间异质性而对在位企业的一种替代,是市场对不同类型企业的选择过程(Baldwin,1998),也是市场出现大规模的盈利预期下,对市场超额利润的一种"纠正"并使其常态化。中国在位企业的退出特征也不像发达国家的企业那样基于生产率分布而形成自选择效应,大量中国企业以持续亏损的形式长期在市场中生存,甚至成为"僵尸"企业(李伟,2009)。而且,企业的生存状况随着市场化改革而不断变化和波动。这在客观上造成了中国企业生存风险的形成机理和特征有可能与发达国家的企业不一样。因此,本书将结合中国转轨经济的特殊背景,分别构建新进入企业和在位企业两类不同企业生存风险形成的基本理论框架,并对中国现阶段企业生存风险较大这一事实进行解释。

第二,企业进入和创新行为的动态演化。从企业间的竞争行为来说,通过加大研发投入保持技术优势通常被认为是在位企业为了保持行业地位而采取的主要策略,特别是当在位企业间的技术差距不大或者行业的技术周期较短时

(Aghion 等,2009)。然而,由于目前中国知识产权保护力度较弱以及技术侵权的法律诉讼成本较高,企业间的技术溢出强度不容忽视,加大创新投入也许并不能达到差异化的目的。相反,在位企业投入的研发资源越多,竞争对手通过学习获得的技术更新机会也越多,对在位企业利益的损害也越大。那么,在位企业的创新投入很有可能变成培养非创新企业的温床。

本书系统性地剖析转轨经济背景下企业进入市场之后创新行为的演化态势,拟从三方面进行:其一,制造企业的进入态势和生存状况。如果中国企业的进入特征属于过度进入,那么,这类企业在行业的超额利润水平回到平均利润水平之后将会"被死亡",因此这类企业的生存寿命将会极其短暂。其二,市场进入与创新行为的动态演化态势。由于创新投资存在相当大风险,技术转化率相当低,加之中国技术交易市场不成熟,更缺乏一个有效的风险投资市场,创新投资具有较大的不确定性。因此,企业的创新演化是一个有必要探讨的问题。其三,研发企业的生存溢价检验。这是企业进行创新活动的基本目的之一,探讨创新活动能够在多大程度上延长企业的生存寿命。

第三,创新活动对企业生存风险的影响研究。将企业的创新活动置于策略性理论框架下,则企业的创新决策不再仅仅基于企业内部特征而做出,还包括市场动态因素,后者是企业间的一种"军备竞赛"或者相互间博弈的均衡结果(Balasubramanian 和 Lieberman,2011)。一旦企业在收益预期和竞争压力的双重作用下不断增加对内生性沉没成本的投资,反而会导致企业自身乃至整个行业生存风险的集聚。这一路径大体上可以成为解释目前中国企业缺乏创新的原因。因此,创新活动对企业生存风险的作用机理需要进行系统性的研究。按照这一思路,本书将在前一部分的基础之上,通过构建准自然实验计量模型,从创新的强度、持续性等多个角度测度其对生存风险的作用强度。具体内容包括:

(1)创新活动对企业生存风险的测度。考虑到创新活动与企业生存风险之间可能会存在严重的选择性偏差,这部分将进行审慎的研究设计,即构建准自然实验的计量模型来克服这一问题,实证研究主要分为三个步骤:首先,以企业是否进行创新活动为分界点,将创新企业和非创新企业作为实验组和控制组,检验这两类企业在生存持续时间和生存风险上是否存在显著性不同,并且从整体上测度创新行为对企业生存风险的强度。其次,考察创新活动对企业生存风险的影响强度,平均来说,企业通过创新活动可以带来多大的生存风险效应,以及捕获企业生存风险最优的创新活动水平。最后,从产品需求创新强度和竞争策略创新强度两个层面,分别确定必要性创新和策略性创新对企业生存风险的作用方向、强度和差异。

（2）持续创新对企业生存风险的测度。通过前期调研发现，部分企业在创新投入上具有非持续性，企业在生存周期中只有少部分年份存在创新投入，而其余年份并没有这方面的支出，因此，有必要进一步探讨创新的纵向动态维度对企业生存风险的效应。一方面测度创新的纵向动态维度，也即创新的持续性对生存风险的抑制效果；另一方面比较创新的动态维度和创新的静态维度在抑制企业生存风险效果上的差异。

第四，创新活动、产权制度与企业生存研究。在中国目前的知识产权保护制度下，部分企业的研发行为会出现扭曲，会进行策略性研发。知识产权保护制度对创新行为存在差异的两类企业的生存风险的影响效应是不一样的。对于策略性创新的研发企业来说，它们最关心的不是研发成果能否给企业带来超额利润，而是获得政府的回报或者一种政治关系，企业研发回报率和研发激励大小更多地受到扶持政策因素的驱动。因此，这一部分主要考察在现有的知识产权保护制度下研发行为的扭曲如何影响企业的生存风险。其主要内容包括以下两方面：

（1）知识产权保护制度与研发企业的生存风险。研发企业的研发活动能否顺利转化为研发成果以及研发企业的研发成果能否得到合理的回报离不开知识产权保护制度的实施，因此这部分总体上研究知识产权保护程度对研发企业生存风险的影响效应。

（2）实质性研发企业和策略性研发企业生存风险的内在差异。这部分详细探讨研发行为的扭曲如何恶化企业的生存风险。

第五，降低企业生存风险的创新机制与政策。由于企业的创新活动基于两个不同层面的来源，而这两者对企业生存风险的影响路径存在差异，那么在政策研究中也应该对两者进行区别对待。因此，本部分将以企业的创新政策为出发点，进行具体的政策设计来抑制企业在市场中的生存风险，是对上述四个部分成果的综合应用，将从以下三方面展开：

（1）总体思路和框架，包括规范企业市场竞争环境的分阶段目标、体系构成和着力点选择，长期政策与短期政策的配合以及政策实施的路径设计等。

（2）引导企业投资产品需求创新的机制。从项目组前期准备工作来说，策略竞争创新可能会导致企业将过多的资源投入到低效率的市场博弈中，策略竞争创新的投资效率要远远低于产品需求创新活动。因此，这部分政策的重点是引导企业将更多的创新成本用在自身的产品需求上，更加注重投资内生性沉没成本的效率,并结合政策补贴、融资便利、税收优惠等具体微观政策协调实施。

(3)扶持和培育形成企业自主创新的长效机制。目前,中国宏观制度环境并不利于企业进行自主创新,无论是产品需求创新还是策略竞争创新。在培育形成自主创新的机制方面应针对不同创新属性进行:在产品需求创新上,一方面,应通过政策的创新明晰企业创新成果的产权,提高企业创新的溢价率,让企业"敢于"创新以及"愿意"创新;另一方面,引导企业注重创新活动的持续性,形成自主创新的长效机制。在策略竞争创新上,规范创新投资秩序,防止企业盲目地、不惜代价地进行创新投资。

二、研究内容和技术路线图

本书总体上按照"现状分析→理论研究→实证研究→政策研究"的逻辑顺序展开,研究内容主要分为七章。

第一章为导论。这部分介绍了本书的选题背景和研究意义,提炼本书的研究重点以及创新点。市场化转轨以来,中国企业面临巨大的生存风险,企业的持续经营时期很短,且这一问题并没有引起国内理论界的足够关注。特别是当前,中国经济增长模式正面临由粗放型驱动向创新型驱动发展转变的重要机遇期,创新正逐渐成为"新常态"下中国宏观经济实现可持续发展的关键因素。由此,本书将研究的重点聚焦在创新活动如何改善企业的生存状况,并结合中国特殊的知识产权保护制度加以论述。

第二章为研究基础与研究方法。一方面,对现有国内外关于企业生存、创新活动与知识产权保护制度的相关文献进行回顾和评述,在此基础上寻找前期研究的不足。理论界对企业生存的理解与研究,目的在于更加深入地探讨产业动态和成长的过程,解释企业在市场选择过程中如何避免被淘汰,以及由此带来的市场均衡的改进。目前,已有文献对创新活动如何影响企业生存存在诸多矛盾之处,并未得到一致的结论。另一方面,介绍本书所使用的研究方法,企业在经营过程中面临各种生存问题,其在市场上的生存充满了风险,传统的参数估计方法仅仅关注到进入与退出的截点时间,很难完整地覆盖企业的生存周期。鉴于此,本书采用生物领域的事件史分析法来捕捉企业的生存数据。这部分主要介绍了事件史分析方法的来源、事件史分析方法的研究进展以及事件史分析方法的具体内容。

第三章为中国企业生存态势的基本特征。这部分借助原中国工商总局的企业信息库来初步分析2000—2012年全国新设立企业的数量、退出企业的数量以及生存时间等反映企业基本生存特征的指标,以及这些生存特征在不同行业、不同区域以及不同企业规模之间的差异。

第四章为中国企业进入和创新行为的演化。这一章所要探讨的问题是市场化转轨的过程中,中国制造企业从进入到退出的生存特征以及市场运营过程中的创新演化特征。这部分首先分析制造企业进入的态势、进入特征与进入之后在市场中的生存状况;其次,剖析企业在进入之后创新活动的演化态势,考察企业在进入市场后是一直具有创新活动还是在特定的时段从事创新活动;最后,检验中国研发企业在生存上是否存在溢价。这一章内容为后续的实证研究提供初步支撑。

第五章为创新活动对中国企业生存风险的影响。这一部分是本书的核心内容之一,所探讨的问题是创新活动如何影响企业的生存风险。我们动态追踪了2000年以后进入市场的企业的生存状况,采用倾向得分匹配方法和Cox模型克服样本数据的选择性偏差和久期数据的右归并问题,并从静态和动态两个维度捕获创新活动对企业生存风险的抑制效应。首先,通过Cox生存模型和倾向得分匹配的方法模拟创新特征对企业生存风险的处理效应;其次,通过风险函数的偏似然估计测度创新强度对企业生存风险抑制弹性,重点捕获适宜企业生存的最优创新强度水平;最后,从企业演化的视角,深入剖析创新行为与企业生存风险释放的动态效应。

第六章为创新活动、产权制度与企业生存风险。这部分为本书的另外一个核心内容,在前文的基础之上,将企业的研发扭曲特征这一事实引入研发企业生存风险研究中,指出产生研发扭曲的根源在于知识产权制度的缺位。基于这样的研究逻辑,这部分一方面分析了知识产权保护制度与企业生存风险之间的逻辑关系;另一方面具体探讨了研发扭曲行为和实质性创新对企业生存风险的差异化影响。

第七章为研究结论与政策启示。政策启示主要从降低企业生存风险的视角展开,结合本书的研究结论,包括三个部分:一是宏观制度的启示,包括营造优越的制度环境、维持良好的宏观经济运行状态、降低国有企业的补贴力度等;二是关于企业创新机制,包括鼓励企业进行自主创新、创新的融资机制、研发扭曲的矫正机制、合理的退出机制等;三是关于知识产权保护制度的相关机制,知识产权制度的设计应在技术溢出和激励创新之间寻求平衡。本书技术路线如图1-1所示。

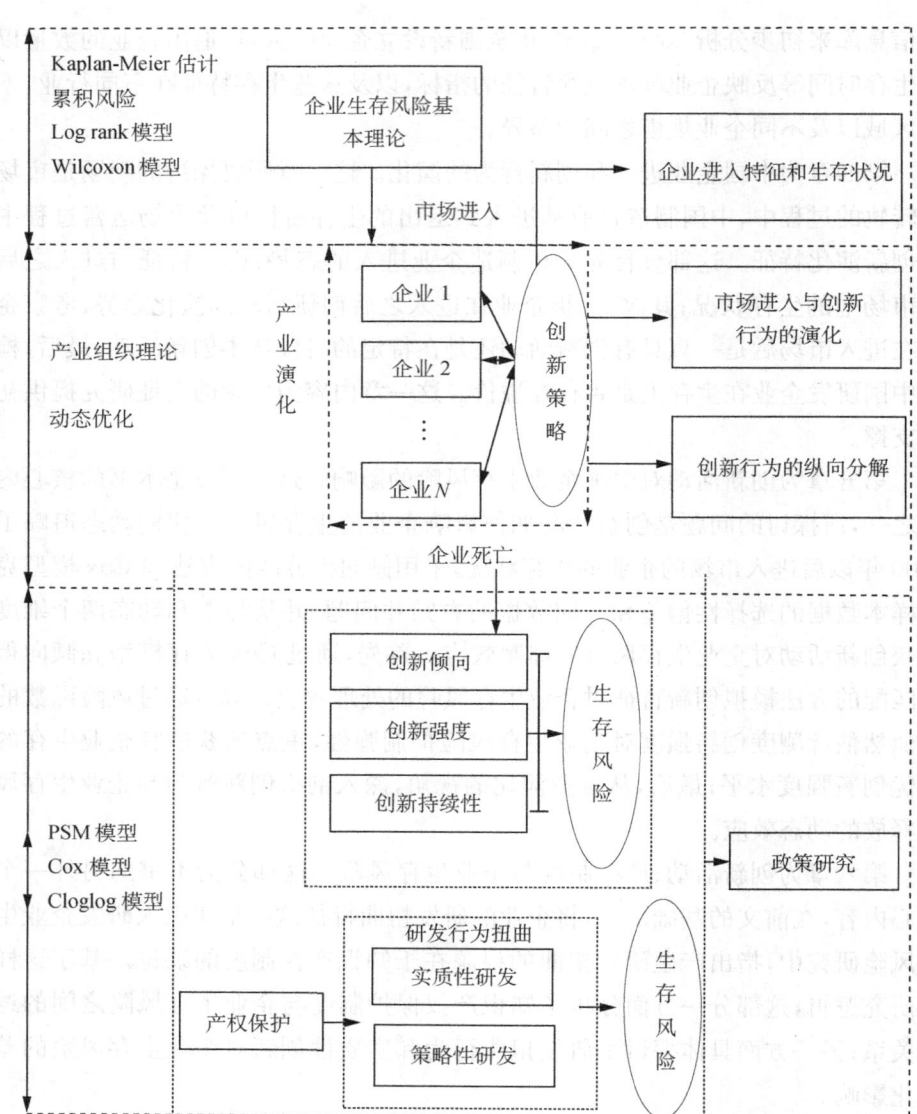

图 1-1 本书技术路线图

三、研究方法

（一）倾向得分匹配方法

倾向得分匹配方法（Propensity Score Matching，PSM）由 Rosebaum 和

Rubin 在 1983 年首次提出,其定义为个体在特定的观察变量下接受某种干预的可能性。倾向得分匹配方法制造了一个"准随机"实验,若实验过程中处理组的实验对象可以在对照组中找到与自身倾向得分值相同或者相近的个体,则认为两个实验对象被随机地分配到了两个组别中(Agostino,1998;Newgard 等,2004;Austin,2011)。其中,倾向得分值是所有协变量的一个函数,通过将所有协变量转化为一个数值的方式达到"降维"的目的。倾向得分匹配的主要目的是均衡处理组和对照组之间的协变量分布,对非随机化研究中的混杂因子进行类似随机化的处理,从而消除样本选择过程中的选择性偏差问题。直到 20 世纪 90 年代,倾向得分匹配方法才开始受到广泛关注,该方法最早应用到了流行病学和临床研究中,随后逐渐被应用到卫生服务研究、社会学及经济学等学科领域。迄今,倾向得分匹配方法已成为有效克服非实验数据选择性偏移缺陷的重要方法。

倾向得分匹配方法是以大样本为基础的,样本量越大,估计处理效应的结果越好。有研究表明,只有样本量大于 1 000,且对照组样本量不低于处理组研究样本量的 110%,倾向得分匹配方法才能达到应有的作用(Dehejia 和 Wahba,2002;Baser,2006;张亮,2012)。由此,首先应对研究数据的质量进行审核,确保数据的完整性和逻辑性;其次是选择匹配变量。根据研究的目的、已有研究的经验及匹配要求选择合理的匹配变量,然后将匹配变量作为自变量、处理变量作为因变量构建模型,利用 Logistic 模型或者 Probit 模型进行回归,进而计算出每个样本的倾向得分值。

值得注意的是,协变量只要有一个缺失值便无法计算出倾向得分值,由此应确保协变量数据的完整性。然后是数据匹配,根据数据的结构和类型,在最近邻匹配(Nearest Neighbor Matching,NNM)、核匹配(Kernel Matching,KM)、半径匹配(Radius Matching,RM)等匹配方法中选择合适的方法,为处理组的样本在对照组中找到与自身倾向得分值相似或者相同的对象。接着,对匹配后的样本数据进行共同支撑性和平衡性检验,以确保处理组和对照组之间的协变量已达到平衡,此时的数据集合近似随机化分布。最后是估计处理效应。对匹配后的样本选择合适的回归方法估计处理效应,由于样本数据已进行随机化处理,有效消除了样本的选择性偏差问题,所以利用倾向得分匹配方法筛选的样本进行回归分析可以较精准地测算出处理效应。

总体而言,倾向得分匹配方法通过倾向得分值的计算及样本数据的匹配实现了研究变量降维、非随机化数据随机化处理的目的,具有较好的应用前景。

(二) 事件史分析方法

事件史分析主要用于开展纵向数据的研究,通过构建连续时间、离散状态的随机模型,重点考察事件发生的方式及其影响因素,多用于人口统计学、社会学及生物医学等领域(Yamaguchi,1991;Allison,2014;杜本峰,2008)。例如,在人口统计学科中,利用事件史分析方法研究特定事件对人口迁徙、婚育情况的影响;在社会学学科中,运用事件史分析方法探究特定事件对组织行为、企业价值的影响;在生物医学学科中,采用事件史分析方法考察特定事件对病人的发病率、存活情况的影响。事件史分析方法的应用主要包括三个方面:一是生物医学统计方法的生存分析(Survival Analysis),二是可靠性技术的"失效时间分析"(Failure Time Analysis),三是数理社会学中的马尔科夫分析(Markov)。其中,生存分析是事件史分析方法最核心的应用领域。

事件史分析方法基于纵向动态追踪的方式进行生存研究,即在较长时间范围内若干个不同时间点收集数据,观测特定事件的发展过程,揭示相关因素与特定事件的因果关系。事件史分析具有两个方面的核心优势:一是相对于横截面数据研究和时间序列数据研究,纵向数据研究可以更加动态地测算出特定事件的发生方式及相关因素的影响效应;二是引入删失变量,保留了事件发生信息不完整的样本数据,有效利用了全样本数据的信息。生存函数和风险函数是事件史分析的重要函数形式,围绕两种函数形式可以估计研究个体的生存分布和风险分布,通过样本分组比较不同研究个体的生存分布和风险分布,利用函数回归测度解释变量和生存概率的关系。其中,事件史分析的数据结构主要涵盖了观测个体的开始时间、特定事件发生的时间和信息以及导致特定事件发生的相关因子。

事件史分析的函数估计涵盖了非参数模型估计、半参数模型估计及参数模型估计三种形式。非参数模型估计主要有生命表法和 Kaplan-Meier 法,能够通过数据统计体现出不同时间、分组的生存概率。非参数模型估计的不足之处在于无法考察相关因素对生存概率的影响效应。半参数模型估计即 Cox 风险模型估计,可以估计出相关因素与生存概率之间的依存关系,且不需要提前设定生存函数或者风险函数分布的形状,高灵活性使其更广泛地应用于生存研究中。参数模型估计则假定生存时间满足特定的分布,常用的参数模型有指数分布模型(Exponential)、广义伽马模型(Generalized Gamma)、威布尔模型(Weibull)、对数正态模型(Lognormal)和对数逻辑斯蒂模型(Log-logistic)等多种形式。然而,大多数研究往往难以满足研究结果服从特定参数模型分布的前提假定。

第三节 | 本书的创新点

针对现有文献存在的不足，本书尝试在以下三个方面有所创新：

第一，将中国研发企业的研发行为扭曲这一事实引入企业生存风险研究中。现有研究普遍忽略了中国宏观制度背景可能给微观企业带来的研发行为扭曲。本书依据中国的实际情况，将企业的研发行为细化为实质性研发和策略性研发，分别探讨两种不同创新属性的企业生存风险演化路径。所以本书的研究结论能够扩展研发企业生存溢价的产业演化观。

第二，在中国企业生存风险的创新激励中引入动态效应，拓展了企业生存决定的静态分析范式。现有研究均从静态维度来探讨这一问题，即使用单期的创新维度，但忽视了一个重要问题，在中国经济转轨过程中，企业的创新行为存在很大的间断性，部分企业在生存周期中仅在少数时期存在创新投入，静态维度仅能横向捕获创新投入存量的平均效应，而不能纵向考察创新持续性的动态效应。鉴于此，本书通过创新的持续周期来探讨动态效应，拓展了企业生存决定的静态分析范式。

第三，通过事件史分析方法和特定样本选择来克服研发企业生存数据存在的归并问题。企业生存数据研究中存在的最大弊端是样本的选取并未涵盖个体进入、退出市场的全部时间，而这一问题也是现有文献所疏忽的，现有文献或者没有考虑进入市场时间截取所引起的左归并问题（逯宇铎等，2014；于娇等，2015），或者没有考虑退出市场时间截取所引起的右归并问题（史宇鹏等，2013）。本书进行了两方面的处理：一方面，通过锁定特定时间进入市场的研发企业，来排除样本在研究期间开始时已经存活于市场而形成的左归并问题；另一方面，通过事件史分析方法来构建和模拟观测值的"退出"事件，从而解决样本在研究期间结束时仍然存活于市场而形成的右归并问题。

第二章 研究基础与研究方法

理论界对企业生存进行研究,目的在于更加深入地探讨产业动态和成长的过程,解释企业在市场竞争中如何避免被淘汰,以及由此带来的市场均衡的改进。目前,已有文献对创新活动如何影响企业生存的研究存在诸多矛盾之处,并未得到一致的结论。此外,本章探讨了本书所使用的事件史分析法,包括事件史分析方法的来源、事件史分析方法的研究进展以及事件史分析方法的具体内容。

第一节 研究现状

一、企业生存的相关研究

所有企业都希望能够长期发展、获利,这是企业存在的目的,而企业生存是企业持续发展的基础(Kkpper,2002)。当前,随着经济全球化的不断深入,企业面临全球不同国家、地区企业的激烈竞争,生存环境变得更加复杂、多变,企业的生存压力日益加剧,因此企业的生存问题引起了学者们的广泛关注,提高企业生存概率、降低企业退出风险具有重要的意义。

自20世纪70年代开始,产业组织领域就开始关注企业的生存问题。理论界对生存问题的关注与研究,旨在探讨企业在市场机制的作用下如何通过生产率的演化形成进入、退出决策,由此揭示产业演进、变迁以及市场均衡的客观规律。在早期企业生存问题的研究中,大多数文献主要集中在进入和退出的选择上,进入、退出的动机以及引起的生产率变化等。这些研究的主要缺陷在于将企业在市场中的生存状况置于一个黑箱之中,企业进入之后如何形成盈利能力、生存优势和内部结构如何变迁等动态问题并没有得到详尽解释(Richardson,1972;Audretsch和Mahmood,1995)。这种割裂式的研究使企业资源积累变化、产业间的成长差异、产业结构内部变迁的动力机制等动态过程难以得到有效解释,因而之前置于黑箱之中的"企业进入后表现"吸引了越来越多的研究关注,并基于此构建了企业生存研究的主要内容(Audretsch 和 Mata,1995)。

20世纪90年代以来,理论界开始逐渐将研究重心转移到企业在市场经营过程中生存能力的获取、生存风险的演化以及生存时间等内容上(Audretsch 和 Mata,1995)。目前,对企业生存的研究主要形成了几个分支:一是考察企业的内部特征对企业生存能力的影响,研究的重点是发掘企业赖以生存的差异化能力,这些能力是企业在市场中降低生存风险的基础(Eisenhardt 和 Martin,2000;Zahra 等,2006;肖兴志等,2014;Garnsey 等,2014);二是考察产业内部企业之间的竞争演化,这类文献侧重于考察产业内部企业之间的策略性竞争,使企业之间的生存概率出现此消彼长的演化,这种竞争机制导致没有效率的企业逐渐死亡(Dunne 等,2009;Bajari 等,2007;Collard,2013;Agarwal 和 Gort,2013;Sapienza 等,2014);三是考察生存风险演化的影响因素,这类研究主要剖析外部市场条件的变化对企业生存风险的影响(Tsoukas,2011;Ferragina,2014;Schwartz,2013;史宇鹏等,2013)。

(一) 内部特征对企业生存能力的影响

影响企业生存时间的内部因素主要是指企业自身的一些特点,包括企业年龄、企业规模、企业资本、人力资本、企业债务情况、所有制情况等。基于企业资源基础理论的观点认为,企业内部因素是企业生存的基础,如果一个企业拥有的资源越多,那么利用资源适应环境的能力就越强。有观点认为,企业进入的实质是为了在产业中获得一个着力点,以此来认识并发掘企业赖以生存的差异化能力(Agarwal 和 Audretsch,2001)。这种差异化能力的获得、延伸和拓展又直接反映在企业的扩张行为当中,从而为企业赢得竞争优势和发展空间,并带来企业持续生存时间的提高(Esteve 和 Mañez,2008)。

这一研究思路将企业进入、生存与退出问题有效衔接在一起,并演化出内部特征对企业生存能力的影响的两个核心问题:

(1) 在"干中学"过程中,企业能力积累对其持续生存的影响。对企业能力积累的探讨大多以企业资源基础观为理论依据,企业能力包含企业的知识、经验和技能,企业能力的不断提高、改善可以为企业带来比较优势(Richardson,1972)。新企业对抗压力不断成长的过程是新企业组织能力的演化过程,也是企业对资源进行重构的过程(Eisenhardt 和 Martin,2000;Zahra 等,2006)。相关研究中具体的企业能力主要包括研发能力、运营能力、市场能力等方面(肖兴志等,2014)。

(2)随着产品生命周期演进而变化的企业扩张行为,包括规模、成长率变动等对企业生存差异的影响(Agarwal 和 Gort,1996)。这类研究认为企业扩张行为是企业在对未来预期收益进行判断的基础上,结合自身资源优势和核心能力做出的企业规模和成长率抉择。这种抉择以产业最小有效规模为尺度决定着企业持续生存的可能性。在这些研究中,企业规模与生存之间的正相关关系已经取得了较为一致的结论(Audretsch 和 Mahmood,1995;Caves,1998;Disney 等,2003;Perez 等,2004;Persson,2004)。这是因为大规模企业更利于实现规模经济,企业面临的融资约束也相对较低(Holger 等,2009)。Mata 和 Portugal (1995)以及 Strotman(2007)发现规模因素给企业生存所带来的正向效应呈现单调递减的特征而且出现非线性的演化趋势。

金碚(2009)研究了不同规模企业在面对外部冲击时抵御风险的能力,发现相比小规模企业,规模大的企业应对风险的能力更强,更可能继续留在市场上。但是不同学者对企业规模的定义存在一定的差异,Acs 和 Audretsch(1989)、Audretsch(1999)、Nurmi(2006)选择研究企业成立之初的规模,即企业初始规模与企业生存时间之间的关系,他们认为企业初始规模对企业经营的影响会影响企业的存活时间,如果一个企业的初始规模比较小,那么它往往容易破产,因为初始规模小的企业难以实现最小有效规模,在融资管理上会受到很多限制。与此相反,如果一个企业初始规模大,投入资本多,产生较高的沉没成本,会对企业退出市场有阻碍作用。Esteve-Perez(2008)证明了企业初始规模越大其存活概率越大。但更多的学者,如 Esteve 等(2004)和 Strotmann(2007),还是选择使用企业当前的规模作为规模衡量指标,因为相比初始规模,企业的当前规模包含了企业在每一时间段应对市场能力的信息。因此,Mata 等(1995)认为使用企业当前规模来研究企业规模对企业生存时间的影响要比用企业创立之初的规模效果要好。但是也有少数文献发现小规模企业存活的概率更高,如 Gibson 和 Harris(1996)对新西兰制造业进行研究时就发现小规模企业能够快速对环境做出变化而提高生存能力。

在成长率方面,Cefis 和 Marsili(2005)认为,企业生存机会随着企业年龄和成长率的增加而增长,并且企业成长率对生存风险的贡献比企业初始规模更重要。由于成熟的在位企业已经具备了更好的生存能力,可以以更为稳定的方式成长,而刚进入的新企业为防止被市场淘汰,必须快速成长以达到生存的最小规模水平(Lotti,2003),在给定快速技术变革以及新市场不断涌现的条件下,快速而有效的成长可能是企业生存的关键因素之一(Garnsey 等，2006)。

坦率地讲，早期研究仅考察了企业部分特征对企业生存的影响效应，缺乏对人力资本及企业战略的关注。近年来，部分研究开始探究人力资本与企业生存的关系。Gimmon 和 Levie(2010)以 1991—2001 年以色列企业为研究对象，探讨了企业家的人力资本与企业生存之间的关系，发现企业家的商业管理技能及通用技术技能对企业生存均有显著的正向影响。Rauch 和 Rijsdijk(2013)利用德国新创企业的数据研究了通用性人力资本和专用性人力资本与企业生存和成长的关系，发现通用性人力资本促进了企业的生存和成长，专用性人力资本对企业成长无显著影响且不利于企业的长久生存。Kato 和 Honjo (2015)对日本企业的研究、Chadwick 等(2016)对美国企业的研究及 Huggins 等(2017)对英国企业的研究均表明人力资本的增加可以有效提升企业的生存概率。

此外，其他学者考察了国际化战略与企业生存的关系，Wagner(2013)将企业国际化战略划分为进口、出口和双向贸易三种，研究发现进口及双向贸易有利于促进企业生存，但出口对企业生存无显著影响。Wang(2013)以加拿大制造业企业为研究对象探究了 FDI 对内资企业生存的影响，发现 FDI 一方面加剧了行业竞争不利于企业生存，另一方面通过构建与当地上下游产业的关联而提升了内资企业的生存率。总体来看，FDI 有效促进了企业生存率的提高。

(二) 产业内部竞争演化

总体来说，这类文献侧重于考察产业内部企业之间的策略性竞争。在这种竞争机制下，企业之间的生存概率会出现此消彼长的演化，导致没有效率的企业逐渐死亡。Hopenhayn(1992)基于市场竞争的产业演化模型为企业生存风险的演变提供了一个重要的理论视角，其假定同一产业的不同企业在生存效率上存在明显差异，并面临独立的外生冲击。进入沉没成本的下降激发了"优胜劣汰"的市场竞争与选择机制，市场出现了以生产率为基础的跨企业的资源再配置过程。在这个动态竞争过程中，企业留在市场所必需的最低生产率水平将会提高，那些低效率的企业将会逐渐被兼并或者死亡。Asplund 和 Nocke(2008)构建了垄断竞争行业的随机动态优化模型，其假定企业的生存效率满足马尔可夫过程，研究发现行业的市场规模、行业的固定运营成本与企业的生存风险正相关。Dunne 等(2011)的动态优化模型则考虑了在位企业与潜在进入企业决策的差异性，在位企业通过比较未来期望收益的现值与固定成本投入的大小来决定其退出行为，而潜在进入企业则会考虑进入沉没成本与期望收益现值的大小。在考虑进入沉没成本的市场中,产业内企业数量的演变可能会出现非对称的变化,这种非对称变化会改变市场结构和市场的生存环境,导致行业内的生存分布出现再配置的过程。相似的文献还有 Bajari 等（2013）、Aguirregabiria 和 Mira（2009）、Collard(2013)以及 Pakes 等(2007),等等。

除了构建理论模型从产业层面探讨生存风险的演化,很多文献还利用不同样本对企业的生存问题进行了实证研究。Audretsch(1991)构建企业生存率决定因素的计量模型,在模型中检验了规模经济、行业集中度等市场竞争因素对企业生存风险的影响。结果表明,就短期来说,较高的行业集中度能够增加企业存活的概率,平均能延长 1~2 年的存活时间;不过就长期而言,行业集中度对企业存活率的影响并不显著。Holmes 等(2009)通过动态追踪 1973—2001 年美国东北部 781 家新成立的制造企业,发现行业集中度与在位企业的生存风险并没有显著性关系。Neffke 等(2012)利用瑞典的制造企业数据考察了产业集群对内部企业生存的溢价效应,产业集群能够通过协同效应、品牌效应、供应链协调等手段降低企业在集群中的生存风险,而且这一抑制效应随着集群的规模和年限呈现倒"U"型的分布态势。此外,还有研究在产业动态演进的框架下解释产品生命周期和产业发展的不同阶段企业生存风险的分布状况（Eriscon 和 Pakes,2002;Agarwal 和 Gort,2013;Sapienza 等, 2014）。

(三) 外部条件对企业生存的影响

基于资源基础论和产业组织理论探讨企业生存风险,企业内部运营、策略性竞争对企业生存风险的影响是内生的,而企业所处的外部市场条件对生存风险的影响则是外生的。虽然这一影响并不直接被企业主体所左右,但是这一影响对企业来说是不容忽视的。企业外部因素主要包括地理位置因素、产业环境因素以及宏观经济情况因素等。

张鸿(2005)指出,企业所处的市场环境和企业对市场环境的适应能力对企业寿命具有重要影响。Mata 等(1995)验证了企业战略选择和所进入行业的环境等宏观因素对企业生存的重要性。Holmes 等(2013)则分别利用失业率、利率和汇率作为宏观经济因素的替代变量,发现失业率对中小型企业生存状况的影响并不显著,而较低的利率通过减少企业借资建厂的成本从而提高了企业存活的可能性。随后,Tsoukas(2011)对 5 个新兴国家在 1995—2007 年的数据进行了实证分析,结果发现金融发展对企业存活有显著的正向影响,即股市流动性越好,企业存活率越高。Ferragina(2014)分析了所有制性质对意大利制造业和服务业企业生存的影响,在控制了企业和行业特征后,发现外国跨国公司表现出水土不服的问题,它们比本土企业更容易倒闭,尤其是多产品出口企业在参与国际竞争时更容易失败,建议企业应该专注于优势产品的核心竞争力培养以增加生存概率(Bernard 等,2011)。

史宇鹏等(2013)以中国企业为研究样本,研究了不同地区产权保护制度的差异对企业平均存续时间的影响。其研究发现,产权保护程度越高,该地区企业的平均存续时间越长;不过这一关系在不同所有制企业中有所差异,加强产权保护能够显著延长民营企业的存续时间,但却减少了国有企业的存续时间。事实上,对企业进行产权保护的核心作用在于降低企业被他人或政府掠夺的风险(Acemoglu 和 Johnson,2005;Cull 和 Xu,2005)。此外,还有研究考察了法律制度、城市孵化器等因素对企业生存状况的影响,如 Schwartz(2013)、Harhoff 等(2008),等等。

可以说,外部环境为企业经营提供了资源来源及发展空间,好的经营环境有助于企业构建持续竞争优势,差的经营环境对企业发展造成了威胁,由此外部环境为企业生存和成长带来机遇的同时也带来了众多挑战。例如,政府部门会在行业层面设置许多管制规则,行业环境规定了哪些企业允许进入行业及哪些企业可以成功获得生存所需要的核心资源,这是企业设立和生存的先决条件。Agarwal 和 Gort(2002)利用 3 435 家美国制造业企业的非平衡面板数据探究了行业生命周期与企业生存之间的关系,发现行业发展的初始阶段,技术变革的高风险及产品需求不足导致行业内企业面临的退出风险高,行业发展的高增长阶段,生产成本的降低及产品需求的升高使企业的生存前景转好;而行业发展的成熟阶段,市场的高竞争性及创新能力的减弱又使企业的死亡率明显升高。

Fritsch 等(2006)采用 1983—2000 年德国企业的数据研究了行业因素对企业生存的影响,发现行业最低有效规模及行业设立率负向影响企业生存。Strotmann(2007)以 1981—1994 年德国制造业企业为研究对象分析了企业因素和行业因素对新企业生存的影响,发现高的行业最低有效规模、低的行业需求、有限的行业发展空间及动荡的行业环境均不利于企业生存。Kaniovski 和 Peneder(2008)利用 1975—2004 年澳大利亚企业的数据探究了决定企业生存的因素,发现增长率较高及集中度较低行业内的企业生存前景更好。Geroski 等(2010)运用 1983—1993 年葡萄牙企业的数据考察了创业期的初始条件对企业后续生存的影响,研究发现初始条件对企业生存产生持续影响,其中创建期的高行业增长率和高行业集中度显著增加了企业后续的生存率。Sharapov等（2011）采用1998—2005年英国制造业企业的数据考察了创新环境、创新投资与企业生存的关系，研究发现行业创新环境通过增加行业内企业竞争的方式促进创新投资，高创新行业内企业的生存率更高。Resende等（2016）采用1996—2005年巴西制造业企业的数据分析了中小企业的生存问题，研究发现行业规模及行业增长率正向影响企业生存。

行业环境决定了企业能否生存，而区域环境则反映了企业生存的质量，市场发展较好的区域通常可以为企业生存营造健全的知识产权保护制度和法律设施、高质量的政府服务及有序的合同实施控制。Falck（2007）利用1997—2002年德国企业的数据探究了行业特征、区域特征及企业特征对企业生存的影响，发现相对于行业特征和企业特征，区域特征对企业生存的影响最大。Stearns等（1995）考察了企业物理位置对企业生存的影响效应，认为城市地区占有丰富的资源但竞争性也较高，农村地区资源相对缺乏但更易于寻找到利基市场；以美国企业为研究对象，发现位于城市地区的企业相比位于农村地区的企业有更高的生存率。

Staber（2001）利用1960—1998年德国企业的数据，研究发现产业集群将特定产业内的多元互补企业集聚在一个区域内，区域产业集群显著增加了区域内企业的生存率。Acs等（2007）采用1989—1998年美国企业的数据探究了区域人力资本与企业生存之间的关系，发现区域人力资本通过知识外溢的方式提升了区域内企业的生存概率。Renski（2011）对美国企业的研究发现区域产业多样性正向影响企业生存，且这一效应在知识密集型的产业更加显著。Peter和Keil（2013）以1984—1998年加拿大制造业企业的数据研究了区域产业集群与企业生存之间的关系，发现区域产业集群能为企业带来熟练工人、供应商和消费者从而促进企业生存，而集聚导致区域竞争增加而不利于企业生存。Espenlaub等（2016）采用2000—2008年32个国家的数据考察了法律制度与上市公司生存的关系，研究发现较完善的国家立法系统显著增加了企业的生存率。

Basile等（2017）探讨了空间集聚外部性与意大利初创企业生存的关系，发现产业多元化降低了企业的死亡率，相关产业多元化由于新知识的产生和扩散而促进了制造业企业生存，非相关产业多元化则通过构建组合策略的方式促进了服务业企业的生存。宏观经济环境反映了宏观经济运行的周期性波动等规律性因素和政府实施的经济政策等政策性因素，企业通常会依据对宏观经济走势及政策取向的分析来调整其投资经营战略，由此宏观经济环境不可避免地影响了企业的行为决策和生存成长。Box(2008)基于 2 200 家瑞典企业数据研究了宏观经济环境对企业生存的影响,发现宏观经济扩张时期企业的生存率明显提高,而经济危机时期企业的死亡率增加。

Baggs 等(2009)利用 1986—1997 年加拿大企业的数据考察汇率变动与企业生存的关系,研究发现加拿大元的升值不利于企业的生存。Ejermo 和 Xiao(2014)运用 1991—2002 年新成立的瑞典创业企业数据探究了新技术创业企业及其他创业企业在经济周期中的生存状况,发现无论是新技术创业企业还是其他创业企业的生存率在经济周期中均表现出了顺周期效应,即创业企业在经济上行时期有更好的生存前景而在经济下行时期有更高的死亡率,且新技术创业企业相对其他创业企业对经济波动的反应更加敏感。Guariglia 等(2015)采用 2000—2009 年英国企业的面板数据研究了利息负担变动对企业生存的影响,发现利息负担变动不利于企业生存且这一影响在经济危机时期、依赖银行贷款的企业、新企业及非出口企业样本中更加显著。Toraganli 和 Yazgan(2016)运用 2002—2009 年土耳其制造业企业的数据探讨了汇率与企业生存的关系,研究发现实际汇率升值降低企业的生存率且在汇率升值的情境下生产率高的企业相对生产率低的企业有更好的生存前景。值得注意的是,Simon 等(2016)利用 2000—2005 年西班牙企业的数据研究经济危机与新企业生存的关系,却发现经济危机时期相对经济增长时期企业的生存率更高。

(四)融资约束对于企业生存时间的影响

中国民营企业长期以来一直面临着信贷市场的弱势待遇,2008 年全球金融危机的暴发,对全球各国实体经济产生了很大冲击,中国的民营企业也不例外,由于无法从外部获得资金支持,数万家中小民营企业因为缺乏资金而被迫倒闭,这充分说明缓解融资约束对中国民营企业发展的重要性。

融资约束影响企业生存发展的途径主要有以下几个方面:

第一,企业面临的融资约束会影响企业的投资行为。Fazzari 等(1988)从理论和实证两方面研究了融资约束对企业的影响,结果表明由于企业与金融机构之间的信息不对称,企业在进行外部融资时的成本很高,因此企业在受到外部融资约束时,只能更多地依赖于企业内部融资,这往往会限制企业的投资行为,致使企业错失良好的发展机遇,实证检验结果也表明企业在面临高的融资约束的时候,企业投资对现金流的敏感度更高。Chow 和 Fung(1998)在研究中国企业的投资对现金流的敏感度时发现,由于中国的私营企业面临着很高的融资约束,致使中国私营企业的投资对现金流的敏感度要比国有企业和外资企业高很多;同样,对中国企业的研究,郭丽虹和马文杰(2009)也发现与不受融资约束的国有企业相比,受融资约束的中国民营上市企业的投资对企业的现金流更加敏感,并且在进一步检验中发现,负债率高或者托宾 Q 值越高的民营企业投资对现金流的敏感程度更高。Campello 等(2010)以问卷的形式对美国、亚洲和欧洲等国家的企业在金融危机之后的融资状况进行调研,结果发现当企业面临外部融资约束时,企业被迫减少了对研发和有吸引力投资项目的支出,并不得不消减员工数量,且外部融资受限制后的企业明显增加了现金的持有量。

第二,融资约束会影响企业生产效率的提升。Bencivenga 等(1995)指出,企业开发一些具有高收益的项目,自有资金通常难以满足资金需求,如果企业从外部也很难获得融资,那么企业就会被迫放弃这些能够提升企业生产效率的项目,融资约束阻碍了企业生产效率的提高,但发展良好的金融体系可以将资金分配给更有效率的研发项目,降低投资创新活动的风险和不确定性,保证项目实现的可能性,进而提高企业的生产效率(King 和 Levine,1993;Aghion 等,2007)。

Nickell 和 Nicolitsas(1999)使用英国的面板数据来检验融资压力对企业生产率的影响,他们将生产函数模型扩展,引入金融变量,发现企业借款比率对企业产出资本比有正向作用,可能的原因是借款比率增加,企业破产的风险也就被扩大,企业的管理者和企业员工此时都有很强的动机来降低企业破产的可能性,因此他们都会努力工作提高企业的生产效率。Nucci 等(2005)使用意大利企业面板数据研究了企业资本结构与企业全要素生产率之间的关系,发现企业的杠杆率和 TFP 之间是负向的关系,尤其是对于短期债务比率和流动性较低的企业而言,这一关系更加明显。Gatti 和 Love(2008)在对保加利亚企业进入信贷市场难易程度与企业全要素生产率之间关系的研究中发现,容易获得信贷与企业全要素生产率提高之间存在正向关系。Chen 和 Guariglia(2011)研究中国企业内部融资能力与企业生产率之间的关系,研究发现,低流动性企业的生产率对企业内部融资能力更敏感,私有出口企业对企业内部融资能力的依赖要高于外资出口企业。

第三,融资约束影响企业的出口活动。Melitz(2003)的研究已经被学术界广泛接受,他认为企业进入出口市场需要投入额外的成本,因此行业里只有生产率高的企业才有能力承受这一高成本进入国际市场,而面临融资约束的企业由于无法获得外部资金的支持可能很难进入国际市场。Manova 等(2011)使用中国海关企业数据研究了中国企业出口与融资约束之间的关系,结果表明中国信贷约束对企业贸易的影响是多方面的,不仅限制了企业出口额度,还会对企业进入更多的市场产生阻碍作用,从而降低了企业产品在全球市场的销售范围。

Minetti 和 Zhu(2011)使用意大利企业信贷调研数据直接对企业面临的信贷约束进行衡量,在控制了其他企业特征的条件下,发现信贷约束不仅会限制企业的出口概率还会降低企业出口的强度,并且研究还发现信贷约束对那些对外部资金依赖程度比较高的行业的影响更大。孙灵燕和崔喜君(2011)运用192家民营企业面板数据进行研究,发现相比于国有企业,民营企业的出口更依赖外源融资能力。于洪霞等(2011)使用2000—2003年中国工业企业数据检验融资约束对企业出口的影响,他们使用企业的应收账款相对比例作为企业所面临的融资约束大小的代理变量,结果显示融资约束限制了中国企业的出口活动,融资约束程度高的企业出口的可能性也较小。

Tsoukas(2011)使用1995—2007年亚洲5国的面板数据来分析金融发展对企业生存时间的影响,结果发现金融发展对企业生存具有显著的正向影响,当股票市场变得更大、流动性更高时,企业的存活概率更大,并且金融发展对大企业的影响要高于对小企业的影响。Musso 和 Schiavo(2008)使用新的方法来识别和度量法国制造业企业面临的融资约束程度,并进而研究法国企业面临的融资约束与企业生存发展之间的关系,发现融资约束会显著增加企业退出的风险,外部融资的获得对企业销售额、资本存量的增长具有正向促进作用。

通过对以上研究融资约束与企业生存的文献的梳理,可以发现,融资约束可以通过影响企业投资活动、企业生产率和研发、企业出口活动等进而影响企业的经营与生存发展。

(五) 出口对于企业生存时间的影响

随着中国贸易开放的不断深入,中国的出口额也在不断提高,民营企业的出口更是呈现了快速增长的趋势,在市场分割、融资约束等外部因素的影响下,出口很可能对民营企业生存发展起着至关重要的作用。

综合已有的研究文献,出口可以通过如下两条途径来影响中国民营企业的发展。

首先,出口企业可以在国际市场学习先进技术,提升企业的生产效率。Lileeva 和 Trefler(2010)使用加拿大的企业数据研究美国关税降低对于加拿大企业生产率的影响,结果发现企业出口可以提高企业的生产效率,一方面企业进入国际市场可以学习先进技术和管理经验,提高生产效率,另一方面出口意味着企业的市场规模和生存空间增大,有利于企业充分发挥自身潜能。但是,出口企业生产率的提高会导致部门临界生产率提高(Greenaway 和 Kneller,2007),原本能够在国内开展生产活动的低生产率企业将被迫退出市场(Bemard,2003)。

Baldwin 和 Yan(2011)使用加拿大制造业的数据检验了 Melitz(2003)的理论,结果发现只有生产率高的企业才能进入出口市场,这样就会提高整个行业的生产率,原本可以在行业里生存的企业由于行业生产率的提高而无法获得正常利润而被迫退出行业,也就是说出口降低了非出口企业的生存概率。

其次,出口企业可以通过市场多元化来分散风险。进行出口活动的企业增加了国外需求,这样企业可以通过调整国内、国外两个市场来规避风险。有研究指出,出口行为对国内销售的替代,可以增加企业存活的概率,因此当本国需求减少时,开拓出口市场可以缓解企业面临的生存压力,这会在很大程度上降低企业退出的风险。然而出口也可能增加企业退出风险。企业进行出口意味着企业与世界的联系加强,企业不仅仅受本国宏观经济变动的影响,也要受全球经济变化的影响,并且国际市场的竞争程度要高于本国市场,这些就增加了企业的不稳定因素,导致企业的退出风险增加,因此出口对于企业生存的影响是双向的。

很多学者直接检验了出口对企业生存概率的影响。Namini 等(2011)的研究指出相比非出口企业,出口企业存活的概率更大,但这一情况在出口企业出口产品的种类过多或者出口目的地过多时就会发生改变,因为过多的出口产品种类和市场会降低企业存活的概率。因此,具有多种出口产品的企业在参与国际市场后,应该专注于核心产品的出口,减少出口产品的种类和范围(Bernard 等,2011),这样才会提高企业的生存概率。Dzhumashev 等(2016)对印度 IT 企业的研究则发现进入国际市场的初始阶段由于面临新市场的动荡环境,出口企业的生存概率明显低于非出口企业,但随着出口时间的增加企业将从生产率提高中获益,长期来看出口企业的生存概率又明显高于非出口企业。

Giovannetti 等(2011)在对意大利出口企业生存的研究中发现,出口市场上的企业要面临更加残酷的市场竞争,并且出口企业易受国际市场波动的影响,因此对出口依赖度高的企业退出市场的可能性大大增加。Wagner(2012)研究了贸易与企业发展之间的关系,证明了相比非出口企业,出口企业的生存概率更高,并且在控制了企业内部因素,如企业生产率、企业规模、企业年龄等之后,这一结论更加明显,并指出,刚刚进入国际市场的企业抵抗不确定的能力还不强,此时企业很可能因为外部波动使得存活率下降。

尽管国外很多学者研究出口对企业生存概率的影响,但在中国,学者们主要还是从融资约束对出口影响的角度进行研究,研究出口对融资约束的缓解作用的文献还比较少,使用生存模型研究出口对民营企业生存时间的影响以及影响途径的文献就更少。Dai 等(2016)对中国企业出口与企业生存关系的研究表明出口企业相对非出口企业有更高的生存率。于娇等(2015)对中国工业企业出口行为与企业生存关系的研究表明出口行为有助于促进企业生存,但过高的出口强度反而降低了企业的生存概率。

二、创新活动与企业生存关系的相关研究

早在 20 世纪 30 年代,Schumpeter 就提出"创造性毁灭"的产业演进观点。"创造性毁灭"是市场经济的典型特征,这种结构的创造和破坏主要通过不同主体之间创新上的竞争来获得,每一次破坏都会淘汰落后的生产技术和生产方式,使部分企业被兼并或者死亡(Hopenhayn,1992)。不可否认,创新活动并不一定能改善企业在市场中生产率的分布状况,创新活动存在高度不确定性,这种不确定性可能会恶化企业的生产率分布状况。在已有研究中,创新行为与企业生存的关系一直是微观领域研究的热点问题。但到目前为止,已有文献存在诸多矛盾之处,并未有统一的结论。目前,已有文献主要从两个路径对这一问题展开研究并形成三个相对独立的观点。

一种是基于竞争优势理论的观点,认为创新是企业生存的本质,只有创新的企业才能建立和维持在市场中的竞争优势,使得创新企业的盈利能力明显地高于非创新企业,从而延长企业在市场中的持续时间(Audretsch 和 Mahmood,1999;Geroski,1995;Fontana 和 Nesta,2010)。Esteve 等(2004)通过边际概率模型测算出投资创新活动的企业在退出风险上要比没有投资创新活动的企业大约降低 57%,而且这个差距在出口企业中表现得更为突出。Cefis 和 Marsili (2005)基于转换概率矩阵进一步测度了成功创新的生存溢价,发现成功的创新大约能够增加企业 11% 的存活时间。大量的研究发现,技术创新改善了企业生存。企业通过技术创新,可以提高生产率(Griliches,1979;孙晓华和王昀,2014),迅速占领市场或维持既有市场竞争优势,强化了企业的市场势力(Aghion 等,2014),因此创新企业相对于非创新企业有更高的收益,在市场中存活更久(Audretsch,1995;张杰等,2014)。

另一种是基于传统产业组织理论的观点,这一理论认为只要行业存在长期利润,在位企业就会面临一系列的市场竞争,也包括阻止潜在进入者的进入。创

新是企业的一种策略性行为,企业通过创新投资可以形成市场的进入壁垒,增加企业在市场中经营所必需的最低生存成本,使得其他在位企业的生存难度和潜在进入企业的进入难度增加(Bagwell,1990;Bagwell 和 Ramey,1996)。Pakes 和 Ericson(1998)的演化模型为创新和生存的关系提供了一个重要的理论视角。假定市场存在生产率分布的自选择效应,企业通过研发投资活动开发新技术机会以改变企业生产效率在市场中的分布,如果企业的生产效率低于留在市场所必需的生产效率,那么企业就会通过自选择效应退出市场。企业退出行为可以理解为创新所导致的生产率高的企业对生产率低的企业的一个挤出过程。不可否认,创新活动并不一定能改善企业在市场中生产率的分布状况,创新活动存在高度不确定性,这种不确定性可能会恶化企业的生产率分布状况。

还有一种观点是最近几年才发展起来的,主要通过实证研究来考察,认为创新与企业生存之间存在复杂的关系,这一关系受到诸多因素的调节,如企业内部特征的差异以及所处行业的差异导致创新和生存时间之间的关系存在很大的不确定性。

在企业内部特征差异调节的研究中,Argiles 和 Moreno(2007)以及 Ensen 等(2008)认为只有在规模很小的企业中这个正相关关系才能成立。Cefis 和 Marsili(2005)通过非参数方法发现创新对生存的溢价在成立不久和规模小的企业中最大,年轻的小企业大约增加23%的存活概率。Esteve 等(2004)考虑了企业出口的特征,Buddelmeyer 等(2010)聚焦于企业的资本规模,肖兴志等(2014)分析了企业的扩张行为。Boyer 和 Blazy(2014)运用生存模型分析法国创新企业与非创新企业生存的决定因素,发现企业年龄、员工性别比例、技术水平与企业存亡紧密相关。类似的文献还有 Buddelmeyer 等(2010)与 Colombelli 等(2013),等等。

由于研发投资有可能增加企业风险,或构成市场进入退出的随机生产率冲击(Jovanovic,1982;Hopenhayn,1992;Ericson 和 Pakes,1995),特别是当企业接近技术前沿时,研发项目的生产率存在规模报酬递减趋势(Kortum,1993)。此外,在高集中度行业中,企业的研发项目市场不确定性通常更高,更可能对企业生存形成冲击(Gilbert,2006;Czarnitzki 和 Toole,2013)。如 Audretsch(1995)在控制企业年龄和规模等特征后发现,小企业的技术创新对生存率没有影响。Wilbon(2002)对美国高技术企业的研究发现,企业生存与研发支出两者之间存在负向关系。

对创新指标的衡量,已有研究采用了较多的衡量方式。一些研究把创新倾向作为衡量指标，认为创新倾向是维持企业生存的关键，对企业生存概率有着显著促进作用（陈阵等，2014；Jung 等，2018），并且创新企业较非创新企业有更好的生存前景（张慧和彭璧玉，2017）。部分文献将专利、商标、新产品或新工艺等创新产出指标（Audretsch，1991；Cefis 和 Marsili，2005）或者创新效率指标（Zhang 和 Mohnen，2013）作为创新的衡量指标。

已有文献发现，不同创新衡量标准对企业生存的影响也存在着差异。如 Giovannetti 等（2011）发现产品创新和过程创新对企业生存没有影响。Buddelmeyer 等（2010）以专利申请作为高风险创新的衡量标准，研究表明，创新导致了企业较低的生存率，采用商标权作为低风险创新的衡量标准，创新导致较高的生存率。此外，还有一些文献采用研发投资作为创新投入指标进行实证分析，如 Hall（1987）采用美国制造业企业面板数据研究发现，研发强度增加了企业生存的概率；Li 等（2010）研究发现企业的研发投入可以显著降低企业的退出概率；Perez 等（2004）采用西班牙制造业企业的数据，证实了有研发投资的企业在退出风险上要比没有研发投资的企业低大约 57%。鲍宗客（2016b）研究发现，研发强度对企业生存风险的影响呈非平稳状态，并非创新强度越强对企业生存风险的抑制作用就越明显。

创新与企业生存的关系在不同行业之间也存在差异。如陈阵和王雪（2014）研究发现创新与企业生存关系在纺织行业不显著，在石油、非金属行业显著为正。Boring（2015）研究表明，创新对企业生存的影响在能源、材料等产业不显著，但在基础产业和特殊技术产业显著为正。Mahmood（2000）使用对数逻辑生存风险模型，将美国初创企业按行业和技术水平划分为 17 个样本，包括 8 个低技术产业、6 个中技术产业和 3 个高技术产业，研究发现有 11 个产业的创新与企业生存关系不显著，有 4 个是正向关系、2 个是负向关系。Esteve 和 Manez（2008）发现只有在高度创新的行业中创新行为才能延长企业在市场中的生存时间。Bayus 和 Agarwal（2007）也认为行业的差异是这一关系成立的重要条件，发现在技术密集型产业中，创新企业会生存得更久。

综上所述，有关创新与企业生存之间的研究结论目前仍呈现较为复杂的状态。引起研究结论多样性的可能原因在于：一是选取样本、选择变量或估计方法存在差异，但是这些差异并非影响创新与企业生存关系多样性的主要原因（Ugur 等，2016）。二是计量模型设定存在一定的偏误。就模型设定而言，一方面创新风险随研发强度增加而增大（Czarnitzki 和 Toole，2013），且受到所处行业创新水平的影响（Aghion 等，2014），偏误可能是由于缺乏对创新规模效应的控制;另一方面市场集中度不同会导致创新投入或产出的不同(Gilbert,2006),偏误也可能是由于缺乏对研发强度和市场集中度交互作用的控制。

三、知识产权保护制度相关研究

作为一种旨在激励知识生产的制度安排,知识产权保护制度设计的合理性一直是政策制定者和理论界关注的经典问题。早在20世纪60年代,Nordhaus(1969)的规范研究提出了"专利保护制度基本权衡"的思想。他认为一个国家最理想的知识产权保护制度安排应该是在产权垄断的福利损失和技术溢出的社会收益之间寻找一个均衡点。就微观层面来说,严格的知识产权保护制度能够保护研发企业技术专利的独占性,可以增加研发企业的研发效益,这一过程会激励企业将更多的资金投入到技术创新活动中,能够鼓励新知识的产生;不过就宏观层面来说,严格的知识产权保护制度将会阻碍企业间的技术溢出效应,降低企业间相互学习、模仿技术专利的可能性,这会抑制宏观经济效率的改善,会带来社会福利损失。

随后,这一权衡思想得到进一步的扩展并形成了两个重要的研究分支:其一是发达国家和发展中国家各自的最优知识产权保护水平(Allred和Park,2007;郭春野和庄子银,2012;陈凤仙和王琛伟,2015);其二是知识产权保护对企业创新激励的研究(Fu和Yang,2009;刘思明等,2015;Kim等,2012;李春涛等,2015)。这些研究逐渐成为宏观层面上一个国家制定知识产权保护政策的重要依据。

(一)知识产权保护对南北国家技术创新的影响

在理论研究方面,以Helpman(1993)、Glass和Saggi(2002)为代表的学者基于北方创新、南方模仿的南北框架下的技术进步模型,认为加强知识产权保护将抑制南方国家的模仿行为、恶化南方国家的贸易条件,这不仅会抑制南方国家的技术进步,还将导致全球创新速度的放缓。然而,Lai(1998)、Maskus(1998)等学者指出,发达国家的技术扩散是发展中国家提升创新能力的重要途径,强化南方国家的知识产权保护可以对跨国公司的进入产生更大的吸引力,使本国企业能够更多受益于国际技术溢出,进而对后发国家的技术创新产生促进作用。

在实证研究中,有关知识产权保护与发展中国家技术创新关系的研究结果同样表现出高度的复杂性。Krammer(2009)基于16个东欧转型国家的实证分析,发现知识产权保护对东欧国家创新能力有显著正向影响。Lo(2011)通过对中国台湾地区1986年的专利制度改革进行分析,发现实施改革之后知识产权保护的加强,不仅增加了外商直接投资,而且显著促进了当地企业研发投入力度的加大以及在美国专利商标局申请专利数量的增长。

然而,Branstetter等(2006)、Kim等(2012)的实证研究均显示,知识产权保护对发展中国家技术创新的影响并不显著。还有部分文献显示知识产权保护的强化不利于发展中国国家创新能力的提升,Schneide(2005)基于1970—1990年47个国家的实证分析,发现加强知识产权保护对发达国家的创新能力具有显著的促进作用,但对发展中国家的技术创新有负面影响。Allred和Park(2007)的研究也显示,加强知识产权保护总体上对发展中国家的专利申请活动具有消极影响。另外,还有一些研究显示知识产权保护对发展中国家技术创新的影响是非线性的。王华(2011)以57个发展中国家为样本,发现虽然知识产权制度的完善有利于发展中国家的技术创新,但这种激励效应表现出明显的非线性门槛特征,随着初始知识产权保护力度的提升而递减。然而,无论从理论模型还是从实证检验来看,关于加强知识产权保护是否有利于促进发展中国家创新能力的提升到目前为止仍存在较大争议。

(二)知识产权保护对技术创新的影响及其传导机制

自20世纪90年代开始,知识产权保护与创新能力的关系一直是学术界广泛关注的热点问题。关于知识产权保护制度如何影响微观主体的创新行为这一问题,已有文献仍存在较大的争议。部分文献认为,企业创新投资活动具有很高的风险性:一方面,研发过程中存在较大的不确定性,研发投资很可能在一无所获;另一方面,创新产品具有公共物品的属性,存在明显的正外部性,企业很难完全独占研发成功的收益。这种风险性的创新活动就面临投资不足的困境。在这一前提下,知识产权保护制度的设计旨在保护创新,减弱创新产品的正外部性,增加企业技术的独占性,保护企业创新成果所产生的收益。那么,知识产权保护制度有利于激发企业的创新投资活动(刘思明等,2015;Kim等,2012;李春涛等,2015)。这一逻辑是当前知识产权保护制度促进创新激励的内在机理。

我们需要注意的是,知识产权保护制度所导致的两个直接问题:一是知识产权保护将阻碍技术溢出,不利于企业在学习模仿基础上的创新,将直接降低社会收益;二是创新过程中会增加技术投入的价格,由此直接提高企业的创新成本,如企业需要交纳的技术使用费、许可证费等。这两个问题在依赖技术溢出的企业中表现得更为明显。在跨国研究中，Glass 和 Saggi(2002)认为加强知识产权保护制度将抑制南方国家的模仿行为，恶化南方国家的贸易条件，这不仅会抑制南方国家的技术进步，还将导致全球创新速度的放缓。Kim 等(2012)发现产权保护制度对发达国家技术创新存在显著的正相关关系，而对发展中国家技术创新的影响则是不显著的。另外，不少研究发现，知识产权对发展中国家技术创新的影响存在非线性的关系或者倒"U"型的关系(Allred 和 Park, 2007;余长林和王瑞芳，2009;王华，2011)。从以上的文献脉络中我们不难发现，知识产权保护制度一旦过于严厉，同样也会抑制企业的创新活动，特别是在依赖技术溢出的经济体中会表现得更加突出。

在以发达国家为对象的研究中，绝大多数研究都表明强化知识产权保护有利于创新能力的提升(Schneide,2005;傅和杨,2009)。Pigou(1920)认为由于不完全的专属权，思想成果得不到保护，创新行为将会减少，并由此发展了外部效应理论，其提出的政策被称为"庇古税"。他认为对具有正向外部效应的知识产权进行补贴，能够鼓励创新行为。艾罗(Arrow,1962)进一步分析指出，知识产权具有不可分割性和不确定性，如果没有任何法律保护，这些属性将会导致思想成果的供不应求。Lai(1998)通过引入外国直接投资并进行分析，发现加强知识产权保护将会提高发达国家的产品创新率，并增加发展中国家的产品转换率和相对工资水平。随后，Yang 和 Maskus(2001)在 Lai(1998)的基础上发现，如果技术许可交易是技术转换的渠道，那么，加强知识产权保护将提高北方的创新率和南方的技术许可程度，最终提升全球的技术创新率。Mansfield(1986)使用100 家美国制造业的数据，检验了专利保护对企业创新的影响，他发现在美国如果没有对知识产权特别是专利权的保护，在医药和化学行业中将分别有 65% 和 30% 的创新成果不会出现。

然而，由于创新的复杂性，在知识产权保护与企业创新的关系上也存在一些相反的观点。有学者认为，过度的知识产权保护将会减弱发达国家的创新激励，增加国际知识转换的障碍和发展中国家的学习成本，抑制发展中国家的模仿行为，不利于提高全球的创新水平(Shapiro,2001)。董雪兵和史晋川(2006)通过构建累积创新框架下的拍卖模型，探讨了知识产权保护制度的社会福利效应，发现不同行业适用于不同的知识产权保护标准。还有学者持折中观点，认为知识产权保护过严或者过松都不利于技术创新，知识产权保护与创新能力之间表现为复杂的倒"U"形关系(Donoghue 和 Zweimuller, 2002;Gangopadhyay 和 Monad, 2012;余长林和王瑞芳,2009)，也即存在一个最优的知识产权保护水平,而 Park(2008)也基于此提出了"最优知识产权保护假说"。

进一步来讲,知识产权保护对企业创新的传导机制及其效应已为学者们所关注。首先,知识产权保护可以通过提升企业融资能力对企业创新产生影响。这一传导机制的作用已经被一些研究文献所证实。Arundel(2001)、Hall(2004)以及 Haeussler 等(2009)分别基于1993年欧洲创新联盟企业调查数据、美国1980—1989年上市公司数据、2006年英国与德国企业数据,研究发现具有良好知识产权记录有利于企业获得融资及吸引研发合作伙伴,从而推动产生更多创新。其次,知识产权保护可以通过促进技术传播和扩散对创新产生影响。专利保护制度通过公开专利申请的信息以促进技术传播,从而既可以避免重复投资又可以让社会其他成员"站在巨人的肩膀上"发展新技术,加快技术的创新和进步(Scotchmer,2004)。Moser(2011)和叶静怡等(2012)的经验研究支持了这一结论。Moser(2011)通过对1851—1915年美英两国博览会参展产品数据的分析,发现专利制度中的信息披露制度(相对于商业秘密)促进了企业技术信息的传播。叶静怡等(2012)通过对1993—2007年中国发明专利数据的计量分析,发现专利信息提前公开制度对优质技术知识传播存在正向影响。

(三) 知识产权保护对中国企业技术创新的影响

具体到中国企业的创新是否需要产权保护制度这一问题,我们应当看到,近些年中国企业的创新处境极为尴尬,绝大多数企业"不愿"进行创新甚至"不敢"进行创新。亦有不少外资企业一直抱怨中国的创新土壤和母国差距较大。这一处境的根本原因在于产权保护制度的缺失(史晋川,2006;吴延兵,2008)。鲍宗客(2017)指出,一旦知识产权得不到保护,那么企业投入的研发资源越多,竞争对手通过学习获得的技术更新机会也越多,对企业自身利益的损害也越大,企业的创新投入很有可能变成培养竞争对手的温床。中国急需通过制度来改善创新环境,改变企业的"不愿""不敢"创新的困境来保护创新。

那么,执行知识产权保护战略能让中国企业愿意创新、敢于创新吗?刘思明等(2015)认为知识产权保护与新产品和专利产出均存在倒 U 型的关系,强化知识产权对发明专利的促进作用要显著大于实用新型和外观设计。史宇鹏和顾全林(2013)认为这一结果受到两个方面的影响:一是市场竞争程度,由于寡头的市场结构比竞争的市场结构对创新的激励更大,知识产权保护战略对市场竞争激烈行业的创新激励效果更会明显;二是所有制因素,相比其他所有制企业而言,国有企业经营中仍然存在着预算软约束问题,也更容易从银行得到贷款(吴军和白云霞,2009),而非国有企业,它们的预算约束更硬,更不容易获得各种资源,对知识产权保护的反应将更加敏感。方等(Fang等,2017)发现在不同所有制企业中,私营企业对这一关系的反应更为敏感,私营企业的创新质量要比国有企业更高,表现为专利质量更高。

四、相关文献评述

从上面的文献可以看出,已有文献对创新激励、知识产权保护、与生存的相关问题进行了一些研究,不过并没有得出一致的结论。总的来说,已有研究存在以下几个方面的不足之处。

第一,在有关企业生存的文献中,缺乏剖析企业生存风险的集聚和演变的过程。已有文献主要集中于考察产业动态演进的内在机制,以及竞争锦标赛机制所产生的市场选择效应,如 Dunne 等(2011)、Pakes 等(2007)等的相关研究,然而由于数据的限制,并没有文献探讨企业生存风险是如何集聚、演化并最终导致企业退出或者死亡的。事实上,这一过程可以直接揭示企业从开始进入市场到死亡这一周期的风险变化。此外,在国内经济转轨的特殊背景下,对企业生存这一问题的研究又有了新的内涵,企业能力积累的过程和扩张行为的动态调整一直伴随着市场化程度的不断变革和深化,其中有可能发现与现有国外经验证据不同的结论与规律,具有较大理论创新空间。

第二,在实证研究中缺乏考察企业生存的动态创新激励。现有研究均从静态维度来探讨这一问题,即使用单期的创新维度,将创新的企业作为虚拟变量来引入模型中(陈阵和王雪,2014),或者以创新强度来反映(Cockburn 和 Wagner,2007;Esteve 和 Manez,2008)。这些研究忽视了一个重要问题,在中国经济转轨的过程中,企业的创新活动存在很大的间断性和周期性,部分企业在生存周期中仅在少数时期存在创新投入。基于此,静态维度仅能横向捕获创新投入存量的平均效应,而不能纵向考察创新持续性的动态效应。在这些文献中,并没有考察经济转轨背景下中国企业所存在的这一典型问题。

第三,缺乏从知识产权保护制度的视角来剖析企业生存的创新激励问题。很少有文献进一步考察这一制度如何影响研发企业的生存风险。在仅有的一篇文献中,史宇鹏等(2013)使用中国规模以上制造业企业数据考察了产权保护制度如何影响企业的存续时间。不过这篇文章在回归方程设计上存在一个值得商榷的问题,其将企业的存续时间直接以年限和月份数来衡量并进行静态传统参数估计。然而理论文献表明,企业的存续问题是一个动态过程,其研究方法也表现出了特殊性,静态研究中的传统参数方法无法有效处理包含纵贯性数据的生存问题(肖兴志等,2014)。

第二节 | 事件史分析方法

事件史分析方法是根据某一事件发生前后的统计资料,采用特定技术测量该事件的影响性,研究事件发生的方式及其相关因素的一种定量分析方法。目前,事件史分析方法在经济问题中已经被应用于财务困境预警、信用风险评价、贸易持续时间、劳动经济问题等诸多领域。

一、事件史分析方法的来源

在社会科学的各个分支领域,有很多极为有趣的事件及形成这些事件的原因。如犯罪学关注犯罪、逮捕、牺牲等事件;经济学关注的焦点则是工作变换、提升、解雇和退休等事件;政治学关注暴乱、革命、政府的和平更迭等事件;人口学关注出生、死亡、结婚、离婚和迁移等事件;医学关注病人就医的次数等。上述例子中,每个事件包含一些在特定时点上的定性变化。在这些变量的变化中,往往还包含了一些尖锐的突变。因此,一般不能用"事件"来简单描述一些定性变量变化的过程。

由于事件是按照时间变化来分类的,研究和认识这些事件及其产生的原因的最好方法是收集描述这些事件的数据。在其最简单的形式中,即当事件集是以个体的集合出现时,它们往往呈现一种纵向的记录。例如,一项人口调查中的结婚日期记录就是一个典型的事件史数据集。而如果调查的目的是研究事件发生的原因,那么事件史也应当包括描述其变化的一些解释性变量的数据。

事件史是研究事件发生原因的基础,且具有两个特征:截断(Censoring)和随时间变化的解释变量(Explanatory Variable),即能产生利用诸如多元回归分析等统计学方法来描述问题的随机变量。在过去的20年里,一些具有创新性的方法与技术首先在一些特殊事件史数据的研究中得到了应用。事件史方法并非一种单一的方法,而是一些相关的不断完善的方法与技术的集合体,并在许多领域里由很多深奥和复杂的方法和技术发展而来。这同时也是引起某些混乱的原因,因为有些事件史中一些相同的概念经常以不同的方式来表达。因此,有必要对事件史分析方法发展的历史源流作一下回顾。

事件史分析方法的源流主要有三个：其一是生物医学统计方法的生存分析（Survival Analysis）学派；其二是可靠性技术的"失效时间分析"（Failure Time Analysis）学派；其三是数理社会学中的马尔科夫（Markov）学派。生命表方法是最早出现的，也是最著名的、应用最广泛的分析方法，自18世纪以来，在社会学及生物医学等领域被广泛地采用。直到20世纪50年代末60年代初，逐渐被更为先进的方法——事件史分析方法所替代。在生物医学中，用来处理其实际问题的方法又可称为生存数据分析方法。大多数事件史方法的文献是用生存分析和生命分析的名称写成的。例如，在实验室进行的动物实验中，通过让动物吃不同剂量的、毒性不一的药物，实验人员可以观察到在不同的过程中动物是如何存活的。在这里"事件"就是特指动物的死亡，"截断"的出现则是因为该实验通常是在所有动物死亡以前而结束。生物统计学家已经写了大量的文献说明如何分析这些数据的有效方法，这些方法已经变成研究与分析癌症病人存活数据的主要工具。其中，由该领域中所发展起来的最有影响的回归方法——部分似然估计方法，是事件史分析方法中的重要的核心技术之一。可靠性分析技术是工程上研究与分析机器和电子元件故障数据所发展起来的重要方法。该领域里所发展起来的失效时间分析技术，在过去的十几年里已经被有效地应用于事件史分析之中，并形成了新的流派。

另外，自20世纪六七十年代以来，马尔科夫过程理论在社会科学的应用有了长足的进步和发展，这一方法的转折点是Tuma将解释变量引入连续时间的马尔科夫模型，这可以说是沟通生物统计和工程学方法的一座桥梁。其中，用马尔科夫模型研究社会科学现象变化过程中不同状态的个体事件的分布是事件史分析中的重要方法。

二、事件史分析方法的应用进展

事件史分析方法自1986年被美国国家科学院委员会列为数学六大发展方向以来，经过数十年的探索，现已成长为热门的统计分支。它是一种动态的分析方法，用以研究某群体在经过一段特定时间后，发生某种特定事件的概率，是研究生存现象和响应时间及其统计规律的一门学科。这一特定的响应持续时间称为生存时间（Survival Time），包括三个要素：起点、终点和时间尺度；特定事件则称为失败事件（Failure Event）。事件史分析以"时间——事件（Time-to-Event）"资料为研究对象，当生存时间的起点和终点都明确时，研究者能够掌握生存时间的全部信息，属于完整的生存时间（Uncensored Data）。但在实际工作中，因观测时间以及其他因素的限制，研究者可能没有掌握样本生存时间的起点，也可能丢失了生存过程中间某时段的信息，或者缺少了终点的信息，导致数据观测不完全，出现了所谓的"删失"数据(Censored Data)。传统的统计模型无法很好地解决该类特殊数据问题，于是生存分析便应运而生并逐步壮大。它的独特之处在于将时间维度纳入了因变量或自变量中，定义因变量为个体持续处于"非失败"的时间，即生存时间，而自变量亦可以是时间依存变量(Time-varying Variables)。

"删失"数据在生命科学等实际问题中是一类常见的重要统计数据，生存分析最初被应用于医学、生物制药以及各类可靠性工程实验中，后来逐渐渗透到人口统计和金融经济等各个领域。近年来，经济学中的系统动态演化及稳定行为引起了数理经济学家的广泛关注，稳定性分析成为该领域研究的重点和难点。在医疗、工程实践和其他领域发展的推动下，先进统计方法不断涌现，前沿学者也开始将生存分析思想引入经济管理中。不过，生存分析在经济领域的应用仍处于起步阶段，发展比较缓慢，既有研究有待于进一步深化。中国学者在该领域更是涉足未深，发展成果落后国际前沿几年甚至几十年，面临着挑战巨大，生存模型的应用成熟度相对较低、应用范畴也受到一定限制，不过仍取得了一定的成就，除了企业生存领域，集中体现在以下几方面。

(一) 财务困境预警

鉴于生存分析能够准确估计未来生存时间，企业巧妙地将这一方法运用于财务风险预测中，加强事先预防措施以最低化企业损失，防患于未然。将财务困境作为一个特殊事件，"生存时间"则为公司成立至财务出现困境时所持续的时间。生存分析在财务预警中的应用始于 Lane 等(1986)，以 Cox 比例风险模型和多元判别分析模型分别预测了银行在一年和两年内的破产概率。结果发现，两种预测模型在总的正确性上没有明显差异，不过 Cox 比例风险模型具有更小的第一类错误。Lee 和 Urrutia(1996)实证比较 Weibull 生存模型和 Logit 模型后认为，在预测公司财务困境的分析中，Weibull 模型能够识别出更多的显著性变量。随后，各国学者利用生存模型从不同角度对危及企业财务状况的众多因素展开了研究，时序协变量渐渐被纳入模型中，以提高生存分析的预测精度(Gomez-Gonzalez, 2009)。

我国学者对生存分析在经济管理中的研究始于 20 世纪 90 年代末期，应用领域非常有限。Cox 比例风险模型通过利用时间序列进行连续分析，可以为企业提供更为有效的财务困境预测(陈磊,2007)。马超群和何文(2010)借助上市公司前三年的财务比率数据,采用不同的样本比例、分界点和不同观测期,对基于 Cox 财务困境时点预测模型的判别能力和稳定性进行了分析。结果表明,该模型不但能提供 80% 以上的判别精度,而且能够通过基准生存率描绘上市公司陷入财务困境的变化趋势,具有判断和化解风险的双重功能。若界定上市公司被实施 ST 至撤销的持续期为生存时间,这一模型也可以用于分析上市公司陷入财务困境后如何采取有效措施从困境中成功恢复(倪中新和张杨,2012)。对离散模型的经验检验也表明,不论是样本内判别能力还是样本外的困境预测能力,离散时间风险模型都优于 Logistic 模型和 Probit 模型(过新伟和胡晓,2012)。

(二) 金融市场波动

金融市场中生存分析的应用源于这样一种思想,市场中股指的走势是上涨与下跌相互交叠的状态,当股指由连续上涨反转为下跌时便意味着上涨的结束,这暗含了生存的解释(Brown 等,1995)。将连涨、连跌看作一种特殊的生存过程,由于对"生存"概念的理解不同,模型和方法的选择也不尽相同。

国内学者中,雷鸣和缪柏其(2004)作为先驱者首次将生存模型引入股市风险分析,运用股指波动数据建立了不同宏观政策条件下的连续涨跌模型。通过分析上证指数发现连涨、连跌收益率服从伽玛(Gamma)分布。由变点理论可知,上证指数和深证成指都是有记忆的并且不服从随机游动假说,当股市发生变化时伽玛分布参数也随之改变,伽玛分布的两个参数很好地反映了牛市、熊市的变化以及股市的波动(雷鸣等,2007)。另外,我国股票市场不同行业间的股指风险存在着显著差异,并且同一行业的连涨、连跌生存特征也是非对称的。区别于大盘股指波动趋势的研究,王咏梅(2005)应用 Cox 持续模型分析了公司在年报披露后股票市场价格的反应时间。袁丽胜和宋逢明(2006)则通过挖掘金融高频数据,探究了国有股减持过程中大额交易的发生与市场状态之间的相互作用。

(三) 信用风险评价

Narain(1992)通过构造个人贷款加速失效模型,开创性地将生存分析的有关理论运用到信用评价体系中。当样本中失效事件占比相对较大时,生存分析能更有效地降低第二类误判率,预测能力优于 Logistic 模型;但是,当删失数据较少时 Logistic 模型则更具优势。所以,信用评价模型的构建需要依据不同的数据类型有差别地选择统计方法。Allen(2006)利用 K-M 乘积极限估计和 Cox 模型寻找违约风险因子,预测违约情况的发生概率,证实了生存分析模型能够很好地反映违约风险。

武次冰等(2010)通过测算商业银行公司类贷款的违约概率发现,依据 Cox 风险函数而提出的违约比例模型具备较强的中远期预测能力和高鲁棒性的特点。为了更好地解释风险因素的动态性和交互作用,周勇等(2008)引入了变系数的 Cox 风险模型,其最大优点是能够考虑不同因素的交互影响,但不需要假定交互影响的任何结构,同时保留了 Cox 回归模型中的线性部分,因此该模型在违约风险中有很好的解释性。Cox 信用违约模型也常常被称为比例风险模型,这是基于协变量对违约强度的作用为乘积关系的假定,但实际中部分因素对风险强度的影响是差分形式的,于是田军和周勇(2012)尝试基于 Aalen 加性风险函数的信用风险评价模型,综合考量公司间可能存在的信用传染效应,克服了以往模型对违约相关性的低估。

针对零售贷款违约情形,彭建刚等(2009)提出非线性时变 Cox 比例违约模型,充分考虑了变量的时间依存性和变量之间的非线性关系,使得商业银行零售贷款违约概率的测算更加符合客观实际。此外,除了贷款违约行为,生存分析模型亦可以很好地拟合抵押贷款中的提前偿付行为,如 Weibull 提前偿付模型(施方等,2003)。

(四)贸易持续时间

Besedes 和 Prusa(2006)首次将生存分析方法探索性地应用于贸易持续时间,他们从产品层面入手对美国进口贸易的持续时间进行了实证研究。随后,Besedes 和 Prusa(2008)又对 46 个国家的产品出口持续时间进行了经验分析。Esteve 等(2007)将贸易持续时间的研究拓展到了企业层面,分析了某个企业出口产品到特定目的市场的持续时间。

国内学者中,邵军(2011)较早开始关注贸易持续时间这一前瞻性问题,采用 Weibull 模型、指数分布模型、Kaplan-Meier 非参数估计、连续时间 Cox 模型以及离散时间 PGM 模型,多视角地深入研究我国出口贸易持续期的各类影响因素。考虑到数据库中贸易持续时间的统计属性,陈勇兵等(2012)进一步构建了 Probit、Logit 和 Cloglog 离散时间生存模型,考察出口持续时间的决定因素。其他学者也从不同角度切入关注了这一问题,魏自儒和李子奈(2012)运用分层 Cox 比例风险模型对 2002 年新进场的领头企业和跟随企业进行了生存分析,研究我国新出口市场中企业的进入顺序对其出口持续时间的影响。何树全和张秀霞(2011)则将应用焦点放在中国对美国农产品的出口持续时间问题上。

相较于出口贸易,进口贸易关系的研究虽少但也有了一定的进展。郭慧慧和何树全(2012)利用 Kaplan-Meier 估计方法从贸易模式动态演变的角度测度了中国农业进出口贸易关系的持续状况。倪青山和曾帆(2013)实证检验了 Cox 比例风险模型在企业进口持续时间问题上的适用性。陈勇兵等(2013)则进一步地将 Cloglog 离散时间模型应用于进口贸易持续时间的影响因素分析,估计结果表明该离散生存模型是稳健的。

(五) 劳动经济问题

农村劳动力的迁移问题一直是发展经济学研究的主题之一。以调查样本是否发生迁移(即涌入城市务工)为特定事件,通过各类生存模型可以分析劳动力流动的影响因素及各变量间的数量关系。生存分析于劳动经济学中的另一个应用体现在对失业持续时间的研究上,20 世纪 70 年代末,经济学家逐渐开始采用该方法来研究失业时间的持续问题。

根据工作搜寻理论,失业持续时间模型能够辨析出不同失业保险给付期限对失业持续时间形成的差异(Knut 和 Zhang,2003)。杜凤莲和刘文忻(2005)利用 Cox 持续模型考察失业救济金与失业持续时间的相互关系。另外,杜凤莲和董晓媛(2006)还使用住户调查数据,分析了重组后中国城镇人口失业持续时间的决定因素。吴碧英和吴晓琪(2013)应用生命表法和 Cox 模型对厦门、长春两市的失业持续期长短进行了比较,发现失业持续期存在地区差异,失业持续期的影响因素也同样存在地域差异。

(六) 其他方面

除了上述几个比较集中的领域,学者还零星地将生存分析应用于其他一些问题的研究。苏越良和高阳(2003)给出了一种基于非参数条件的极大似然修正估计法,通过对产品市场生存数据的应用分析可知,该方法对产品寿命的预测更加准确。田欣媛和周镭(2011)基于 Weibull 分布和 Kaplan-Meier 曲线对信用卡顾客的生命周期进行估计,认为 Weibull 分布模型对客户保持率的拟合效果优于指数模型。

目前,生存模型已成为统计学家研究持续性问题的主要方法,生存分析中参数法精确度高,但要求明确生存时间的分布,实际中适用面较窄。非参数法只适合处理单因素问题,如比较两条或多条生存曲线的 Kaplan-Meier 乘积极限方法,可以给出形象生动的直观效应。而半参数法可处理多因素的问题,不过,当生存时间的分布已知,如服从指数或 Weibull 等特定分布时,半参数模型的估计精确度就远不如参数模型高。由此可见,非参数法、半参数法和参数法三类方法各有利弊、适用范围各有不同,所以应依据数据资料的获得情况因地制宜地选择分析方法,以期得到最为科学准确的估计结果。

作为计量经济学的一个新分支,生存分析正发挥着自身价值,相继应用于企业管理学、金融市场学、国际贸易学以及劳动经济学等。通过上述对生存分析应用进展的梳理可以看出,生存分析已在经济管理领域取得了一些有价值的尝试,虽然其涉猎领域相对局限,不过这也正为我们今后的研究工作指明了方向。生存分析在已有领域的成功应用坚定了我们的探索信念,我们应该充分运用这一有力工具深化相关研究领域,不断扩展其在经济学中的应用范畴,去解决愈加复杂的经济管理问题。

三、事件史分析方法的内容

(一) 基本概念

1. 事件史分析方法的内容

事件是事件史分析中最基本的概念,不重复发生的事件是指只能发生一次的事件;重复发生的事件则是指可以发生两次及以上的事件。例如,出生与死亡事件,就属于不重复发生的事件;而工作变换和结婚等在人的一生中可以出现多次的事件,则属于重复性事件。关于重复性事件的模型往往要比不重复事件的模型更为复杂,因此,也更能引出许多复杂的统计问题。然而,掌握不重复事件的分析方法是理解和掌握重复事件模型方法的基础。

2. 单一种类事件和多种类事件

单一种类事件是指影响某一类事件发生的原因是相同的,多种类事件则是指影响某一类事件发生的原因是不同的。在单一种类事件分析中,用几乎相同的分析方法可以方便地处理所有的事件。例如,在工作变换的研究中,要区分自愿终止工作和非自愿终止工作是非常困难的,也是不必要的。若不考虑这一区别,则可用单一种类事件史分析方法来分析这类事件的变化。然而,在诸如癌症等疾病治疗有效性的研究中,区分因癌症或其他病因导致的死亡显然是很重要的。为了适应不同类型的事件史的研究,类似于人口学中的多减量生命表一样,该领域中发展了一种被称为"完全风险"(Competing Risks)的方法。然而,由于多种类型事件的引入会导致更为复杂的统计方法的使用,而在某些实际问题中,要完全区分事件的类型有时是不可能的。因此,在实际问题的分析中,这些方法的应用会受到一些局限。

3. 截断和解释变量

截断(censoring)是指所观察的个体在观察时期内并没有发生变化,但因其他原因而退出观察,或直到观察结束时仍未发生变化,但因研究停止而被中断的个体状态。一般来说,被截断的个体过多,则分析的结果会有较大的偏差。解释变量(explanatory variable)是指描述事件发生的原因和变化过程的相互独立的随机变量,这是运用多元统计方法建立事件史分析模型的基础。

4. 风险率

风险率(hazard rate)也称风险概率,是事件史分析方法的核心概率。它描述了所观察的平均每一个个体所发生该事件的概率。在离散时间模型中,风险率是指每一个体将在某一特定的时点发生事件的概率,也同时表示了平均每一个体在该时刻所处的风险。在连续时间模型中,设 $P(t, t+s)$ 是每一个个体在时间 $(t, t+s)$ 中发生事件的风险概率,显然,当 $s=1$ 时,即为离散时间的风险概率。而当 s 趋近于零时,定义连续时间的风险概率为 $h(t)$,则有:

$$h(t) = \lim_{s \to \infty} P(t, t+s)/s \tag{2.1}$$

$h(t)$ 描述了个体瞬时发生的风险概率,其值可正可负,也可为常数。

(二) 研究方法

根据 Yamaguchi(1991)的定义,事件史分析专门研究"事件发生的方式及其相关因素"。事件史分析在不同学科中有不同的称谓,在生物医学研究领域(如癌症患者存活时间),它被称为"生存分析",而在工程研究领域(如灯泡的寿命),又被称为"失败分析"。事件发生的方式可以用很多形式表达,如风险函数、生存函数、概率密度函数、累计分布函数。它们都是事件发生方式的时间函数。其实,从数学上来说这四个概念是等价的。也就是说,要是我们知道这四个函数中的一个,就可以推导出其他所有函数。然而所有事件史分析的统计模型都倾向于使用风险函数,而不用其他函数,这是因为其使用方便和易于解释。

至于像回归分析这样的常规多元统计方法并不能应用于事件发生时间的研究,是因为事件史数据有两个基本特征:一是风险或生存在时间上都属于倾斜分布。这样一来,便违反了回归方法要求变量是正态分布的假设条件。二是事件史数据存在大量删截现象。所谓删截指调查时大量案例尚未发生死亡或其他研究事件,即生存尚在继续,其死亡时间未知。常规的回归模型不能处理删截案例,而且,将删截案例排除于分析之外也不行。一方面,这样做浪费了信息,因为删截案例虽然没有提供确切的死亡发生时间,但并不是没有提供信息,它们提供的信息是到调查时它们已经生存了多少年。另一方面,要是删截案例与未删截案例之间存在系统性差别,如删截案例普遍教育水平较高,那么排除删截案例后的教育水平影响的回归结果便会产生系统性偏差。此外,常规回归不能容纳动态自变量(也称时变变量,指随时间而变的自变量)。

在历时研究中,一类自变量只因人而异,但是不随时间而变(如性别、种族);另一类自变量不仅因人而异,而且随时间变化。这种动态信息并不能通过在模型中纳入多个代表不同时点的自变量来解决。例如,婚前不久的收入对是否结婚有特殊重要意义,即这时的收入与结婚有具体时序间隔要求,这时在模型中纳入任何确定年龄的收入都不能解决问题,因为每个人的结婚年龄不同。如果确定了较小的收入参照年龄会导致部分对象在这个年龄离结婚还很远,而确定较大的参照年龄则会使另一部分对象是使用婚后的收入来解释是否结婚,违反了前因后果的原则。事件史分析可以令人满意地解决变量的偏态分布、删截及动态自变量等历时数据中特有的问题,因而可以充分利用其中所包含的相关事件明确的时间顺序,将因果关系定量地揭示出来。虽然我们经常形象地比喻事件史分析是"生命表+回归分析",但通过以上比较,可以看到其实它并不是这两种方法的简单相加。

(三) 常用模型

事件史分析的核心问题是判断生存时间的分布模型,并选择拟合模型进行统计推断。主要包括:一是统计描述生存数据,确定抽样分布规律;二是评估比较生存状况,进行预测分析;三是寻找识别影响生存概率的各类因素。其中,对生存过程的描述需要构建三个重要函数:概率密度函数(Density Function)、生存函数(Survival Function)和危险率函数(Hazard Function),进而推断出总体的生存模型。受随机因素的影响,生存时间是一个非负的随机变量,依据生存时间 T 的连续性,生存分析方法可以分为两类——离散型和连续型。当 T 为离散型随机变量时,需要运用各种不同技术做离散化处理,具体如表 2-1 所示。

表 2-1 事件史分析方法的离散模型和连续模型

项目	离散型	连续性
密度函数	$p(t_i) = \Pr(T = t_i)$	$f(t) = \lim\limits_{\Delta t \to 0} \dfrac{\Pr(t \leqslant T \leqslant t + \Delta t)}{\Delta t}$
生存函数	$S(t) = \Pr(T \geqslant t) = \sum\limits_{t_i > t} p(t_i)$	$S(t) = \Pr(T \geqslant t) = \int_t^\infty f(u)du$
危险函数	$h(t_i) = \Pr(T = t_i \mid T \geqslant t_i)$ $p(t_i) = S(t_i) - S(t_{i+1})$	$h(t) = \lim\limits_{\Delta t \to 0} \dfrac{\Pr(t \leqslant T \leqslant t + \Delta t \mid T \geqslant t)}{\Delta t}$ $f(t) = dF(t)/dt = -dS(t)/dt$
函数间关联	$S(t) = \sum\limits_{t_i > t} p(t_i) = \prod\limits_{t_i \leqslant t} 1 - h(t_i)$ $h(t_i) = \Pr(T = t_i \mid T \geqslant t_i)$ $= 1 - \dfrac{S(t_{i+1})}{S(t_i)}$	$S(t) = \int_t^\infty f(u)du = \exp\left[-\int_0^t h(x)dx\right]$ $h(t) = \lim\limits_{\Delta t \to \infty} \dfrac{\Pr(t \leqslant T \leqslant t + \Delta t \mid T \geqslant t)}{\Delta t}$ $= \dfrac{f(t)}{S(t)}$

在离散模型中,概率密度函数 $f(t)$ 表示生存时间 T 为某一固定时点 ($t \geqslant 0$) 的概率。在连续模型中则表示分布函数 $F(t)$ 的导数,$F(t) = \Pr T \leqslant (t)$ 表示生存时间 T 不超过时点 t 的概率,相应的密度函数 $f(t) = dF(t)/dt$ 测度了特定事件在区间 $(t, t + \Delta t)$ 内发生的概率,反映这一特定事件发生速度的快慢。

生存函数又被称为累积生存率(Cumulative Survival Rate),简记为 $S(t)$,指研究对象生存到时点 t 的概率,反映研究对象经过 t 时点后仍未经历某特定事件的可能性。$S(t)$ 是单调递减函数,满足 $S(0) = 1$,$S(\infty) = \lim\limits_{t \to \infty} S(t) = 0$。

危险率函数 $h(t)$ 又被称为风险率或瞬时死亡率,描述研究对象在生存时间达到 t 时点后,在 $(t, t + \Delta t)$ 单位时间内发生某一特定事件的风险概率。危险率函数实际上是条件生存概率,对危险率函数唯一的限制是非负性,即 $h(t) \geqslant 0$。在确定失效时间分布、描述特定事件的发生概率随时间变化时,危险率函数就显得尤为重要。当 $dF(t)/dt = 0$ 时危险率函数与生存时间不存在依存性;而当 $dF(t)/dt > 0$ 时,危险率随着生存时间的增加而提高,表现为正时间依存性;当 $dF(t)/dt < 0$ 时,危险率则随生存时间的增加而降低,表现为负时间依存性。

上述三种函数从不同切入点体现了生存时间 T 分布的不同特征,事实上这三者是相互关联的,已知其中任意一个函数就可以确定其他几个函数。生存分析的基本问题也是根据样本估计这三个函数,进而推断出总体的生存模型。

下面引入单一类型不重复事件的离散时间模型方法,所描述的方法也适用于其他许多情况,而且也可以推广到不同类型事件的重复事件的分析中。先讨论风险率是如何依赖解释变量而发生变化的。设 $p(t_i)$ 为一个个体在时刻 t 发生的风险概率,假定有 n 个相互独立解释变量是 $x_1(t), x_2(t), \cdots, x_n(t)$。作为一般粗略估计,我们可以认为 $p(t_i)$ 是 $x_1(t), x_2(t), \cdots, x_n(t)$ 的线性方程,即:

$$P(t) = a + b_1 x_1(t) + b_2 x_2(t) + \cdots + b_n x_n(t) \tag{2.2}$$

然而,这里要注意由于 $p(t_i)$ 是一个概率,因此,它介于 0~1,上式右端解释变量可以是任意实数。这一模型是不可能用来进行预测的,且会带来计算和解释的复杂性。但这一问题可以通过对 $p(t_i)$ 进行 logit 变换避免,即:

$$\log[P(t)/(1-P(t))] = a(t) + b_1 x_1(t) + b_2 x_2(t) + \cdots + b_n x_n(t) \tag{2.3}$$

当 $p(t_i)$ 在[0,1]之间变化时,方程的左边从负无穷大到正无穷大。尽管还有其他一些形式的变换,但 logit 变换是最方便和熟悉的形式。回归系数 $b_i(i=1, 2, \cdots, n)$ 则表示当 $x_i(i=1, 2, \cdots, n)$ 分别变化一个单位时,logit 所变化的数量。在上述离散模型中,通过让参数 a 随时间而变化,可以得到描述离散型事件史分析方法的核心模型,即:

$$\log[P(t)/(1-P(t))] = a(t) + b_1 x_1(t) + b_2 x_2(t) + \cdots + b_n x_n(t) \tag{2.4}$$

而关于参数 $a(t)$、$b_i(i=1, 2, \cdots, n)$ 的估计将通过极大似然估计的方法来进行。事件史分析不仅能够描述研究对象存续时间的分布,还可以分析影响存续时间的"危险因素"和"保护因素"。假设事件发生是随机的,依据存续时间总体分布的情况,生存模型又分为参数模型、非参数模型和半参数模型三类。

1. 参数模型

事件史分析最先崛起的几年中主要以参数估计为主导,该类模型假定生存时间服从某一特定的分布,在已知生存时间具体分布的情况下,显著降低了估计的不确定性。而且,参数模型可以根据较少的样本数据采纳更多的事件信息,预测生存资料的总体情形,因此,参数模型可以较好地应用于小样本估计。根据已知生存时间的分布特点,通过极大似然估计、距估计等方法可统计推断出生存概率的参数值。生存时间一般服从指数分布、对数 Logistic 分布、Weibull 分布、广义 Gamma 分布、Γ分布和 Pareto 分布等多种形式。

然而,参数估计对事件持续时间的分布要求比较严格,样本必须满足:①参数值不为零;②生存数据中必须包含协变量;③协变量必须有严格的时间分布趋势(Oakes and Cox,1984)。对参数模型来说,当分布预测合理时能够准确地反映个体生存规律,产生巨大的经济价值;而一旦生存时间的分布模型构建不合理,将产生显著的统计偏差,诱导决策者做出错误的判断与决策。

2. 非参数模型

20世纪六七十年代,随着事件史分析的运用推广,各领域对事件史分析的统计方法也提出了更高要求。实际工作中,很多生存资料不易判定其分布或不吻合某一特定分布,参数模型的确定性研究已经不能满足其需要。一类不拘于特定分布的统计模型慢慢突显出强大的适用性,事件史分析方法逐步向非参数模型转变。非参数模型的最大特点是对生存时间的分布不做任何假设,对分布信息知之甚少或毫无所知时,非参数模型可以对生存时间做出概率性的预测估计,并且具有较强的稳健性和抗干扰性。总体而言,非参数模型主要基于大样本数据,针对不同的数据类型又可以使用生命表(Life Table)、乘积极限(Kaplan-Meier 曲线)等不同的估计方法。

生命表法用于对较大的样本或者需要分组的样本进行事件分析,其基本原理是:将整个观测时间划分为多个不同的时间段,首先求出个体在各时段的生存概率,然后通过累积各时段的生存概率,得出自观察起点至某时点观测样本出现特定事件的概率。假定在每个时段内各处存在近似相等的生存概率,设 C_k 表示时间段(t_{k-1}, t_k)内删失样本的个数,D_k 表示时间段内发生特定事件的个数,N_k 为该时段期初有效样本总体。则生存概率和生存函数分别为:

$$p_k = 1 - \frac{D_k}{N_k - 1/2C_k} \tag{2.5}$$

$$S(t_k) = S(t_{k-1})p_{k-1} \tag{2.6}$$

而相对较小的、不分组的样本采用的则是乘积——极限方法,又可以称为乘积限估计(Product-Limit,PL),估计个体在不同因素水平下的平均生存时间。PL估计与生命表法的基本思想是一致的,不过,乘积限估计基于单个数据,而生命表法基于区间分组数据。PL估计只不过是将生命表法中时段区间的跨度极限化趋于零,表现为一个时点,因而 PL 估计可以看成是生命表法的特殊情形。其他非参数估计,如广义 Mann-Whitey-Wilcoxon 秩统计量、对数秩(Log-rank)统计量等的研究也比较活跃,但实际应用非常少。

3. 半参数模型

当事件史分析发展至20世纪80年代时,兼具参数与非参数优点的半参数模型吸引了国内外研究者的目光,在实际问题中半参数模型可以提供更多更有价值的信息。它对生存时间的分布未做任何限定,但假设协变量对生存时间的影响是参数形式,表现出既优于参数模型的灵活性,又易于非参数模型的估计结果解释,成为事件史分析的一个新兴发展方向。常用方法包括比例风险模型、加速失效时间模型和加法危险率模型。

其中,最典型的是 Cox 比例风险模型(Proportional Hazards Model)。Cox 模型假定危险率函数是一个带有若干协变量的随机变量,能够分析生存时间与诸多危险因素之间的定量关系。通过构建部分似然函数,最大似然估计就可以得到各危险因素系数的估计值。作为事件史分析的一种经典模型,Cox 模型自提出以来被广泛推广,但是当生存风险之间比例不为常数或危险率与协变量之间不呈线性关系时,该模型即宣告失效,于是研究者们针对不同数据类型发展了 Cox 模型的改进或替代模型。依托基本模型现在已经发展了带时变协变量的 Cox 模型、分层 Cox 模型、离散 Cox 模型和配对 Cox 模型,还有适用于协变量对基准风险函数表现为相加作用情形下的 Cox-Aalen 模型。可以说,无论是在理论研究还是在经验研究中,Cox 生存模型及其推广模型俨然已经成为事件史分析中最重要的一员。

加速失效时间模型(Accelerated Failure Time Model,AFT)作为 Cox 比例风险模型最大的竞争模型,1961 年被皮卢什卡(Pieruschka)首次运用于寿命试验中。AFT 模型研究的是协变量与对数生存时间之间的回归关系,其基本函数为:

$$\log T_i = \beta' X_i + e_i \tag{2.7}$$

其中,e_i 为独立同分布的随机变量,但是由于 AFT 模型将生存时间的对数作为反应变量,而且误差项的分布也未知,因此并未得到学者们的一致认可。除了上述传统模型外,Buckley 和 Jame(1979)提出了另一种可替代的处理右删失数据的线性回归模型——Buckley-Jame 模型(简称 B-J 模型)。B-J 模型的基本结构为:

$$Y = \alpha + \beta' X_i + e_i \tag{2.8}$$

这里 α 为位置参数,Y_i 是生存时间或生存时间的对数形式,$Y_i = \min(T_i, C_i)$,其中,C_i 为删失时间。巴克利和杰姆巧妙地引入一个伪随机变量,基于最小二乘法的原理有效地解决了参数 β 的估计问题。当生存时间的分布未知时,B-J 模型可以为获得显著性预后因素提供有力的依据。

神经网络在生存分析中也有很大的灵活性,允许协变量随时间而变化,可以探测复杂的非线性效应、复杂的交互效应。最具发展前途的要数新近提出的连续时间编码模型(Time-Coded Models,TCM)。在 TCM 中生存时间作为模型的输入预后因子。与危险率函数相比,神经网络模型不需要基本的危机假设,同时能够得到多种结果,能够更加科学准确地处理没有先验知识和传统模型拟合不好的数据,成为一个与传统方法相互补充的生存分析家族的新成员,拥有较为广泛的应用前景。

离散时间模型方法应用较广泛,与离散时间模型相对应的是连续型的模型方法。仿前述离散型变量的分析可以得到描述连续型事件史分析的模型(Proportional Harzards Model):

$$\log h(t) = a(t) + b_1 x_1 + b_2 x_2 + \cdots + b_n x_n + u \tag{2.9}$$

这里 $h(t)$ 是连续时间风险率,$x_i(i=1,2,\cdots,n)$ 是相互独立的解释变量,$a(t)$、$x_i(i=1,2,\cdots,n)$ 是一个独立于 $x_i(i=1,2,\cdots,n)$ 的随机分布项。给定 u 不同的分布,可以得到连续型风险率将适合诸如指数(Exponential)分布、威布尔(Weibull)分布、刚白兹(Gompertz)分布、伽马(Gamma)分布等情形。

事件史分析方法对数据有特殊要求。它必须采用固定样本的历时数据。通过追踪调查得到的固定样本数据最理想,但这种调查要求事先有极为细致的研究设计,一旦开始调查项目便不能更改。另外,通过在一次性调查中加入回顾性问题也可以得到事件史数据,如中国多次生育率调查中都包括生育史的信息。但严格地讲,这种数据并不是事件史分析最理想的数据,因为虽然生育变量具有历时动态,然而作为解释变量的其他特征(如受教育、城乡等状况)则是调查实施时的截面状况,而不是事件发生时的状况。在使用这些解释变量时要假设其值从研究事件发生前至调查时间没有改变过。这种假设有时比较合理,有时则不一定合理。段成荣(2000)的研究表明,在是否迁移的常规 Logistic 回归中,尽量根据调查提供的信息将解释变量值"倒推"回迁移之前的状况,能够显著提高模型的解释能力和各解释变量作用的显著程度。另外,还需要注意回顾性调查往往会发生遗忘性、隐瞒性误差,并且还可能产生死亡选择性带来的系统偏差。此外,事件史分析有比较特殊的数据格式要求,在正式开展分析之前往往需要对事件史数据进行预先处理。

4. Cox 比例风险模型

在多因素生存分析中,目前应用最为成熟的是 Cox 比例风险模型,它能有效地解决样本数据的右删失问题,准确地反映各影响因素与生存时间之间的关系。Cox 比例风险模型将"生存时间"与"特定事件"两个因素结合一起研究,生存时间指从某一起始事件开始到被观测对象出现特定事件所经历的时间。在 2000—2007 年研究区间内,如果企业退出市场(特定事件)为完全数据(Complete Data);而当 2007 年研究结束时某些企业仍未退出,那么他们(潜在的)生存时间并没有被观察到,即为删失数据(Censored Data)。Cox 比例风险模型巧妙地将 2007 年仍存活的样本的结局变量设为 0(即没有发生特定时间),退出市场的样本为 1,利用时间序列数据,构建企业危险率函数估计企业生存时间的分布,对企业在未来不同时点上退出市场的可能性进行预测。

具体来讲,Cox 比例风险模型假设企业在生存过程中面临各种危险冲击,令 $h(t, X)$ 表示具有危险向量 X 的企业在时间 t 时的危险率(Hazard Rate),也即企业 i 在 $t-1$ 时期存活而在 t 时期退出的概率,则危险率函数可表示为:

$$h(t, X) = h_0(t) c(X_i'\beta) \quad (2.10)$$

其中,$h_0(t)$ 为 t 时刻企业面临的一个基准危险率(Baseline Hazard Function),即在 t 时点协变量全为 0 时的风险率,反映了样本的共性;$X_i' = (X_1, X_2, \cdots, X_p)$ 表示影响企业生存的协变量,是各个解释变量的集合,$\beta = (\beta_1, \beta_2, \cdots, \beta_p)$ 是参数向量;$c(X_i'\beta)$ 代表样本的特殊性质,其常见的一般形式为:

$$c(X_i'\beta) = \exp(X_i'\beta) = \exp\Big(\sum_{k=1}^{p} X_k \beta_k\Big) \quad (2.11)$$

将上式进行简单替换得到危险率函数为:

$$h(t, X) = h_0(t) \exp\Big(\sum_{k=1}^{p} X_k \beta_k\Big) \quad (2.12)$$

由于删失数据的存在,我们引入变量 δ_i(当 t_i 为完全数据时为 1,删失数据为 0),则所有样本生存数据的部分似然函数(也称偏似然函数)为:

$$L = \prod_{i=1}^{n} (L_i)^{\delta_i} = \prod_{i=1}^{n} \left[\frac{h_0(t_i) \exp(X_i'\beta)}{\sum_{k \in R(t_i)} h_0(t_k) \exp(X_k'\beta)}\right]^{\delta_i}$$
$$= \prod_{i=1}^{n} \frac{h_0(t_i) \exp(X_i'\beta)}{\left[\sum_{k \in R(t_i)} h_0(t_k) \exp(X_k'\beta)\right]^{\delta_i}} \quad (2.13)$$

利用偏似然估计(Panial Likelihood Estimate),Cox 模型能够估计出各个协

变量的系数 β,而并不需要知道基准危险函数 $h_0(t)$ 的准确分布,这一具体过程通过 Stata 软件编程便可以实现。

但是,运用 Cox 比例风险模型需要数据样本满足两个基本假定:一是比例风险假定,任意个体风险函数之比不随时间改变;二是对数线性假定,即对模型中的连续变量,任一个个体的对数风险与协变量呈线性关系。假设存在两个企业,其影响因素分别为 X 和 X^*,那么两者的危险率之比为:

$$\frac{h(t,X)}{h(t,X^*)}=\frac{h_0(t)\exp\left(\sum_{k=1}^{p}X_k\beta_k\right)}{h_0(t)\exp\left(\sum_{k=1}^{p}X_k^*\beta_k\right)}=\exp\left[\sum_{k=1}^{p}\beta_k(X_k-X_k^*)\right] \quad (2.14)$$

该比值是一个常数,被称为具有风险因素 X 的企业相对于风险因素为 X^* 的企业的倒闭危险率。Cox 模型之所以被称为比例风险模型也正是因为在假设各个协变量不随时间 t 变化时,其危险率成比例,即具有不同影响因素的两个企业的危险率之比不随时间而改变。

第三章 企业风险积聚成因与生存特征

企业生存问题尤其是中小企业生存问题一直是理论界和相关政府部门关心的焦点,国外也有许多相关调查研究。日本《日经实业》的调查显示,日本企业平均寿命为30年;《日本百强企业》一书记录了日本百年间的企业变迁史,在百年中,始终列入全球百强的企业只有一家。本章调查中国企业生存的基本状况,描述企业生存时间的特征,包括不同行业、不同区域以及不同规模之间的差异。

第一节 | 企业风险积聚的成因

虽然学者们在研究企业风险的形成机理时所分析的影响因素不尽相同,但是基本上可以将这些影响因素归纳为战略、财务、运营和宏观环境四个维度。

一、战略因素

Mintzberg 等(1976)指出,公司战略对公司生存具有至关重要的意义。Stephen(2006)通过统计调查问卷指出,企业战略风险包括7个方面。Mensah(1984)的研究表明,在相同的宏观经济背景下,不同产业领域采用不同企业财务风险预测模型,可有效地提高所构建模型的预测能力。Chava 和 Jarrow(2004)的实证研究结果也表明产业差异对企业财务风险预测模型具有显著影响。张大成等(2006)的实证结果显示,考虑不同产业间的差异,对变量进行标准化,将有助于提高企业风险预测模型的预测力与稳定性。陈志斌和谭瑞娟(2006)研究发现,在传统的预警模型基础上加入行业差异变量,可使模型的预测能力更为精准和科学。

二、财务因素

企业风险与企业财务密切相关。Chen 和 Shimerda(1981)对 26 名研究企业风险的著名学者进行了跟踪调查，发现他们在研究中涉及的财务变量有100多种，其中超过40%的财务变量被不同学者在分析企业风险中所采用。通过大量的文献研究发现，这些变量代表的财务指标可以归纳为企业盈利能力、企业偿债能力、资产管理能力和企业成长能力4个方面。

Altman等(1968)研究发现，反映企业盈利能力的资产报酬率和盈余的稳定性对预测企业困境具有重要意义，进而运用这两个指标和其他五个指标建立了预测企业困境的ZETA模型。陈乙文和黄铃猍(2005)从盈利能力、偿债能力、资产管理能力和企业成长能力4个维度选取了财务指标，构建预测企业财务风险的Logistic模型，实证研究发现模型准确度在75%以上。周百隆和郭和益(2006)的研究结果表明，在5%的显著性水平下，总资产报酬率与上市公司被列为ST公司呈负相关关系，负债比率与上市公司被列为ST公司呈正相关关系。宋鹏和张信东(2009)的研究结果表明，公司债务资产比率与上市公司被列为ST公司呈正相关关系。宋鹏和张信东(2009)发现总资产周转率对上市公司被列为ST公司具有显著性的影响。林郁翎和黄建华(2009)的分析显示，5%的显著性水平下，应收账款周转次数与企业财务风险呈负相关关系。岳上植和张广柱(2009)通过T检验发现，ST上市公司与非ST上市公司在企业成长能力方面存在显著性差异。

三、运营因素

（一）股权结构

Kesner(1987)的研究结果表明，公司董事、监事持股比率越高，发生财务风险的可能性就越小。林郁翎和黄建华(2009)研究结果表明，董事、监事持股率与财务风险存在显著的负相关关系，自然人持股率与财务风险存在显著负相关关系。袁康来和周燕(2009)发现，股权集中度越高，发生财务风险的可能性就越小；股权结构中第一控股人为国企时，发生财务风险的可能性较小。

（二）董事会特征

Daily和Dalton(1994)考察了公司治理结构与企业财务风险之间的关联性，发现破产公司和正常公司在董事会组成情况、董事长兼任总经理的管理构架和组织构架的相互作用方面确实有显著的不同。袁康来和周燕(2009)的研究结果显示，董事长是否兼任总经理对财务风险的影响不大；董事会规模的大小虽然对财务风险有一定影响,然而回归系数并不显著。

(三) 审计师意见

Hopwood(1989)的研究表明,在单变量模型中审计师保留意见均有助于预测财务风险,而在多变量模型中只有"对继续经营有疑虑的保留意见"与"其他形态的保留意见"能有效地预测财务风险。邱垂昌(2006)的研究表明,"经营疑虑形态之保留意见"对财务风险有预警作用。袁康来和周燕(2009)的研究结果显示,被出具标准无保留意见的公司相对于被出具非标准意见的公司发生财务困境的可能性较小。

(四) 企业家素质

Spyros(1990)通过对美国 16 家风险企业进行研究,发现导致企业风险产生的主要因素有组织结构僵化、经营管理不善、认知能力不足等 15 项。陈锦婉(2000)认为我国企业风险产生的根本原因是企业经营者行为的短期化。

(五) CRO 的任命

Andre 和 Robert(2003)最早研究 CRO 的任命与企业风险管理之间的关系。Beasley 等(2005)发现,CRO 的任命对企业风险管理具有积极作用。Pagach 和 Warr(2008a)的研究结果表明,大企业倾向于雇用 CRO,相比较非雇用 CRO 的企业而言,有 CRO 的企业的成长问题更少。Pagach 和 Warr(2008b)的研究发现,与没有 CRO 的公司相比,有 CRO 的公司提高了资产透明度,降低了收入波动和市价净值比。

四、宏观环境因素

Demirguc 等(1998)把 13 个宏观经济变量纳入了银行风险的关键因素回归模型,通过实证研究发现,只有 4 个宏观经济变量,即季度 GDP 增长率、短期利率、通货膨胀率和 M2 货币供给,在分析银行发生风险的可能性时是显著的。Sunti 等(1999)通过对泰国风险企业的实证研究表明,宏观经济条件是公司潜在风险的关键指标,这些宏观经济变量是月工业制造业生产指数变化、月消费者价格指数变化、月利率变化、月 M2 货币供给变化。Pesaran 等(2005)实证研究发现,宏观经济的变化对企业风险有影响。袁卫秋(2005)认为企业风险产生与宏观经济形势密切相关,当宏观经济不景气时,企业发生风险的可能性将上升。

第二节 | 企业生存的关键时期

每一个企业都有自己创立、发展、成熟和衰退阶段。每个发展阶段相连接，构成了企业的生命周期。尽管有的企业还没有经历四个阶段就提前结束生命，但并不能否定企业的一般生命过程。企业的每个生命阶段之间也是紧密联系的，前一阶段发展的状况，对后面几个阶段产生直接影响。创立阶段顺利、健康，就能为企业的发展阶段和成熟阶段打下良好的基础；创立阶段出问题，就会妨碍企业的发展和成熟。成熟阶段是企业发展的转折期，企业在这一阶段的调整与转型，是企业避免衰退，实现重新发展的关键。

一、创立与成熟是生存的两个关键时期

企业在生命周期的各个阶段既面临死亡的威胁，又面临如何进一步发展的问题。它们从注册之日起，就在千方百计寻找生存之道。这是企业创立者追求的首要目标，因为企业只有生存才能够谈得上发展，生存是企业发展的前提和基础。大量企业在创立初期，往往由于种种原因，被迫停止营业。有些企业虽然度过了创业期的劫难，最终却无法逃脱在衰退期破产的命运。只有那些经营得当、不断创新的企业才能顺利化解各种危机，存续下去。

不管企业处在哪个生命周期阶段，它的生存与发展都与其适应社会的能力息息相关。只有当一个企业的经营成本明显低于其他企业特别是大企业的成本，所生产的商品和提供的服务更能满足人们的需要，其竞争力才更强，生命力才能更加旺盛。获得生存的企业，通常能够在企业生命周期的各个阶段，特别是在其创业和发展成熟阶段，采取正确的对策，保持企业竞争力，成功地避免许多危机，从而顺利解决企业成长过程中所遇到的困难。

在企业创立初期，存在一个适应其生产和经营环境的过程。企业由于自身能力和对社会需求的理解十分有限，通常以现有的需求作为生产经营的起点，为了满足社会需要，它们必须在生产与社会的需求之间不断进行协调；同时，企业各种生产要素之间、生产者与生产者之间、生产者与政府管理部门之间也存在相互适应的磨合过程。当企业理顺创立初期的各种关系，逐步解决创立期所遇到的困难后，就进入了快速成长阶段。此时企业适应社会的能力大大增强，生产扩大，销售增长，企业获利可观。

随着企业生产扩大到一定规模,企业就逐渐进入成熟期。但是企业成长的道路是曲折的,如果企业在成熟期对生产经营无法进行正确的调整,其生命力就会出现衰退。当然,企业不可能总是直线上升。它有时出现高速发展,有时出现暂时停滞,成长过程的升降是必然的。企业在发展过程中通常过分注重规模扩张,而扩张中又容易暂时掩盖所存在的问题,一旦增长出现疲态,问题就会显现。此时,企业就要进行适当的调整,解决存在的问题,只有这些问题消失了,企业才有可能重新发展。大量企业就是因为不懂发展过程中的一张一弛,导致其在辉煌的时候忘乎所以,不重视所存在的问题,扩张无度,结果失去控制,陷入困境。虽然成熟企业可以保持一个相对稳定的时期,但社会的需求和市场竞争并没有因为企业生产经营稳定就停止了变化。一旦企业不能跟上变化,或是其产品和服务不再被社会接受,或是由于内部各生产要素的摩擦增加,效率开始下降,生产成本上升,就会使企业陷入危机。这样,企业就开始由成熟期步入了衰亡期。那些有幸从创立走到成熟的企业,如果此时缺少充分地调整和创新,企业发展就无法实现新的突破,最终仍逃避不了被淘汰的命运。

当然,企业的几个发展阶段并非一成不变,每个企业由于各自经营条件、所处行业不同,各阶段的时间长短也各不一样。有些企业有较明显的四个发展阶段,有些企业则可能要跳过某个阶段,直接进入到另一阶段。例如,在我国经济转轨过程中,企业生存的外部环境受到政府政策的直接影响,企业的生死可能不取决于企业本身。非经济因素有时在瞬间就可以把刚刚成立不久的企业推上发展的快车道;同样的原因,也可以把具有良好发展势头的企业推到破产的边缘。有些企业连自己都不知是怎么回事就变成了明星企业,有时却在还没有来得及总结成功经验之前就走向衰亡。撇开非经济因素,正常的企业的生死,存在一定的规律。处于同一生命阶段的企业遇到的问题或遭受的失败,大多具有一定的共性,正确认识引起企业失败的共同原因,有利于帮助企业改善经营管理,促进企业健康发展。

鼓励和推动企业发展,政府各项经济政策的正确与否显得特别重要。有时相同的经营条件,只是由于不同地方政府实行不同的经济政策,就使有些地方企业获得较快的发展,而另一些地方企业的发展却相对滞后;有些企业开始发展较好,后面由于各种各样的原因,开始转向衰落。其中的原因需要加以认真研究。就每个企业而言,失败、消亡的具体原因复杂多样,政府也没有精力一一具体解决。但对企业在创立期的困难和成熟期的调整,政府可以也应该采取对策帮助企业渡过难关。政府的正确政策和所提供的及时帮助,对创立期和成熟期的企业意义重大。根据不同时期企业的具体困难，政府所采取的政策和帮助的方法应有所不同。各种措施的最终目的都是要通过政府的扶持，增强企业的应变能力，提高它们的竞争力和存活率。

总之，无论是企业的成熟期还是创立期，都是其发展的重要阶段，是企业能否生存和发展的关键。只有社会和企业都能认真解决这两个阶段所存在的问题，才有可能提高企业的整体素质，改变它们生产、管理落后的局面，使其融入现代经济主流，成为支撑我国经济现代化的重要力量，促进国民经济的健康发展。

二、创业初期企业死亡率高的原因

在创立初期，企业生存能力十分脆弱，稍不留神就会关门倒闭。在初创阶段，企业破产倒闭的比例很高。从市场竞争的角度来看，一定数量的企业在竞争中被淘汰属于正常现象，是市场竞争的必然结果，只要这种消亡在正常范围内，政府便无需大惊小怪。有些社会需求持续的时间很短，过了这个时期就消失了。有些企业充分利用自己的灵活性，在需求出现后迅速投入生产，在需求完全消失之前迅速停产，因而整个投资过程没有出现亏损，甚至还能赢利。虽然企业存在的时间很短，随着产品市场的消失而停业，但该企业的投资却是成功的，因为它达到了投资的最终目的。此时企业见好就收，及时停止运营，是合理的；如果强行支撑，随着市场需求的自然消失，反而会前功尽弃，血本无归。掌握时机，及时退出，成了此类企业经营成败的关键。所以，那种因市场需求消失而自行停业的企业，选择的是一种明智的退出，该行为属于投资者改变投资方向，是资本在行业间的正常转移。接下来所要讨论的企业死亡，则是指因投资失败、企业入不敷出所导致的破产倒闭。

企业在创立期的破产风险主要来自三个方面，即市场、资金和技术，其中又以市场最为关键。特别是中小企业，因经济实力有限，创立期的市场开拓能力的强弱是决定企业成败的首要因素。没有现成的市场，企业的所有投资都要承担巨大的风险。改革开放以来，我国企业能够快速发展并有较高的生存力，主要得益于长期存在的短缺经济，商品供应严重不足，只要有能力生产，管理得当，产品就不愁没有销路，投资容易收回。所以，我国早期从事个体私营的投资者，基本都能成功，获得了可观的收益。但到了20世纪90年代，市场情况开始发生变化，生产能力迅速扩张，社会商品由供不应求，变为供求平衡或供过于求，商品的销路问题成了新建企业迈向成功所遇到的第一道障碍。

谁拥有市场，谁就拥有了通向成功之门。根据对我国个体、私营企业业主的调查,在较为成功的创业者中,来自政府部门的干部以及国有企业的管理和采购销售人员占了较高的比例。这两类人员从事个体私营经济具有明显的社会关系优势,他们的企业刚刚投入运营,就能够凭借各种资源,得到所必需的业务量。这两类投资者之所以要自谋发展,主要是因为他们看到了其掌握的社会资源所带来的商机。他们往往以自己熟悉和掌握的客户作为维持企业生存和发展的基础。这类企业由于具有较可靠的市场销路做保证,出现夭折的可能性较小,企业的创立基本能够获得成功。产品销路不畅,即使筹措到足够的开业资金,有限的资金也会因为开拓市场的艰难消耗殆尽,如果后续资金无以为继,企业就无法获得成功。

特别是对于中小企业而言,市场比资金更为重要,要创业,首先要寻找市场。有些人不明白这个道理,有了一定的储蓄,就以为可以创办企业。这种人通常缺乏销售渠道的有力支持,往往血本无归。近几年,部分海外输出劳工,在国外积累了一笔可观的资金,回国就想自己创业。其中,有一部分人对国内市场缺乏必要的了解,在没有合适销售渠道的条件下,就轻率作出投资决定,其后果可想而知。企业创立初期,失败者往往都是缺乏经验、没有现成销售渠道的投资者。也正是这部分人最需要市场分析,政府可以为他们提供较为完善的市场调研以及行业前景分析,以减少投资的盲目性。提供事前帮助和引导,是减少企业投资者市场风险的有效途径。

为了回避投资风险,我国大量企业投资者通常采取跟进战略,尽量避免率先开拓市场。虽然开拓者可以获得超额利润,但相应的风险也较大。跟随成功者的做法,不失为企业避免风险的有效方法。改革初期,大量缺少人际关系背景的投资者就是靠这种策略打进市场的,但跟进策略要以足够的市场容量为前提。某些产业进入障碍较小,中小投资者能够轻易跟进,因而竞争也十分激烈,投资效益不高。城市零售商业就属于这种情况,在有限的市场空间,集中了大量投资者,投资效益明显下降。只有少数经营者能够得到发展,其余的投资者不是辛苦维持、勉强度日,就是关门大吉。政府为了增加社会就业,往往也在一些部门提倡这种模仿跟进的做法,鼓励自谋生路。但由于竞争日趋激烈,想争夺一块生存之地,打入对方的市场并非易事。

导致企业创立初期高死亡率的第二个因素是资金。在企业创立初期,需要投入一定数量的资金。由于信用不足等原因,向社会寻求创业资金有一定的困难,因此,投资者大都依靠自己的储蓄和亲朋好友的借贷筹措所需资金。由于中小投资者通常对可能遇到的困难估计不足,计划筹措到的资金不足以维持开业后企业的运转。资金准备不足的企业,如果产品销售出现困难,哪怕是暂时的困难,就会使企业陷入困境。大量投资者看到他人成功之后才竞相投入。跟随者为了在市场占有一定的份额,必然要与先行者发生竞争,有些跟随者由于缺乏后续资金的支持,往往还未在市场上站稳脚跟,就被先行者排挤出市场。同样,市场的开拓者也面临资金问题,为开拓尚未存在的市场,需要说服各类消费者购买其商品,市场开发的前期费用,对投资者而言是个沉重的负担。那些没有经验的投资者,在企业创立期就完全依靠自己的力量去开拓市场,所面临的市场风险是巨大的。所以,在资金有限的情况下,投资者更应在开业前期做好准备,充分考虑各种可能,保证后续资金的来源。否则,从一开始就可能为企业埋下失败的隐患。

导致企业创业初期高死亡率的第三个因素是技术。在技术上,企业的创办人大体可分成两大类:一类是掌握了一定生产技术,具有一定生产经验的投资者,如跳槽的原国有企业的技术人员;另一类投资者对生产技术并不了解或者了解甚少。掌握了一定生产技术的创业者,如果他投资的是一种用全新技术生产新产品的行业,所遇到的首要问题仍然是市场,因为要让消费者立即接受新技术所生产的新产品,有一定的难度,或许新产品根本就没有市场需求,或许新技术还不够成熟,生产的产品无法达到设计要求,那么其投资就相当危险。不懂技术者创立企业,需要有技术人员的支持,否则即使有一定的销售渠道,企业也难以存活。对懂技术的投资者来讲,最大的危险是对自己所掌握的技术过分自信。市场经济社会,有技术不等于就能成功。一种技术要获得商业上的成功需具备许多条件,有些技术没有商业利用价值,而有些即使技术上可行,具有商业利用价值,但还存在商机问题。在还没有到达投入的最佳时机时,就轻率地进行投资,很容易招致失败。

不懂技术的投资者之所以敢于投资,大部分是因为知道市场需求和销售渠道。这部分投资者通常购买已经被证明是成熟的甚至是过时的生产技术。就像20世纪80年代的乡镇企业那样,利用国有企业淘汰的设备进行加工生产。这类投资者只要产品对路,企业定位合理,虽然技术落后,也有成功的机会。

改革开放以后,我国的投资者主要集中在传统经济部门,而且通常都是从利用陈旧生产技术开始起步。这类投资者在生产不足、产品供不应求、生产者之间竞争并不激烈以及消费者对产品的性能和质量等要求不高的情况下,其产品能够较为容易地打入市场。乡镇企业创业时所采取的就是这种策略。尽管社会对它们的技术水平颇有微词,但它们的成功却是有目共睹的。可是,如果市场已经近于饱和,创业者还使用落后的生产技术,在激烈的市场竞争中就很难生存,因为投资者要与已有的企业争市场,而又没有当年乡镇企业所拥有的体制上的相对优势。在目前商品供给基本平衡甚至供过于求的条件下,社会对低档次商品的需求在萎缩,新建企业如果无法在短期内实现技术的全面升级,将面临严重的生存威胁。所以,为了减少企业死亡,应根据不同时期的市场竞争状态,及时提供技术上的指导,提高企业技术更新步伐,以增强其产品在市场上的竞争力。新建企业如果无法根据市场的变化,实现其生产与现代社会的接轨,就无法成为国民经济的重要组成部分,只能活动于现代经济的边缘,也就根本谈不上企业的生机与活力。

第三节 | 企业死亡的成因和过程

现有研究从不同理论视角解释企业死亡的原因,大致可以划分为组织内原因和组织外原因,前者包括战略、组织结构,涉及企业内部的资源、能力和激励、控制等,后者包括经济的、政治的、社会文化的、技术更替和竞争环境等。

一、企业死亡的成因

(一)组织外原因

企业的生存与外部环境息息相关,外部环境的变化考验着组织已建立的行为模式,容易削弱组织已占据的位置优势,致使组织变得脆弱(Ruef,1997;Dowell 和 Swaminathan,2006),促使组织形成随机应变的战略模式。经济环境波动、政治变革、政策不确定性、社会文化规范或合法性的变化以及技术更替变革浪潮等(Short 等,2007),均会对企业的生存造成威胁。企业生存风险累积的因素如表 3-1 所示。

表 3-1 企业生存风险积累的因素

分类	原因	具体理论
外部因素	经济环境、政治环境、社会文化环境、技术更新、竞争环境	交易成本理论、新制度理论、权变理论
内部因素	战略层面:公司战略、业务战略、管理资源、财务资源 结构层面:管理层、董事会、资本结构	资源基础理论、资源依赖理论、动态能力理论、高阶理论、管家理论、认知和行为理论

外部的环境变化可以分为相对温和的环境冲击和剧烈的环境变化。作为一种难以被意识到的、缓慢的、渐进的变化,环境冲击在累积到一定程度时,会对组织造成破坏性的影响(Billings 等,1980;Park 和 Mezias,2005)。而剧烈的环境变化更加考验企业在日常环境中的应变能力和战略措施。例如,经济和产业政策的忽然变化,企业建立的政治关联突然破裂,消费者需求的迅速转变等。无论何种变化,企业和组织内部成型的行为规范、经营习惯等形成的组织惰性都会阻碍企业及时进行战略应对和调整。技术更替也是外部环境变化的重要部分。技术更替可以是企业腾飞的机遇,也可能是其衰落的导火索。

Bower 和 Christensen(1995)、Christensen 和 Bower(1996)、Christensen(1997)提出的破坏性技术与熊彼特的创造性毁灭理论有异曲同工之妙。技术无论是缓慢地更替还是突然地变化,都会从根本上改变一个行业的价值链条和关键的成功因素(Tushman 和 Anderson,1986);产品技术更新、新替代性产品的创造对部分企业甚至整个行业的冲击可能是致命的(Grinyer 和 McKiernan,1990)。技术进步和更替加速了行业与行业之间的融合或替代过程,大多行业会以群体性死亡的形式被整个经济体系淘汰;同时,掌握核心技术行业的出现,则会带动一批行业的兴起。例如,"无人驾驶"技术和电动新能源汽车的出现,会催生整个配套系统行业的出现。从整个生态系统和生态圈来看,技术更替对整个系统的流动变化具有催化作用。在这个过程中,企业个体或者行业究竟扮演何种角色,还需要更多的定性、定量研究去识别和分析。

(二) 组织内原因

组织内原因主要是指管理上的原因。已有研究对这些原因做了更细致的划分,例如,风险管理缺乏、管理者冒进(Weick,2013)、财务成本过高、运作效率低下、营销不力(Hlavacek 和 Thompson,1978),以及应对外界变化很缓慢(Argenti,1976b)。Miller(1977)认为,除了环境因素,企业结构不良与战略决策行为不当是企业死亡的两大主要原因,死亡企业通常是在这三个方面走上极端,即过多或过少的产品和市场创新、过多或过少的内部控制、过度集权或者流于形式的领导。Jennings 和 Beaver(1995)认为,企业死亡的根本原因是无效管理,源于战略注意力不够敏锐。他们罗列了小企业死亡的十几个原因,涵盖企业战略、管理结构、资源能力等方面。Trahms 等(2013)则将企业衰落的内部原因划分为管理认知、战略领导、利益相关者管理等方面。

在公司治理层面,董事会管理层的构成,例如,董事会的专业背景、行业背景、年龄等特征，会左右公司内部的战略决策过程，进而影响组织绩效和组织的存活（Chaganti 等，1985；Hambrick 和 Aveni，1992；Almandoz 和 Tilcsik，2016）。Daily 和 Dalton（1994）对破产公司与未破产公司进行实证比较研究，发现金融指标、公司股票持有、董事会质量以及管理水平在破产公司和未破产公司之间有一定的差异。而董事的专业背景较为集中，在决策过程中获取的知识和信息也会相对集中，不利于企业做出更有效的决策，对企业绩效将产生负面影响（Almandoz 和 Tilcsik，2016）。此外，从战略层面考虑，企业死亡不仅是因为企业的管理能力跟不上环境变化而做出的被动、消极的选择，还有一类是企业的战略性决策，为了及时止损，防止单一产品或单一业务单元的失败波及其他产品和业务单元甚至整个公司，从而做出主动、积极的决断。很多并购案例，尤其是善意的并购，都是为了寻求更大的协同效应（Yang 等，2011；Zaheer 等，2013；Yu 等，2016）。

总的来说，现有研究总体上围绕资源和能力、控制与激励分析企业死亡和失败的根本原因，包括战略上的和结构上的。前者如不同的公司战略和业务战略，涉及企业的管理资源（人力资本）、财务资源（现金流、财务杠杆、不同债务比例）和经营风格；后者如管理层控制、董事会结构、资本结构等。关于企业死亡内因的研究文献主要关注于管理的无效与失败，而对于企业主动地实施"准死亡"战略（例如，剥离清算不良资产和破产重组等方式），从而更加有效地配置企业资源的举措，文献中的证据相对不足。从战略管理的角度加以进一步研究将会增进理论界对这类原因的理解。

（三）对外因和内因框架的拓展

现有研究对企业死亡内外诱因的框定和解释尚显粗糙。例如，虽然我们可以在一定程度上区分企业死亡的主导原因，但是对内部和外部界限的划分其实并不一定十分明确，事实上两者在很多情况下是交互作用的。外部环境的急剧变化，往往使内部管理存在缺陷的企业经受考验；即使外部环境不会造成威胁，死亡的企业也可能因为自身战略行为较为极端或者在某些方面"作死"，此时外部环境只是加剧了内因的"致死"效应。

另外，现有文献对导致企业死亡的跨边界原因（即企业间关系层面）关注得较少。Singh（1997）关注了企业战略联盟以及技术复杂性对企业死亡的影响。对于战略联盟、企业间合作，包括横向合作和纵向产业链上的合作或者不同的关系状态对企业死亡及死亡的具体形式的影响，未来的研究应该在此基础上做更多的拓展。可以想见,更深入地分析企业死亡的内部原因、外部原因以及跨边界原因,对企业战略的实施和调整具有较高的启示价值。

二、企业死亡的过程

关于企业死亡过程的讨论主要包括两个方面:一是企业死亡阶段(When to Die)的问题,指企业发展阶段和年龄;二是企业死亡形式(How to Die)的问题,是慢性的死亡过程(Gradual Process)还是突然的死亡事件(Sudden Event)。

(一)企业死亡与企业年龄的关系

首先是关于死亡率与组织年龄的模型。Hannan(1998)总结已有的文献,将刻画两者之间关系的模型分为三类,在控制随年龄变化的规模效应之后,第一类是死亡率随年龄单调递减模型、第二类是倒 U 型模型、第三类是单调递增模型。单调递减模型反映了企业的初生劣势和小规模劣势,随着企业年龄的增长,资源和能力有一定的积累,死亡率也随之降低。倒 U 型模型则是指企业死亡率随年龄先升后降。因为初生企业创立阶段的资源禀赋可以帮助其抵御初期所遭遇的挑战和威胁,而随着资源的消耗,企业面临的死亡威胁也越来越高,之后的死亡率下降则与企业在年龄增长中积累的资源和能力相关。企业死亡的过程和解释见表 3-2。

表 3-2 企业死亡的过程和解释

企业死亡	模型	解释
企业死亡的阶段死亡率与年龄的关系	单调递减模型	初生劣势、小规模劣势
	倒 U 型模型	初生组织资源禀赋下的免疫优势
	单调递增模型	年老劣势:随年龄增长的内部摩擦降低企业能力,消耗企业资源
企业死亡的形式	渐近过程	螺旋下降模型、组织死亡转换模型
	突发过程	急剧衰落、迅速崩溃

单调递增模型考虑到随着年龄的增长,企业内部摩擦增加,消耗企业的资源,死亡率随之上升。这类模型对很多情况做了假设,例如,企业的外部关系和资源是恒定不变的。Hannan(1998)结合初生组织的资源禀赋、组织历史印记、组织惰性,阐述了禀赋赋予的组织免疫力优势、组织能力优势以及与外部建立联

系后的位置优势对化解死亡威胁、降低死亡率的作用,并且通过推导给出界限条件反映年龄和企业死亡之间的联系。这一模型侧重于以不同的解释因素来反映企业死亡率,并且将企业看作不断与外部环境互动的个体,基本符合生命个体的演化规律。企业自身与外部环境交互影响着企业的死亡规律,而在不同阶段,这种交互作用存在一定的差异。

(二)企业死亡的慢性过程

关于企业死亡的过程和形式,已有研究模型中有一类将企业的死亡看作渐进的过程,主要包括 Hambrick 和 D'Aveni(1988)提出的螺旋下降模型以及 Sutton(1987)提出的组织死亡转换模型。基于研究大企业的死亡过程,Hambrick 和 D'Aveni(1988)提出了螺旋下降模型,将企业死亡的过程分为四个阶段,并提出企业走向死亡是一个拖延的过程。他们发现企业从创立开始以及在之后的阶段都有可能播下死亡的"种子",企业在这些"种子"萌芽后,便进入"死亡螺旋"。在另一篇文章中,Hambrick 和 D'Aveni(1992)用螺旋下降模型解释了企业在走向死亡的过程中,高管团队的瓦解与企业绩效相互影响,共同经历螺旋下降。根据 Hambrick 和 D'Aveni(1988,1992)的螺旋下降模型,企业死亡是一个拖延、漫长的过程,这个过程的时间跨度是 10 年左右。对生存期为 10 年左右的企业,死亡的"种子"从创立时便已经播下,企业从出现到消亡有着"向死而生"的意味。

Sutton(1987)也分析了组织从衰落过渡到死亡的转换过程。这个过程包含两个重要的节点:一是宣布组织死亡可能发生,使得内部成员从认为组织会长期存在转变为认为组织仅是暂时存在;二是宣告组织死亡确实发生。在这两个时间节点之间,是组织内部元素剥离和重新连接的过程。组织元素的剥离和重新连接在组织从衰落转变为死亡的过程中相互作用,既相互矛盾又相互促进,且组织内部成员在这个过程中扮演着重要角色。

"螺旋下降"和"死亡转换"模型均将组织或企业的死亡描述为一个过程,在这个过程中,内外因素相互影响,不断积累,最终促使企业真正消失。其中,"螺旋下降"模型反映的企业死亡,使在困境中的企业受到内外部因素的共同影响,陷入恶性循环,致死因素之间互为因果,同时相互强化。这种模型较多地被用以解释大企业的死亡过程。而中小企业的死亡是否也会呈现这种特征,是未来的研究需要考察和关注的方向。

(三) 企业死亡的突发过程

另一类反映企业死亡的模型，则是将企业的衰落、死亡作为一个迅速的事件 (D'Aveni, 1989a)。现实中，对于大多数企业，死亡其实是短暂的，从感知威胁到真正破产，前后也就几年时间，更有甚者，企业也可能"轰然倒塌"。这些现象说明，企业的死亡不仅是渐进的过程，还可能是短暂的、事件型的。Argenti (1976) 首先提出企业衰落的速率是不同的，而 D'Aveni (1989a) 对相关研究进行总结，描绘出企业衰落的三种模式：一是急剧衰落，指企业迅速崩溃，这种模式与 Miller 和 Friesen (1977) 总结的企业失败典型表现中的冲动型企业 (Impulsive Firms) 相一致；二是缓慢衰落；三是徘徊在衰落而未破产前的状态。考虑到企业死亡速率的特殊情况，企业的突然死亡可以定义为死亡速率较快的事件，其中，企业"猝死"便是典型的事件型死亡。

第四节 企业生存现状

在中国经济转轨的特殊背景下，中国企业的进入特征并不像发达国家那样主要是基于企业间异质性而对在位企业的一种替代，或者说是市场对不同类型企业的选择过程 (Baldwin, 1998)，而是在市场出现大规模的盈利预期下，对市场超额利润的一种"纠正"并使其常态化。中国在位企业的退出特征也不像发达国家那样是基于生产率分布而形成的自选择效应，大量的中国企业以持续亏损的形式长期在市场中生存，甚至成为"僵尸"企业 (李伟, 2009)。此外，企业的生存状况一直伴随着市场化改革的不断变化和波动。这在客观上造成了中国企业生存风险的形成机理和特征有可能与发达国家不一样的规律和结论。

同时，中国的市场化改革已经步入"深水区"，中国宏观环境变得越发动态和复杂，这对企业的持续经营能力提出了更高的挑战。在这一阶段，大量低效率的在位企业选择退出或者被挤出市场，甚至是许多家喻户晓、享有很高声誉的"百年老店"，如王麻子、张小泉、太平馆等，相继出现盈利衰退、停业甚至破产的情况。本部分数据来源于原中国工商总局企业信息库，这一数据库记载了在中国大陆注册的全部企业设立、注吊销等企业生存时间的基础数据。这是迄今为止考察中国企业进入和退出信息最详尽和最全面的数据集合。我们考察了

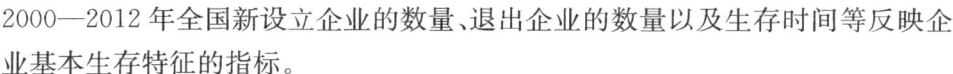

2000—2012年全国新设立企业的数量、退出企业的数量以及生存时间等反映企业基本生存特征的指标。

一、企业生存时间分布

我们依据表1-1（P3）对2008—2012年中国企业生存时间分布情况进行分析。截至2012年年底，中国共有企业1 322.54万家。我们可以发现，第一，大多数企业生存时间在5年以下。生存时间5年以下的企业一共有652.78万家，占企业总量的比例为49.35%；5～10年的企业有435.24万家，占企业总量的32.91%；10年以上的企业有234.52万家，占企业总量的17.74%；生存时间大于24年的企业比例仅占1.00%。第二，每一生存时间段企业数量呈现递减趋势。生存1年时间的企业数为195.91万家，下降到生存5年时间的企业数为89.92万家，再到生存15年的企业数量低于20万家，数量占比也是从生存1年时间的14.81%下降到生存15年的1.37%。

我们以2008—2012年为例，描绘这5年企业退出市场的生存时间分布（见图3-1），从退出企业寿命分布来看，随着生存时间的增加，企业退出市场的概率也在逐渐下降，也就是说，企业在注册当年就退出市场的概率最大，占退出企业总量的13.70%，总共有53.96万家；企业在注册后第2年退出市场的比例次之，占退出企业总量的13.50%，共53.18万家；第3年至第5年退出市场的比例分别为12.30%、10.60%和9.00%。从生存分布的区间来看，生存时间在1～5年的企业数量最多，合计为233.12万家，占退出企业总量的59.10%；生存时间在6～9年的企业数量次之，合计为98.22万家，占退出企业总量的24.90%；生存时间在10～19年的企业数量合计为50.15万家，占退出企业总量的12.80%；而企业生存时间在20年以上退出的企业数量为12.54万家，仅占退出企业总量的3.20%。

二、死亡率和存活率变化趋势

表3-3报告了2008—2012年企业死亡的概况。我们可以发现，第一，总体企业死亡的比率较为稳定。每年企业退出的数量大约维持在70万～80万家，企业的死亡率维持在9%左右。其中，2008年企业死亡的数量最多，这可能是受到次贷危机的影响。第二，企业的死亡比率逐年在下降。从2008年的9.30%降到2012年的6.10%，呈现较为稳定的下降趋势。

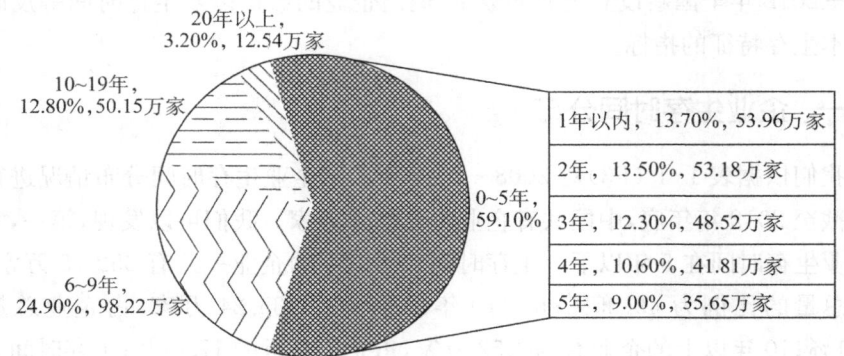

图 3-1　2008—2012 年间退出市场企业的生存时间分布

表 3-3　2008—2012 年企业死亡分布状况　　　（单位：万户）

年份	死亡数量	死亡比率
2008	85.53	9.30%
2009	78.08	8.40%
2010	78.07	7.80%
2011	79.04	7.20%
2012	73.50	6.10%

从企业累积的存活率（见图 3-2）来说，我们可以发现两个方面的特征：一方面，企业累计存活率呈逐年下降趋势。企业成立后的第 5 年累计存活率为 68.90%，已经退出市场的企业达到 31.10%；第 9 年企业的累计存活率为

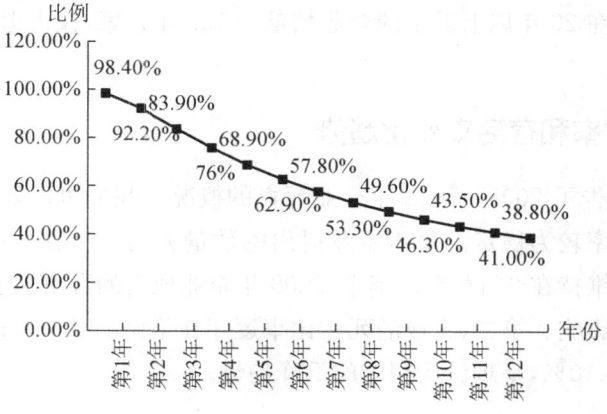

图 3-2　进入企业的存活曲线

49.60%,即仅有半数的企业能存活8年以上,到第13年为38.80%。另一方面,每年存活率的下降幅度大致相同,每年下降的比率在6%~8%。

三、企业生存瓶颈期

图3-3 企业当期平均死亡率曲线描绘了企业当期平均死亡率曲线。从企业当期平均死亡率来看,企业当期死亡率呈现倒"U"型分布态势,即前高后低、前快后慢。企业成立当年的平均死亡率为1.60%,第2年为6.30%,第3年最高,为9.50%。总体来看,企业成立后的3~7年平均死亡率较高,随后渐趋平缓。以上情况说明,企业在其成立后的第3年开始进入死亡高发期,一旦度过了"七年之痒",死亡率便开始有所下降。因此,3~7年为企业生存的"瓶颈期",也是企业能否进一步成长、发展的关键期。

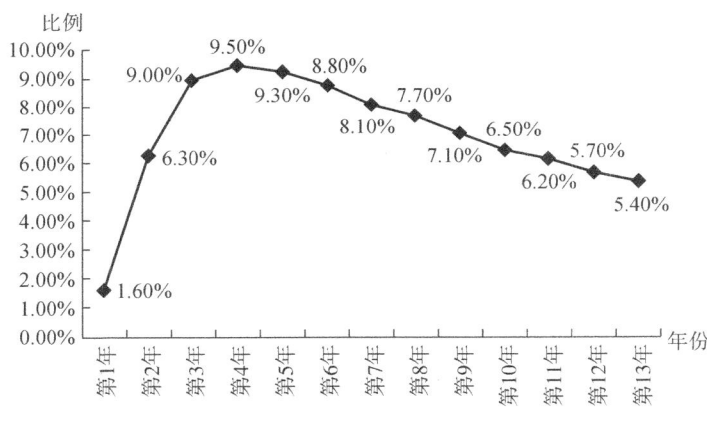

图3-3 企业当期平均死亡率曲线

四、企业生存的行业差异

(一)门类产业分布状况

表3-4报告了2008—2012年各行业生存时间的分布状况。从行业门类上来说,从2008年年初至2012年年底,第一产业退出市场企业平均寿命为5.19年,低于总体水平0.90年;第二产业退出市场企业平均寿命为6.70年,高于总体水平0.61年,除建筑业外,采矿业、制造业、电力燃气等行业均高于总体水平;第三产业退出市场企业平均寿命为5.93年,低于总体水平0.16年。其中,传统服务业与现

代服务业平均寿命呈现分化。传统服务业平均寿命为 6.32 年。现代服务业由于行业特点不同,内部各行业平均寿命差异较大。如金融业,由于准入门槛高、企业实力强,平均寿命基本保持在 8 年以上。相比金融业,房地产中介服务业在房地产行业中数量比重大、准入门槛低,对经济环境和国家房地产宏观政策调整比较敏感,企业进入、退出比较频繁,致使房地产行业平均寿命较低,为 4.49 年。

(二)具体行业分布状况

从具体细分行业来说,由表 3-4 可以发现:一是,垄断行业的生存寿命最长。金融业、电力热力燃气及水的生产和采矿业的平均生存时间居于前三位,其生存时间分别为 8.84、8.02 和 7.75 年。而市场竞争程度较为激烈的行业生存时间较短,这些行业的进入门槛较低,可能在短时间内集聚了超过市场容量的进入者,这些企业的生存时间必然是很短的,例如,农林牧渔业、建筑业、信息传输和计算机服务软件业等。二是,从不同行业的退出数量来说,从 2008—2012 年,全国累计退出的企业中批发和零售业企业数量最多,达到了 142.84 万家,占退出市场企业总量的 36.23%;然后是制造业 67.43 万家,占退出企业总量的 17.10%;租赁和商务服务业居第三位,占退出企业总量的 9.71%。以上 3 个行业合计 248.54 万家,占退出企业总量的 63.04%,构成企业退出市场的主体。而其他行业,如教育业,公共管理、社会保障和社会组织,卫生和社会工作等行业,退出企业的数量不到 1 万家。

表 3-4 2008—2012 年不同行业退出企业的平均生存时间分布

行业	企业数量(万家)	比重	平均生存时间(年)	生存危险期(年)
农、林、牧、渔业	8.90	2.26%	5.19	1
采矿业	2.97	0.75%	7.75	5
制造业	67.43	17.10%	7.01	1
电力、热力、燃气及水的生产和供应业	1.64	0.42%	8.02	5
建筑业	18.63	4.73%	5.32	3
批发和零售业	142.84	36.23%	6.23	1
交通运输、仓储和邮政业	31.31	7.94%	6.38	3
住宿和餐饮业	11.34	2.88%	7.49	3

第三章 企业风险积聚成因与生存特征

(续表)

行业	企业数量（万家）	比重	平均生存时间(年)	生存危险期(年)
信息传输、计算机服务软件业	11.02	2.80%	5.14	3
金融业	6.29	1.60%	8.84	4
房地产业	12.41	3.15%	4.49	1
租赁和商务服务业	38.26	9.71%	4.42	2
科学研究和技术服务业	18.26	4.63%	5.14	2
水利、环境和公共设施管理业	1.62	0.41%	5.79	1
居民服务、修理和其他服务业	14.09	3.57%	6.09	2
教育业	0.56	0.14%	5.36	3
卫生和社会工作	0.41	0.10%	5.60	4
文化、体育和娱乐业	4.79	1.22%	5.67	2
公共管理、社会保障和社会组织	0.44	0.11%	7.50	3
其他	1.00	0.25%	9.38	6
合计	394.22	100.00%	6.09	3

（三）行业生存危险期分布状况

从不同行业的生存危险期来说：一是，行业的生存危险期均小于6年。也就是说，企业无论进入哪个行业，其在进入市场的前6年时间均会面临生存的瓶颈期，面临高发的退出危险。采矿业、电力热力燃气及水的生产业生存危险期最高，为企业成立后的第5年，即企业成立后的第5年退出市场量最多。二是，绝大多数行业的生存危险期在3年以内，即企业成立后的第3年为企业生存的危险期。建筑业，公共管理、社会保障和社会组织，教育业，住宿和餐饮业，交通运输、仓储和邮政业等行业的生存危险期在3年左右。其中，农林牧渔业，制造业，批发和零售业，房地产业，水利、环境和公共设施管理业生存危险期均在1年以内，即成立当年死亡数量最多。

（四）不同行业呈现类型化特征

不同行业企业由于行业特点不同，存在注册率、死亡率均较高或注册率、死亡率均较低等情况。综合分析2012年企业注册率、死亡率在矩阵中的分布,如图3-4所示,其分散、聚合状况反映出不同行业的成长呈现一定类型化特征。

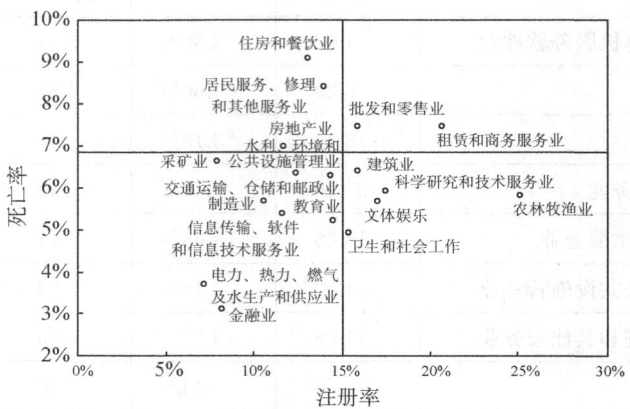

图3-4　不同行业的注册率和死亡率矩阵

(1)平稳型行业。注册率和死亡率均比较低。这些行业存在一定的进入壁垒,如资金、技术和政策限制等,新企业进入困难。同时,行业竞争压力较小,企业生存较为稳定。这些行业主要有采矿业,水利、环境和公共设施管理业,交通运输、仓储和邮政业,制造业,教育业,信息传输、软件和信息技术服务业,金融业,电力、热力、燃气及水生产和供应业等。平稳型行业因较低的注册率和死亡率,大多呈现平均寿命较长的特点。

(2)高竞争行业。注册率较低,死亡率较高。这些行业竞争较为激烈,经营服务对象受地域等因素影响较高。属于该类别的主要有居民服务、修理和其他服务业,住房和餐饮业等。2012年受经济环境和国家房地产宏观政策调整影响,房地产中介服务业企业退出较为明显,受此影响房地产业呈现高死亡率和低注册率的特点。

(3)高流动行业。注册率较高,死亡率也较高。这些行业一般行业门槛较低,很容易进入,但同时行业内竞争也比较激烈,企业死亡率也较高。这类行业主要为租赁和商务服务业,批发和零售业等。

(4)增长型行业。注册率较高,死亡率较低。这些行业属于基础产业、创新型产业,准入限制少,政策扶持力度大,显示出较强的发展潜力。这类行业主要有科学研究和技术服务业,建筑业,农林牧渔业,卫生和社会工作,文化、体育和娱乐业(文体娱乐)等。

五、各地区企业生存时间特征

图3-5报告了全国31个省市自治区企业的平均危险期,我们可以明显地发现:

(1) 各个地区的生存危险期在区间[2,5]年之间变化。各个区域的生存危险期众数一样,均为3年。不过,其内部各个省市的生存危险期则较为分散,东部地区各省市企业生存危险期主要集中在企业成立后的第3年;中部地区企业生存危险期主要集中在第3年和第4年;与东部地区和中部地区相比,西部地区生存危险期分布较为分散,生存危险期从第2年到第5年不等。各省市生存危险期的差异,说明了经济越发达,各区域的生存危险期越集中,经济欠发达区域,生存危险期差异越大。

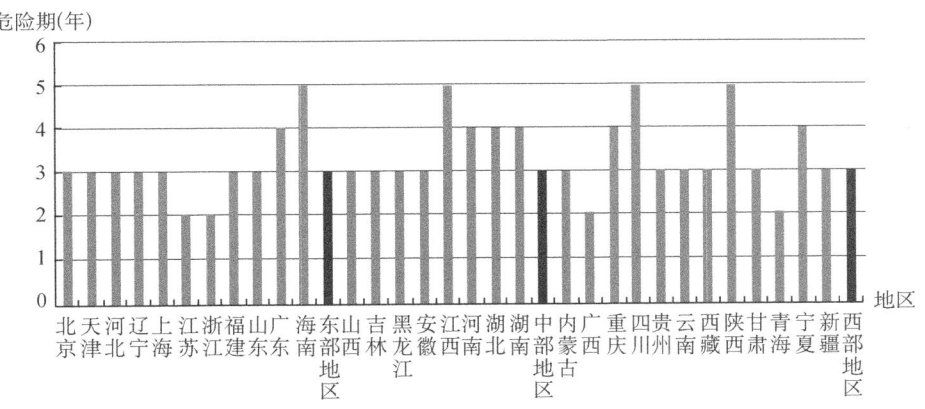

图3-5 各地区企业的平均危险期

(2) 从不同地区来说,各个地区的生存危险期则表现得相对无序,海南、江西、四川和陕西处于第一集团,这些地区的生存危险期为5年。广东、河南、湖北、湖南、重庆和宁夏处于第二集团,这些地区的生存危险期为4年。北京、天津、河北、辽宁、上海、福建、山东、山西、吉林、黑龙江、安徽、内蒙古、贵州、云南、西藏、甘肃和新疆则处于第三集团,这些地区的危险期为3年。江苏、浙江、广西和青海的危险期最短,为2年。

六、不同规模企业生存特点

我们将企业的注册资本划分为三个规模层级,注册资本为100万元以下的为小规模企业,注册资本介于100万~1 000万元的为中等规模企业,注册资本在1 000万元以上的为大规模企业。由此,我们分别描绘了这三类企业的存活率曲线和当期死亡率曲线,如图3-6和图3-7所示。我们可以发现:

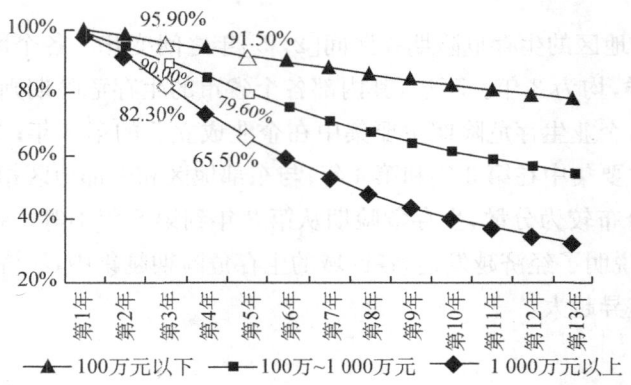

图3-6　不同规模企业的存活率曲线

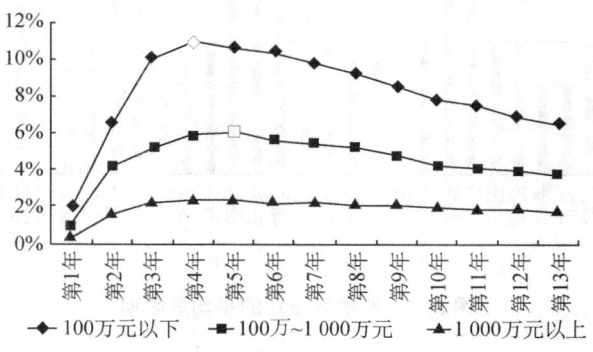

图3-7　不同规模企业死亡率曲线

（1）企业存活率与企业规模正相关,规模越大,企业存活率越高,大规模企业由于抗风险能力比小规模企业强,其生存曲线较为平稳;由于行业进入政策、规模经济、技术等的壁垒,进入市场较谨慎等原因,较大规模的企业存活率比规模小的企业高。

（2）企业规模越大,当期死亡率越低、趋势越平稳。从不同规模企业当期死亡率看,企业规模越大当期死亡率越低,其中注册资本为100万元以下企业第4年当期死亡率最高,随后呈逐年下滑趋势;注册资本为100万~1 000万元和

1 000万元以上企业当期死亡率最高点并不明显,说明死亡率较为平稳,并且随着企业成立时间的增加,当期死亡率维持在相对较低的平稳状态。

总的来说,本节通过分析原中国工商总局数据库的数据初步考察了中国企业生存的基本态势。主要发现有以下几点：一是,全国企业的平均生存时间为6.09年,大多数企业年龄在5年以下。二是,随着生存时间的增加,企业退出市场的概率也在逐渐下降,企业在注册当年就退出市场的概率最大,占退出企业总量的13.70%。三是,总体企业死亡的比率较为稳定,每年企业退出的数量大约维持在70万～80万家,企业的死亡率维持在9%左右。四是,企业的当期死亡率呈现倒"U"型的分布态势,即前高后低、前快后慢态势。企业成立后的3～7年当期平均死亡率较高,随后渐趋平缓。五是,垄断行业的生存寿命最长,金融业、电力热力燃气及水的生产和采矿业的平均生存时间居于前三位,而市场竞争程度较为激烈的行业生存时间较短。

第四章　创新行为的演化态势与生存统计

从企业间的竞争行为来说，通过加大研发投入保持技术优势通常被认为是在位企业为了保持行业地位而采取的主要策略，特别是当在位企业间的技术差距不大或者行业的技术周期较短时。然而，由于目前中国知识产权保护力度较弱以及技术侵权的法律诉讼成本较高，企业间的技术溢出强度不容忽视，加大创新投入也许并不能达到差异化的目的。相反，在位企业投入的研发资源越多，竞争对手通过学习获得的技术更新机会也越多，对在位企业利益的损害也越大。那么，在位企业的创新投入很有可能变成培养非创新企业的温床。

本章系统性地剖析经济转轨背景下企业进入市场之后创新行为的演化态势，拟从三方面进行：第一，制造企业的进入态势和生存状况，如果中国企业的进入特征属于过度进入，那么这类企业在行业的超额利润水平回到平均利润水平之后将会"被死亡"，因此这类企业的生存寿命将会极其短暂。第二，市场进入与创新行为的动态演化态势。由于创新投资存在相当大的风险，技术转化率相当低，加之中国技术交易市场不成熟，更缺乏一个有效的风险投资市场，创新投资具有较大的不确定性，所以企业的创新演化是一个必须要探讨的问题。第三，研发企业的生存溢价检验，这是企业进行创新活动的基本目的之一，即创新活动能够在多大程度上延长企业的生存寿命。

第一节　数　据　构　建

我们的分析建立在以企业为基本观察单位的多产业微观数据集的基础上。以国家统计局1998—2007年中国工业企业数据库为基础，我们构建了一个由60个四位数产业全部国有及规模以上的工业企业组成的大规模非平衡微观面板数据集。考虑到渐进式改革过程中不同产业开始市场化转轨的时间和市场化程度存在较大差异,我们所能得到的数据集的时间跨度在1998—2007年。

依据国家统计局的解释,中国工业企业数据库具备一些非常重要的特征。首先,对于每一个四位数产业,它提供了规模以上工业法人企业(包括全部国有和年主营业务收入500万元以上的非国有工业法人企业)基本情况、财务以及盈利状况方面的信息,包括企业代码、所在地区、所属行业类型(四位数)、资本构成、资产负债情况、收入费用、中间投入和利润分配等重要经济指标。以普查年份2004年为例,这个数据库涵盖的企业雇佣了整个工业总就业人数的71.2%,生产了整个工业总产出的90.7%。事实上,对于全部国有和年主营业务收入500万元以上的非国有工业法人企业而言,它相当于一个普查数据集。其次,在这个数据库中,除非发生合并或重组,每个企业的代码不仅是唯一的,而且是固定不变的,因此,我们能够方便地识别每一个企业,并追踪每一个企业跨时间的变化情况。

对这个数据库,我们进行了两个方面的调整:一方面,参照李玉红等(2008)的方法,我们删除了这个数据库中不符合基本逻辑关系的错误记录。具体的,满足下面四个条件中任何一条的观察值都被当作错误记录删除:一是企业总产值为负;二是企业的各项投入为负,包括职工人数、中间投入、固定资产原值和固定资产净值;三是企业固定资产原值小于固定资产净值;四是工业增加值或中间投入大于工业总产值。另一方面,由于2002年我国颁布了新的《国民经济行业分类》,并于2003年开始实施,从而导致了2003年前后四位数产业统计口径的变化。与原来的国民经济行业分类标准相比较,新的《国民经济行业分类》的调整主要集中在三个方面:一是把原来的四位数产业进一步细分为两个或两个以上范围更窄的产业;二是把原来的两个或多个四位数产业合并为一个范围更宽的产业;三是把原来的一个或多个产业细分,就其中的各个部分(甚至可能与未拆分的产业一起)重新组合成一个新的产业。因此,为了保证2003年前后的统计口径一致,一个基本的调整方法是采用一个更宽的口径,把调整前后相关的产业合并成一个范围更广的产业。使用这种方法,Loren等(2009)统一了2003年前后制造业部门全部四位数产业的统计口径,并提供了一个详细的产业调整目录。依据这个目录,我们统一了2003年前后制造业部门全部四位数产业的统计口径。

一般来说,工业企业数据库对每个企业都赋予了一个永远不变的法人代码,因此,我们可以通过法人代码来识别企业在市场中的生存时间。需要说明的是,由于企业发生收购、合并以及改制等原因可使法人代码出现变动,我们参考聂辉华等(2012)的方法将法人代码进行了调整。为得到本书事件史分析的数据,我们对数据库进行了进一步筛选。

(1) 筛选本书研究的研发企业样本。我们通过两个标准来判断一个企业是否属于研发企业。一方面,通过数据库中企业所归属的二位码产业,如果企业属于技术密集型行业,参考王德文等(2004)的分类,技术密集型行业包括医药制造业、通信设备计算机及其他电子设备制造业、仪器仪表及文化办公用机械制造业、专用设备制造业、通用设备制造业、交通运输设备制造业,将属于技术密集型的企业认定为研发企业;另一方面,通过数据库中研发经费支出这一指标来判断,由于数据库中 2005 年的研发经费数据统计最为详尽,我们把 2005 年研发经费数据大于零的企业认为是研发企业。只要满足以上两个标准的一个,我们均将其认为是本书所研究的研发企业。

(2) 构建久期数据结构。事件史分析的生存数据结构是一种久期数据。这一数据结构需满足两个方面的信息:一方面,个体企业开始进入市场的时间,如果在研究样本期间,部分个体企业已经进入市场,那么,久期数据可能会产生左归并问题。为解决这一问题,我们剔除在研究期间开始时已经存在于市场的企业,仅以研究基期(2000 年)进入市场的研发企业作为研究样本。由此,我们确定具有相同事件史追踪起始点的 2 418 家研发企业。另一方面,事件史所需要的个体企业发生"事件"的信息。我们将"事件"定义为个体企业在研究期间退出市场的行为。当研究结束时,部分企业并未发生退出事件,久期数据可能会存在右归并问题。我们通过个体信息的生存数据模拟未截取数据的风险概率。

(3) 定义企业的生存时间。与于娇等(2015)、Namini 等(2013)的研究类似,将企业在市场中的生存时间定义为企业首次进入市场年份到退出所经历的时间,如果企业的代码在 t 期中不存在,而在 $t+1$ 期中出现,那么,可以基本判定企业在 $t+1$ 期进入市场,退出的定义类似。此外,为进一步提高个体企业识别的准确性,我们还根据企业名称、电话号码和邮政编码等信息予以匹配,将确实属于相同企业的观测样本赋予相同的代码。有一点值得特别注意,少部分在研究期间内可能出现重复事件,也即企业在某些年份消失后过几年又出现的情形,事件史分析初始假定在研究期间不存在重复事件,由此,我们剔除掉样本中存在重复事件的 86 家企业,最终得到的样本观测数为 8 486 家企业,其中研发企业数量为 2 332 家,非研发企业数量为 6 154 家。

第二节 | 中国企业进入和退出特征

一、企业进入态势

首先,我们测算了中国制造企业1999—2007年的进入态势。与鲍宗客等(2013)、李平等(2012)的研究类似,进入率的计算方法为 t 期进入的数量与 $t-1$ 期市场中企业总数的比值。表4-1报告了按照不同类型划分的中国制造企业的进入比率态势。从表4-1中我们可以发现以下几个典型的统计事实:一是从总体上说,在经济转轨背景下,中国制造企业表现出很高的进入比率,在1999—2007年,中国制造企业的平均进入率为21.65%,这远远高于成熟市场经济国家的平均进入率10%左右(Kocsis等,2009;Doan等,2012)。二是,不同行业的进入比率存在较大差异。劳动密集型产业[①]的进入比率最高,平均进入率达到26.97%,大于行业整体平均值较多,资本密集型产业的平均进入率在均值附近,而高新技术产业的平均进入率仅为11.84%,小于整体平均值约50%。这说明拥有自然进入壁垒的行业比资本壁垒和技术壁垒的进入难度更大,这也意味着转轨过程中制度壁垒的降低与大规模的进入特征紧密的相关。三是,中国制造企业的高进入特征是由非国有企业和市场化程度高的地区驱动。首先,无论是民营企业(33.77%)还是外资企业[②](19.67%),其进入率均较大程度地大于国有企业的进入率(9.87%)。在市场化较高的东部地区[③](23.94%)的进入比率也是明显地高于中西部地区(16.88%)。其次,无论是从整体上看,还是按不同类型的划分来看,2004年的整体进入率异常高,如范建勇等(2012)、Brandt等(2009)所指出的,这可能是由于统计上的原因造成,中国在2004年进行了第一次的工业普查,建立了更为完善的等级注册体系,将更多的企业纳入统计中来。

---

① 按照《高新技术产业统计分类目录的通知》的分类,高新技术产业包括医药制造业、通信设备计算机及其他电子设备制造业、仪器仪表及文化办公用机械制造业、航空航天器制造业4个行业,资本密集型产业和劳动密集型产业分类参照王德文(2004)的做法,对于已经划分为高新技术产业而又出现在资本密集型产业的划分中,从资本密集型产业中予以剔除。
② 包括中国港澳台地区的企业。
③ 东部地区包括北京、天津、河北、辽宁、上海、江苏、浙江、福建、山东、广东10个省市,其余为中西部地区。

表 4-1　按不同类型划分的中国制造企业进入比率(1999—2007 年)

行业类别	1999 年	2000 年	2001 年	2002 年	2003 年	2004 年	2005 年	2006 年	2007 年	平均值
劳动密集型行业	25.71%	19.66%	24.38%	22.81%	25.08%	60.92%	19.21%	23.37%	21.63%	26.97%
资本密集型行业	22.88%	16.04%	20.19%	19.74%	18.65%	50.10%	13.75%	18.79%	15.93%	21.79%
高新技术行业	10.27%	9.15%	11.37%	8.66%	12.84%	22.67%	7.80%	13.73%	10.08%	11.84%
民营企业	30.16%	29.61%	31.17%	28.65%	31.57%	70.19%	25.33%	28.08%	29.14%	33.77%
国有企业	9.16%	8.53%	8.18%	7.66%	10.91%	20.14%	5.12%	10.43%	8.66%	9.87%
外资企业	21.05%	16.33%	20.61%	18.71%	21.79%	30.61%	14.07%	18.46%	15.39%	19.67%
东部企业	25.76%	16.31%	22.54%	20.61%	25.80%	49.71%	13.94%	20.33%	20.47%	23.94%
中西部企业	17.33%	12.35%	16.28%	15.51%	12.07%	38.11%	11.83%	17.65%	10.77%	16.88%
总体制造业	22.84%	15.91%	21.59%	18.74%	20.51%	45.99%	13.14%	19.18%	16.91%	21.65%

二、制造企业的生存状况

那么,在高进入特征的背后,存续企业的年龄分布如何?图 4-1 报告了截至 2007 年年末市场中所有存续企业的生存时间和每个年代企业的数量。在图 4-1-a 中,企业生存时间小于 30 年的以每年表示,大于 30 年的以加总的形式反映。从图 4-1-a 可以发现,一是,生存时间分布呈现典型的单尾特征,年龄为 5 年的企业最多,说明中国制造企业最佳生存期是 5 年,在进入市场的前 5 年中,企业的存活率相对较高,市场中企业的数量快速增加,在第 5 年达到峰值,在进入后的 5~17 年,企业数量出现急剧下降,这可能说明在这一阶段企业需要适应较大的环境改变。一旦过了这一阶段,当企业在市场上存活超过 18 年时,存活的企业又进入了一个相对稳定的阶段。二是,绝大多数的企业生存时间小于

10年,超过20年的企业仅有1万多家,这一数字比当年进入企业的数量还少。

图4-1-b画出了各个年代企业的数量,需要注意的是,各个年代企业的数量列出的是2007年年末的情况,除了最新的2007年的代际,部分企业可能在2007年就已退出,所以这些数量要小于代际刚刚成立时的数量,但这不妨碍我们通过统计分析来观察各个代际间的主要差异。从图4-1-b右半部分,我们也可以发现一些代际的事实,在1992年邓小平南方谈话之后,出现了企业进入的第一个高峰期,1992—1993年。虽然1996—1998年,中国政府为应对通货膨胀采取了紧缩性的货币政策,这一期间企业进入的数量较为平稳,但2000—2003年,出现了持续高进入的迹象。不过,从2004年开始,为优化行业的市场结构,中国政府实行了一系列兼并重组政策,这导致企业数量出现了急剧的下降。

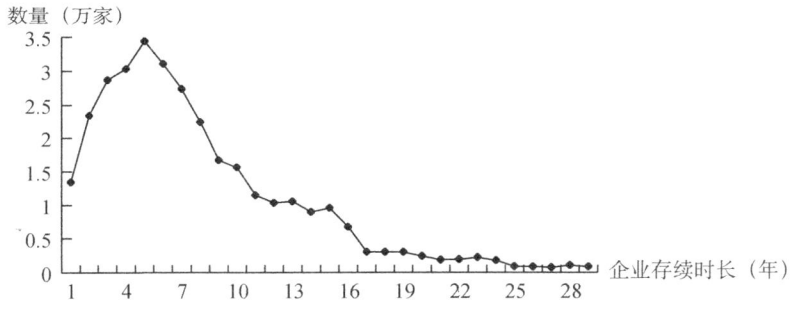

图4-1-a 存续企业的生存时间组成

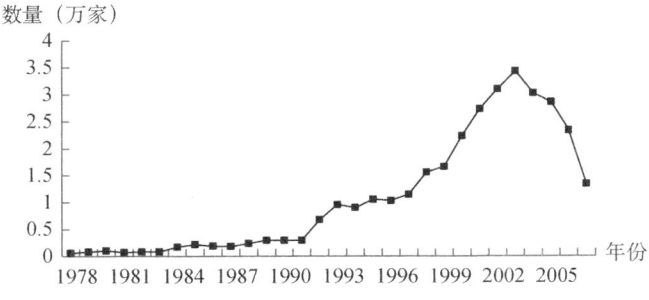

图4-1-b 不同年份的企业数量

接着,我们追踪了1999—2001年新进入企业的生存状况,表4-2报告了1999—2001年进入企业的生存状况。从表4-2中,我们可以发现:一是,新企业在进入后1~5年的退出概率逐渐增加,随后呈现快速且非规则的下降趋势。企业最容易发生退出行为的年份是其进入后的第4年和第5年,也就是企业生存时间为

5和6年。在这两个年份里,3年企业的平均死亡率分别为11.16%和13.97%。在不同类型的行业或企业中,虽然退出比率呈现一定的波动性,但总体上不改变这种退出的趋势。二是,在不同代际下,企业的生存状况也存在差异。若将1999年、2000年和2001年视为3个不同的代际,我们还可以发现一些统计规律,与1999年和2001年相比,2000年进入的企业数量要少很多,约为其他两个年份进入数量的2/3,而且企业在进入后前3年就表现出很高的退出比率,这意味着2000年是市场进入难度较大的一年,而且即使进入后存活的概率也较低。所以,3个不同代际的结果初步表明不同代际进入的企业生存状况存在着差异。

表4-2 1999—2001年进入企业的退出比率

表4-2-a 1999年进入企业的退出比率

年份	2000	2001	2002	2003	2004	2005	2006	2007	合计
劳动密集型行业	6.41%	6.73%	10.15%	14.13%	16.71%	6.73%	5.82%	9.07%	75.75%
资本密集型行业	4.26%	5.73%	6.34%	10.66%	13.51%	8.02%	6.74%	10.84%	66.1%
高新技术行业	3.18%	3.92%	5.38%	9.67%	13.75%	9.04%	7.32%	10.46%	62.72%
国有企业	1.04%	1.85%	3.06%	4.13%	4.10%	2.61%	2.65%	4.89%	24.33%
民营企业	5.15%	6.56%	8.03%	11.81%	14.73%	8.74%	6.59%	10.83%	72.44%
外资企业	3.44%	3.81%	6.32%	10.15%	13.08%	7.04%	5.85%	9.79%	59.48%
总体制造业	4.87%	5.25%	7.77%	11.55%	14.48%	8.41%	6.25%	10.53%	69.11%

注:进入企业数量为29 172个。

表4-2-b 2000年进入企业的退出比率

年份	2001	2002	2003	2004	2005	2006	2007	合计
劳动密集型行业	8.03%	11.72%	15.05%	14.13%	12.16%	11.63%	7.18%	79.9%
资本密集型行业	6.13%	10.84%	10.91%	13.47%	15.04%	10.75%	9.16%	76.3%
高新技术行业	4.83%	6.45%	6.84%	7.39%	10.02%	8.57%	5.92%	50.02%
国有企业	1.73%	1.91%	3.05%	3.38%	6.81%	15.66%	13.74%	46.28%
民营企业	6.28%	10.78%	12.81%	13.48%	14.79%	9.39%	8.07%	75.6%
外资企业	5.06%	8.54%	10.18%	10.29%	11.11%	8.08%	5.62%	58.88%
总体制造业	6.51%	10.03%	11.69%	11.74%	12.65%	9.52%	7.14%	69.28%

注:进入企业数量为22 183个。

表 4-2-c　2001 年进入企业的退出比率

年份	2002	2003	2004	2005	2006	2007	合计
劳动密集型行业	6.28%	6.55%	10.19%	14.37%	16.50%	6.92%	60.81%
资本密集型行业	4.18%	5.59%	6.82%	10.87%	13.36%	8.24%	49.06%
高新技术行业	3.32%	3.87%	5.56%	9.04%	13.93%	9.26%	44.98%
国有企业	1.38%	1.99%	3.23%	4.41%	4.18%	2.07%	17.26%
民营企业	4.53%	6.08%	7.52%	11.92%	16.41%	10.08%	56.54%
外资企业	3.28%	5.09%	4.82%	8.18%	12.49%	5.21%	39.07%
总体制造业	4.17%	5.81%	6.98%	10.71%	15.26%	8.16%	51.09%

注：进入企业数量为 31 893 个。

第三节 ｜ 企业进入市场与创新行为动态演化

一、企业进入市场的特征

为更好地理解进入企业的创新激励问题，我们先分析问题是在中国的市场化转轨过程中，中国企业的市场进入是否存在过度进入？部分文献认为，中国目前的市场进入是一种过度进入，会使市场出现重复建设、恶性竞争等问题，导致许多产业出现大量的亏损企业和生产能力闲置的现象（曹建海，2000；罗云辉，2003）。一旦这一命题成立，这就意味着中国企业进入不存在创新的前提。

事实上，在产业组织文献中，存在两种市场进入的观点：一种是基于早期形成的观点，认为市场进入是对产业中超额利润水平的一种调整路径，使产业回到长期均衡状态的一种纠错机制。这个观点强调从市场进入导致市场结构的变动来分析产业的效率问题。这种观点也是目前文献解释中国市场在转轨过程中过度进入现象的依据（张军，1998；杨慧馨，2000）。另外一种观点是在 20 世纪 80 年代中后期形成，认为市场进入是进入企业对在位企业的替代，即使是当价格等于在位企业长期平均成本，产业内企业获得零利润时也会存在大量的进入，企业之间的效率差异、产品差异，以及这种差异的随机分布特征决定了这种替代进入。这种观点强调的是市场进入是一种产业动态演化和市场选择的过程,是高效率企业对低效率企业的替代,富于创造性的企业对墨守成规的企业的替代,而市场进入对市场结构的变动是有限的。为识别中国转轨过程中的市场进入问题,我们建立了一个计量模型:

$$\ln Entry_{jt} = \alpha_0 + \alpha_1 \ln Exit_{jt} + \alpha_2 \ln Deficit_{jt} + \beta X + \varepsilon_{jt} \qquad (4.1)$$

方程 4.1 的设计旨在识别产业内的进入企业数量与退出企业数量是否存在相关性,如果进入企业数量与退出企业数量存在相关性,那么转轨过程中的市场进入现象就不是过度进入,而是产业动态演化和市场选择的过程。其中,下标 j 和 t 分别指的是四位码划分下的产业和年份,$Entry$ 为进入企业的数量,$Exit$ 为退出企业的数量,$Deficit$ 是指亏损企业的数量,即净利润为负的企业。从中国的实际情况来看,由于退出机制不完善,相当多的国有企业即使年年亏损也不会真正退出市场,而是以亏损的形式存在,因此,我们以产业内亏损企业的数量作为替代。由于这一计量模型只揭示变量之间的相关性,因此模型并不涉及需要另外考虑的内生性问题。

X 是控制变量向量集合,为了得到更真实的估计结果,根据既有的研究文献,我们选取了三个大类的控制变量:一是控制产业的一般技术特征,包括资本密集程度,以总资产与销售收入的比值来衡量,以及知识密集程度,以大专以上学历人数占行业员工人数的比值来衡量;二是控制行业的市场化程度,以国有企业资产占行业总资产的比重来衡量;三是控制产业的盈利特征,包括产业利润率,以企业资产为权重计算的产业销售利润率、产业规模增长率,以行业销售收入增长率来衡量。由于无法衡量 2007 年企业的退出状况,回归包括的年份为 1999—2006 年。

表 4-3 报告了中国制造企业进入模式的固定效应估计结果。从表 4-3 可以发现,退出企业和亏损企业的估计系数均大于 0,并且至少通过 10% 的显著性检验,这说明将中国转轨过程中的大规模进入特征理解为过度进入是不合理的。这是因为,在过度进入特征下,影响进入和退出的因素是不同的,进入与退出是不相关的。那么,将转轨过程中的大规模进入理解为替代进入似乎更为合适,进入企业是对在位企业的一种替代,是产业动态演化和市场选择的过程。从系数的显著性水平来看,亏损企业估计系数的显著性水平为 1%,而退出企业估计系数的显著性水平为 10%,这意味着,在特殊的制度背景下,将中国的进入替代理解为新进入企业对亏损企业的替代而不是对退出企业的替代更为合适,或者更进一步说,是高效率的新企业对低效率的老企业的一种替代。

表 4-3　中国制造企业进入特征的固定效应估计结果

解释变量	被解释变量:进入企业数对数			
	估计系数	标准差	估计系数	标准差
退出企业数量对数	1.35*	0.16		
亏损企业数量对数			0.48***	0.10
资本密集程度	−0.07**	0.01	−0.07**	0.01
知识密集程度	−0.04*	0.10	−0.03*	0.11
市场化程度	1.16***	0.32	0.11***	0.31
产业利润率	2.14***	0.17	1.44**	0.07
产业规模增长率	0.28**	0.01	0.03**	0.01
LM 检验	9.86		9.53	
F 检验	23.57		25.31	
Hausman 检验	12.05		11.99	
R^2	0.38		0.36	
观察值	409		409	

注:***、** 和 * 分别表示 1%、5% 和 10% 的显著性水平。

二、市场进入与创新行为的演化

我们追踪了 1999—2002 年进入市场企业的创新行为演化路径,并用可变系数法对这一问题进行解释,即将新产品产值的对数作为被解释变量,对进入企业①的年龄变量与年份虚拟变量的交叉项进行回归,建立如下计量模型:

$$Newp_{it}^{t_0} = \sum \eta \times Entry_{it}^{t_0} \times Yeard_t + \sum k \times Yeard_t + \lambda X' + \varepsilon_{it} \quad (4.2)$$

其中,用交叉项的估计系数 α 来衡量企业在进入之后每一年边际创新激励的强度。可变系数的设计旨在捕获企业进入后创新强度的演化趋势,我们可以通过这一估计系数的大小来判断企业在进入之后创新激励的持续性。X' 为控制变量集合,控制变量与方程 4.1 一致。

---

① 为方便行文,我们将进入企业定义为刚进入市场的企业(Age=1),将 Age=[2,9] 的企业定义为新企业,将 Age=[10,30] 的企业定义为老企业,将 Age=(30,+∞) 的企业定义为百年老店。

表 4-4　1999 年进入的企业边际创新激励的估计结果

变量	(1)	(2)	(3)	(4)
entry * 1999	0.02*	0.01*	0.02*	0.02*
	(1.58)	(1.74)	(1.75)	(1.78)
entry * 2000	0.02*	0.01	0.01	0.02*
	(1.77)	(1.36)	(1.36)	(1.77)
entry * 2001	0.02*	0.02*	0.02*	0.02*
	(1.88)	(1.55)	(1.80)	(1.81)
entry * 2002	0.06**	0.06**	0.05**	0.06**
	(2.24)	(2.03)	(1.99)	(2.22)
entry * 2003	0.07***	0.06***	0.06***	0.07***
	(4.98)	(3.84)	(4.01)	(4.37)
entry * 2004	0.07***	0.06***	0.06***	0.07***
	(7.89)	(4.38)	(3.97)	(4.92)
entry * 2005	0.06**	0.04**	0.05**	0.05**
	(2.19)	(2.01)	(2.11)	(2.14)
entry * 2006	0.03*	0.02*	0.03*	0.03*
	(1.96)	(1.73)	(1.74)	(1.81)
entry * 2007	0.01	0.01	0.01	0.01
	(1.02)	(0.92)	(1.00)	(1.00)
资本密集度		0.42***		
		(37.10)		
技术密集度			0.18***	
			(29.29)	
民营企业				0.13***
				(16.90)
外资企业				0.07***
				(15.94)

注：***、**和*分别表示1%、5%和10%的显著性水平；括号内的数值为纠正异方差后的 t 统计量；由于篇幅限制，表4-4仅报告了解释变量的估计结果。

表 4-4 第(1)列报告了 1999 年进入企业的边际创新激励的估计结果①。我们可以发现以下两个典型事实：一是，新企业的创新激励具有持续性。从表 4-4 可以看到，对 1999 年进入市场的企业而言，不论是存活 1 年还是存续 9 年，交叉性的估计系数 α 均为正，而且绝大多数都在 10% 以上水平上显著，换句话说，至少在企业进入的前 9 年时间内，新企业存在持续的创新激励。这一结果意味着新企业对市场的创新过程注入了一针"强心剂"，是创新动态演化的一股不可忽视的力量。Jensen 等(2001)认为新企业在进入时点上的生产率比在位企业的生产率低，通过持续创新激励，新企业在随后几年内的生产率会表现出明显的追赶效应和学习效应。二是，新企业的创新激励并非持续增强，呈现倒 U 型分布趋势。可变系数的估计方法可以为每一年的交叉项估计系数的大小提供直接的纵向比较。可以发现，交叉项估计系数在前 6 年呈现稳定上升趋势，在第 6 年达到最大值，在第 7 年时出现"断崖式"的下跌，在随后的年份中逐年下降，在分布上呈现倒 U 型的趋势。这一结果表明，虽然新企业"物化"新技术有更多的便利，但是在稳定存活下来之后，新企业的创新意愿受到整体市场创新环境的影响，开始出现不断衰减的迹象。

在第(2)列和第(3)列中分别加入资本密集度和技术密集度变量以分离行业异质性的影响，我们发现，在创新激励中剔除行业异质性的影响时，交叉性的估计系数出现了明显下降，而且资本密集度和技术密集度变量均显著为正，这说明高新技术行业和资本密集行业是新企业创新激励的重要来源之一，而且这些行业创新的持续性更加稳健。第(4)列在第(1)列的基础之上添加了所有制的虚拟变量，这样可以将所有制因素从激励效应中分离出来，所有制虚拟变量的估计结果显示，外资和民营企业的创新激励要持续地大于国有企业。这一结果表明，在经济转轨阶段，以民营企业和外商投资为代表的大规模的市场进入改善了中国的宏观经济效率，是新企业创新激励的重要源泉。

三、创新行为的纵向分解

上一部分的分析表明，新企业的创新激励是持续存在的，但也呈现倒 U 型的分布趋势。那么，随着企业年龄的不断增加，企业的创新行为是否存在枯竭的现象？或者说，在企业存活的哪个阶段，企业不再进行创新？下面尝试对这一问题进行回答。在探讨这一问题之前，我们有必要描述这样一个事实：市场化转轨

---

① 我们同样也对 2000—2002 年进入的企业进行了类似的回归，估计结果极为相似。

以来,中国的宏观经济环境出现了翻天覆地的变化,这必然会造成处于不同环境中的企业的创新行为不同,例如,改革开放前成立的企业、改革开放后成立的企业以及加入世贸组织后成立的企业在创新行为上明显存在差异性,同样是企业年龄为5年的企业,1960年成立的企业、1985年成立的企业以及2004年成立的企业三者之间肯定存在差异。也就是说,中国宏观经济环境的巨大变化赋予了企业代际差异更多的内涵。如果单单考虑年龄的差异所造成的创新效应,势必会导致估计上的偏误,这种估计的创新效应其实也包含了代际创新效应。因此,我们需要将这种代际因素从中国企业的年龄创新关系中分离出来,以获得更加准确的估计。

我们借鉴劳动经济学较为流行的"年龄、年代和代际分解模型(APC分解法)"将通常意义上的企业年龄的创新激励具体分解为三个效应:年龄效应、代际效应和年代效应。年龄效应反映了企业随着成立年限的变化所表现出的创新激励差异;代际效应反映了不同时间成立但年龄相同的企业表现出的创新激励差异;年代效应反映由周期性的宏观因素引起而表现出的创新激励差异。APC分解法的主要思想是将企业的年龄($Evage$)、代际($Generation$)和年代($Time$)以及其他控制变量(X)作为企业创新激励的解释变量,$Newsp = f(Evage, Generation, time, X)$,将这些变量本身或者其虚拟变量作为回归变量。已有文献表明:一方面,在这三个变量中,年龄、代际和年代存在线性等价关系,$Evage = Generation - Time$,一旦得知企业哪一年进入市场以及观测的时期,就可以计算得到企业的年龄。那么,如果将这三个变量同时进行回归,可能会导致方程不能识别,而只能将其中的两个变量放入方程中。另一方面,将年龄变量$Evage$和代际变量$Generation$放入创新激励方程中,得到的估计系数分别记为α^e和α^g。假定年龄、代际和年代的真实估计系数为β^e、β^g和β^t。$\alpha^e \neq \beta^e$,$\alpha^g \neq \beta^g$,存在如下的关系:$\alpha^g = \beta^g + \beta^t$,$\alpha^e = \beta^e - \beta^t$。也就是说,仅将两个变量放入回归模型中,虽然模型能够对方程进行识别,但会出现估计上的偏误(Deaton,1997;周黎安等,2007)。

理论上,解决这一问题的最佳方法是寻找到一个合适的工具变量,这个工具变量与其中一个效应相关而与其他两个效应不相关。不过,在实际研究中由于数据的局限性,要寻找到一个合适的工具变量是非常困难的。Deaton(1997)和Jensen等(2001)认为在这三种效应的背后,年代效应意味着周期性宏观因素对企业个体的影响差异,年代效应所隐含的个体差异是三种效应中最低的,在某类具体问题研究中,可以考虑舍弃年代效应的估计。具体到我们的研究中,相对于年龄效应和代际效应,年代效应对中国制造企业创新激励的影响相对来说要小很多,如 Deaton(1997)所指出的,年代效应可以看作是随机波动的,并不存在很强的趋势性。那么,我们参考 Deaton(1997)的方法来处理年龄效应、代际效应和年代效应所隐含的问题,构建的计量模型如下:

$$Newp_{it} = \bar{\omega} + \sum \theta_m Evage_m + \sum \theta_n Generation_n + \vartheta X' + \varepsilon_{it} \quad (4.3)$$

其中,变量 $Evage$ 和 $Generation$ 以虚拟变量来表示,回归中的年龄虚拟变量包括 60 个,分别代表年龄 2 到 61,年龄 1 作为对比组,代际虚拟变量包括 47 个,分别代表代际 1961 到代际 2007,代际 1960 作为对比组。引入虚拟变量是因为这样的设计能够动态考察企业创新行为的波动特征,捕获企业不同年龄阶段创新行为的演变趋势。X' 为控制变量集合,控制变量与方程 4.2 一致。由于这部分的分析重点是年龄和代际虚拟变量的估计结果,而且虚拟变量的个数非常多,因此,我们重点汇报年龄效应和代际效应的估计结果。为更加清晰地反映不同年龄和代际的动态演变,研究将估计结果以绘图的方式集中汇报。

图 4-2 报告了全部企业创新激励的年龄效应和代际效应。从图 4-2-a 中可以发现,年龄虚拟变量的估计系数呈现较为复杂的演变趋势,可以将其分为几个阶段,在年龄[1,5)段,估计系数呈现稳定的上升趋势,这表明在这一阶段,企业的创新行为表现出很强的年龄效应,年龄越大的企业,其创新激励也越强。这意味着新企业对老企业存在追赶和学习效应。在年龄[5,25]这一阶段中,估计系数总体上呈现下降趋势,可以再细分一下,估计系数在年龄[5,12]中出现快速下降,其中,在年龄 20 时下降到 0 以下,这说明企业在市场上持续存活下来后逐渐产生了创新惰性,企业安于维持现有的产品结构,而不存在继续创新激励。不过,自年龄 26 开始后,估计系数出现了小幅度反弹,这说明老企业并非心甘情愿地被市场所替代。在年龄 33 之后,企业的创新激励呈现平稳下降趋势,这表明"百年老店"被新企业所替代是一个不争的事实。年龄越大的企业越存在"死亡阴影"效应,而不是年龄越大退出风险越小。

代际虚拟变量的估计系数所反映的是,给定其他条件不变,该代际企业比基准代际企业的创新激励,即代际效应。从图 4-2-b 可以发现,相较年龄效应而言,代际虚拟变量的估计结果颇为明朗,整体而言,代际变量的估计系数呈现逐年上升的趋势,这表明代际越新的企业,创新激励越强,中国企业表现出很强的代际效应。从不同的代际来看,20 世纪 60 年代的代际虚拟变量估计系数很小,而且绝大多数在统计上不显著,这意味着这些年份的创新激励几乎没有差别。代际效应在20世纪80年代和2000年出现了大幅度提高,这恰好和市场化转轨与对外开放的制度变迁相吻合。也就是说,中国近30年的经济转型为企业创新活动注入了持续活力。

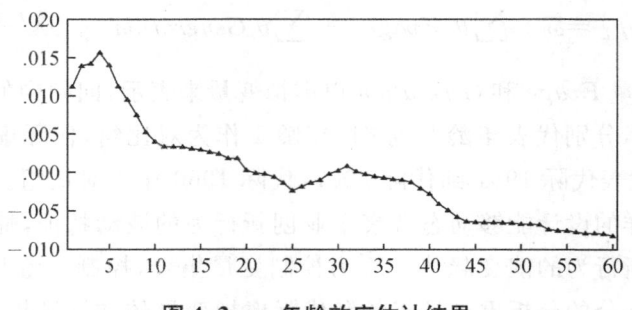

图 4-2-a　年龄效应估计结果

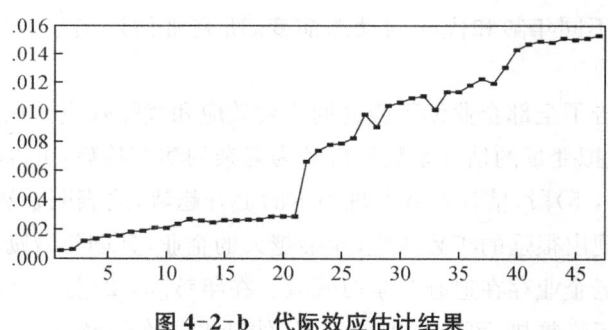

图 4-2-b　代际效应估计结果

总的来说,以上估计结果揭示了中国制造企业年龄和创新关系的两个结论:一是,中国制造企业的创新行为并不存在纯粹的年龄效应,相反,在大部分时间内,成立年限长的企业创新激励反而呈现逐渐下降的趋势;二是,中国制造企业的创新行为存在明显的代际效应,代际越新的企业的创新激励越呈现逐年上升的趋势。

然后,针对市场化转轨过程中民营资本和外商投资大规模进入的特征,我们将样本按照所有制的不同划分为国有企业、民营企业和外资企业三个样本,并依照方程4.3进行回归。需要指出的是,由于这部分使用的是不同样本进行估计,不同样本所得到的估计系数的大小不可以直接比较。不过,不同样本之间估计系数的形状、波动态势、斜率等则是可以直接比较的。

图 4-3 报告了不同所有制企业年龄效应和代际效应的估计结果。从图 4-3-a 可以发现,民营企业和外资企业的年龄效应的形状、波动趋势基本一致,这意味着随着年龄增长,民营企业和外资企业的创新行为更为接近。然而,国有企业的年龄效应呈现不一致的态势,斜率更为平坦,无论是增长幅度还是下降的幅度与民营企业和外资企业相比都显得小很多。这说明国有企业在市场化改革过程中存在创新激励不足。从代际效应来说(见图 4-3-b),绝大多数民营企业代际虚拟变量的估计系数都通过了 10% 的显著性检验,而且估计系数的增长率最大,这表明民营企业具有显著的代际效应,在市场化转轨的过程中,新代际的企业相对于老代际的企业具有更强的创新动机。

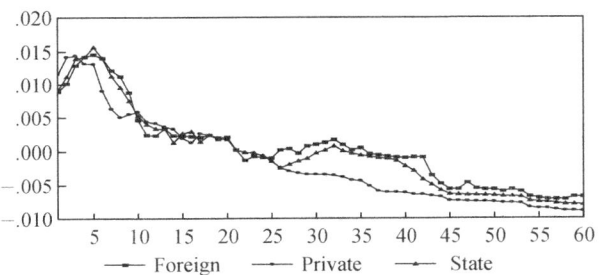

图 4-3-a　不同类型年龄效应估计结果

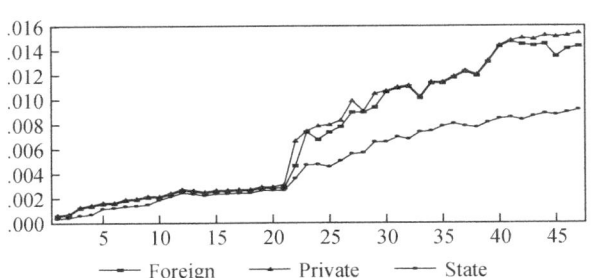

图 4-3-b　不同类型代际效应估计结果

相比之下,绝大多数外资企业的代际虚拟变量没有通过显著性检验,这表明不同代际进入的外资企业在创新行为上并没有显著性的差异。需要指出的是,国有企业的代际虚拟变量估计结果则颇为复杂,通过显著性检验的虚拟变量个数介于民营企业和国有企业之间,但波动幅度最大,无论是增长的幅度还是下降的幅度均明显高于民营企业和外资企业。1985—1988 年,国有企业的代际效应出现了井喷式增长,这可能是在这段时间里,国有企业改革的推行使新企业在治理结构和竞争力上得到了提高。而在20世纪90年代中后期,国有企业的代际效应也出现了断崖式下跌,这可能是和大规模市场进入引起的恶性竞争存在密切关系。

接下来,我们将样本划分为劳动密集型产业、资本密集型产业和高新技术产业。分行业属性的分析在两个方面是有必要的:一方面,分行业分析能够更好地控制产业技术特性,而产业技术特性与企业创新行为紧密相关;另一方面,在中国过去30多年的经济转型过程中,行业技术进步是经济转型的重要特征,分行业属性的分析有助于考察技术进步在企业创新行为中扮演了何种作用。

图4-4报告了不同行业属性企业年龄效应和代际效应的估计结果。从年龄虚拟变量的估计系数来说(见图4-4-a),绝大多数资本密集型产业和高新技术产业的样本估计系数都通过10%的显著性检验,而劳动密集型产业样本的估计系数通过检验的比例则相对较小。也就是说,在劳动密集型产业中,创新激励的年龄效应并不明显,而资本密集型产业和高新技术产业存在很强的创新激励,这说明产业特性的差异性与企业的创新行为存在密切联系。需要指出的是,相比高新技术产业,资本密集型产业的年龄效应表现得更为平稳。这可能是高新技术产业的产业特性决定了创新的年龄效应也存在阶梯式的波动。

从代际虚拟变量的估计系数来说(见图4-4-b),无论是劳动密集型产业,还是资本密集型产业,或者高新技术产业,大多数代际虚拟变量的估计系数都在10%的显著性水平之上,这说明企业创新激励的代际效应在劳动密集型产业、资本密集型产业和高新技术产业都存在,代际越新的企业,创新激励越强。与年龄效应类似,高新技术产业的代际效应也呈现较大的波动性,劳动密集型产业和资本密集型产业的代际效应则表现得更加平稳。

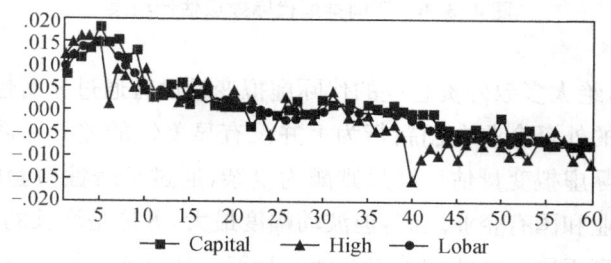

图4-4-a 分行业年龄效应估计结果

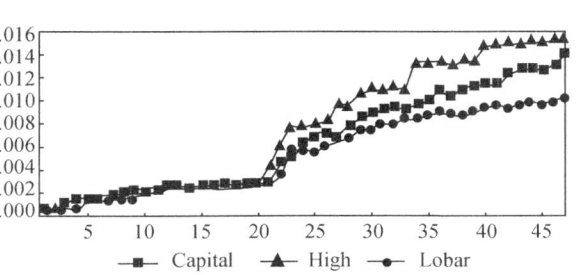

图 4-4-b 分行业代际效应估计结果

第四节 | 企业生存时间的非参数统计

一、Kaplan-Meier 统计量

由于数据结构的复杂性,在久期数据的分析中一般使用危险函数或者生存函数等非参数估计的方法来追踪个体企业生存时间的分布特征(陈勇兵等,2012)。这些方法不需要对数据的概率分布作先验假设,也不需要估计参数,较为适合进行探索性分析。生存函数 $S(t)$ 是指个体企业存活时间超过时刻 t 的概率。如果数据结构不存在右归并的问题,那么,可以简单地定义生存函数为存活时间超过时刻 t 的企业数目占样本容量 n 的比例。否则,就需要使用 Kaplan-Meier 估计量来进行分析,它在独立归并的情况下依然是 $S(t)$ 的一致估计量。

令 T 为企业的生存时间,记 $t_1 < t_2 < \cdots < t_j \cdots < t_k$ 为样本中观测到企业退出市场的时间。那么,企业的生存函数可以定义为:

$$S(t) = \Pr(T > t) = \sum_{t_i > t} p(t_i) \tag{4.4}$$

记样本中在区间 $[t_{j-1}, t_j]$ 仍然存活而面临危险的企业数为 n_j。到了时间 t_j,这些企业数的命运分为三种,即存活、死亡或者归并。记在时间 t_j 死亡的企业数量为 m_j,因此,Kaplan-Meier 的非参数估计可以表示为:

$$\hat{S}(t) = \prod_{j \mid t_j \leqslant t} \left(\frac{n_j - m_j}{n_j} \right) \tag{4.5}$$

风险函数是指企业在 $t-1$ 时期存活而在 t 时期退出市场的概率。如果定义 t 为企业 i 在风险路径 j 下退出市场以前所经历的一段时间,那么,企业 i 所受到的累积风险率可以表示为:

$$\lambda(t_i) = \sum_{j=1}^{n} \lim_{\Delta t \to 0} \frac{p(t \leqslant T \leqslant t + \Delta t, J = j \mid T \geqslant t)}{\Delta t} \tag{4.6}$$

二、按研发分组的企业生存时间差异

为比较研发企业和非研发企业在生存状况上的差异,首先,我们统计了这两类企业的生存率和生存寿命特征,结果如表4-5所示。我们可以发现:一方面,中国研发企业的生存率随着进入时间的增长而逐年下降。2 332家研发企业在进入市场第1年后有289家企业选择退出,生存率为87.62%,到了第8年之后存活的企业仅剩217家,进入市场8年的生存率仅为13.54%,也就是说,绝大多数企业在这8年都选择离开市场。从这几年的退出数量来说,研发企业进入第3年和第1年的退出数量排在前两位,分别为335家和289家,这说明研发企业的高成本投资在进入市场的前几年存在适应的问题。另一方面,与研发企业相比,非研发企业的生存状况更差一些。研发企业的生存时间为5.61年,稍微大于非研发企业的生存时间5.43年。同时,非研发企业在前3年退出市场的概率也是要低于研发企业。这与鲍宗客(2016)的结论存在较大的差异,可能的原因在于其统计了2000年以来进入市场的企业,而我们仅仅以2000年进入市场的研发企业作为研究对象。

表4-5 研发企业和非研发的生存状况统计

研发企业(2 332家)				非研发企业(6 154家)			
生存时间(年)	企业数(家)	退出数(家)	生存率	生存时间(年)	企业数(家)	退出数(家)	生存率
1	2 043	289	87.62%	1	5 075	1079	82.46%
2	1 786	258	76.57%	2	4 440	634	72.15%
3	1 451	335	62.21%	3	3 731	710	60.62%
4	1 231	220	52.78%	4	3 078	653	50.01%
5	982	249	42.11%	5	2 513	565	40.83%

(续表)

研发企业(2 332家)				非研发企业(6 154家)			
生存时间(年)	企业数(家)	退出数(家)	生存率	生存时间(年)	企业数(家)	退出数(家)	生存率
6	730	252	31.29%	6	1 943	570	31.57%
7	533	197	22.86%	7	1 307	636	21.24%
8	316	217	13.54%	8	718	589	11.67%
平均生存时间		5.61		平均生存时间		5.43	

接下来,我们使用 Kaplan-Meier 生存估计和风险函数描绘研发企业和非研发企业的生存特征,如图 4-5 所示。由图 4-5-a 可知,研发企业和非研发企业的生存概率并没有呈现较大的差异;从 Kaplan-Meier 统计量来说,非研发企业的退出概率略大于研发企业,但这种差距较为稳定。由图 4-5-b 可知,从风险函数来说,两组企业风险函数的演化趋势大致相同,同时差距极小,在观测期间保持在 0.01 左右。此外,我们还通过威尔克森非参数统计检验来确定这两组生存的显著性水平,检验结果接受了两组样本生存风险概率分布相同的原假设。这一统计结论初步表明中国研发企业并不存在显著的生存溢价。

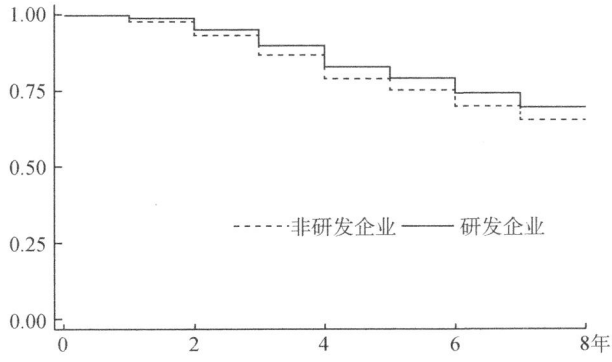

图 4-5-a 研发和非研发企业的 Kaplan-Meier 生存曲线

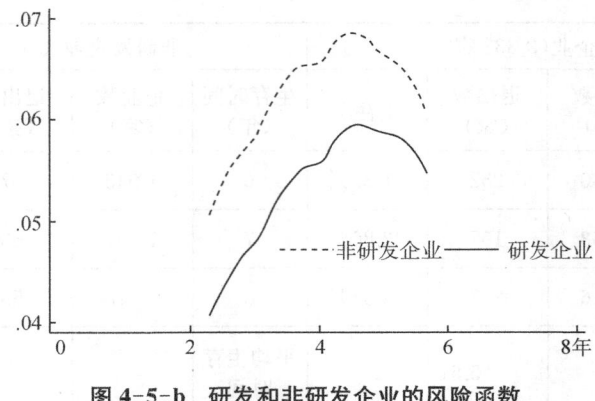

图 4-5-b 研发和非研发企业的风险函数

三、按知识产权保护程度分组的生存时间差异

接下来,我们用统计数据来初步揭示知识产权保护程度与中国研发企业生存风险之间的关系。我们先以樊纲等(2011)的知识产权保护指数来反映每个地区的知识产权保护程度。我们将 2001—2010 年共 10 年的省市自治区的知识产权保护指数取平均值,以中位数地区(河北省)知识产权保护指数(1.54)为临界点进行分组,指数大于 1.54 的为高知识产权保护指数分组(High-Property),指数小于 1.54 的为低知识产权保护指数分组(Low-Property)。基于 Kaplan-Meier 生存函数,我们初步统计了两组研发企业样本的生存函数和风险函数。

图 4-6-a 报告了高知识产权保护指数和低知识产权保护指数分组的生存函数。我们可以发现:一方面,不同知识产权保护程度地区研发企业的生存风险存在明显差异。在知识产权保护程度高的地区,研发企业的生存概率较大,退出市场的概率较低。另一方面,两组样本的生存概率在观测期间逐渐扩大并趋于稳定,特别是在研发企业进入的第 6 年,知识产权保护程度对研发企业生存概率的作用最为突出。图 4-6-b 报告了高知识产权保护指数和低知识产权保护指数分组的危险函数。我们发现了与图 4-6-a 相类似的结论,即大致上来说,在知识产权保护程度较低的地区,研发企业累积的风险率较高;而在知识产权保护程度较高的地区,研发企业退出市场的风险更高,两组样本累积风险比率的差异较为稳定,差值大约为 10%。这一统计事实初步表明,知识产权保护程度能够对研发企业的生存风险产生明显影响。

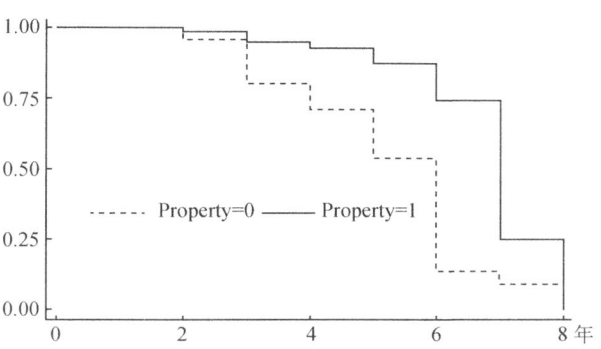

图 4-6-a 按知识产权分组①的 Kaplan-Meier 生存曲线

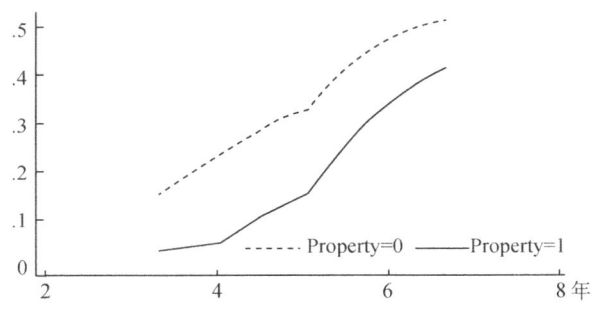

图 4-6-b 按知识产权分组的风险函数

第五节 | 研发企业的生存溢价检验

一、研究设计

上一部分内容初步统计了研发企业和非研发企业的生存状况,使我们对两者之间的生存状况有一个探索性的认知。接下来,我们要对研发企业和非研发企业的生存风险进行严密的事件史分析,这些企业在生存过程中随着时间的推移如何集聚风险而发生"退出"事件。我们参考于娇等(2015)和鲍宗客(2016)等

---

① 注:Property=1 表示高知识产权保护指数分组,反之为低知识产权保护指数分组。

的做法,选取两大类指标作为相关协变量。由此,我们把计量模型(4.6)具体化为如下的形式:

$$\ln \lambda(t, X) = \ln \lambda_0(t) + \beta_1 R\&D + \sum \text{cov ariant} \beta \tag{4.7}$$

其中,$R\&D$ 表示研发企业虚拟变量。取值为 1 表示属于研发企业,否则为 0。cov ariant 表示相关协变量集合。为提高生存估计的准确性,参考毛其淋和许家云(2015)、于娇等(2015)、张杰等(2015)和鲍宗客(2016)等的方法,我们引入以下两种类型指标作为相关协变量。

(1) 企业内部因素指标。①企业融资状况(finance),企业融资成本以及融资及时性是一个研发企业能否对研发项目进行持续性投入的关键。逯宇铎等(2014)认为融资能力越强的研发企业,其生存寿命也会越长。借鉴 Chen 和 Guariglia(2013)的做法,以企业的净营运资本占总资产的比例来衡量研发企业的融资状况。②企业规模(size),一般来说,规模大的企业,其各职能部门都比较完善,风险控制的能力也比较强,企业在市场中的生存风险较低。我们以企业全部从业人员数量的对数来衡量。③全要素生产率(TFP),Pakes 和 Ericson (1998)指出,在产业演化过程中,企业通过生产率的高低对停留在市场还是退出市场进行自选择,企业退出市场选择是异质生产率之间的挤出效应。参考鲍宗客(2016)、毛其淋和盛斌(2013)等的做法,采用 Olley 和 Pakes(1996)的方法估算全要素生产率。④企业出口状况(exit),于娇等(2015)发现虽然出口行为可以延长企业的存续时间,但过度依赖出口同样也会造成负面影响,企业的生存时间反而会出现下降。鉴于此,我们引入研发企业出口强度以及出口强度平方项来反映这一问题,以企业出口金额占销售量的比例来衡量出口强度。

(2) 企业外部因素指标。①产业特征(Indsturial)。一方面,我国政府的研发扶持政策在不同行业存在较大的差异,对新兴战略产业的扶持政策无疑是最大的(张杰等,2015);另一方面,产业的技术特征不同,不同企业的研发激励也存在很大的差异。这两方面的差异都会对研发企业的生存造成一定的影响。鉴于此,我们引入行业技术密集度(capital)来控制研发行业间所存在的产业技术特征差异,以行业的本科以上学历从业人员占总从业人数的比例来衡量。②地区虚拟变量(region),用以控制各个地方市场需求的差异和地方政府对研发企业扶持程度的不同而导致的研发企业生存风险的差异。引入两个虚拟变量,中部地区(middle)和东部地区(east)来衡量这一地区差异,将中国 31 省市自治区划分为东部、中部和西部三个区域,东部地区包括上海、浙江、江苏、北京、辽宁、吉林、黑龙江、山东、江苏、福建、天津和广东共12个地区,中部地区包括河北、河南、江西、湖北、湖南、海南、重庆、四川、山西共9个地区,西部地区包括内蒙古、青海、甘肃、广西、云南、贵州、西藏、新疆、陕西和宁夏共10个地区。

对于 Cox 风险模型,理论上一般采用偏似然估计进行求解(Fontana and Nesta,2009)。为得到准确的偏似然回归,我们采用 Cox 风险模型时需要注意两个方面的问题:

一方面,Cox 风险模型需要处理好"捆绑"事件。Cox 风险模型与样本中个体事件发生的次序相关,如果在同一年份中多个个体均发生"退出"事件,那么 Cox 风险模型在模拟生存风险概率时可能会发生偏差。与目前国外文献类似,我们的处理方式是旨在弱化"捆绑"事件发生顺序的作用。我们通过模糊离散过程构建总体样本的时间风险曲线,由此近似模拟某一时间段"退出"事件发生的可能性大小。

另一方面,Cox 风险模型比例风险假设是否正确,也即研发行为对企业生存风险的影响不随时间的变化而变化。一旦比例风险假设得不到满足,Cox 风险模型的设定形式则需要进一步调整。我们使用 PH 假设检验来验证 Cox 风险模型设定,检验步骤为:一是,计算相关协变量的舍恩菲尔德残差;二是,将具有完全观测周期的个体以生存时间进行排序,并生成新的秩次变量,相同的生存时间则以相同的秩次反映;三是,检验舍恩菲尔德残差与秩次变量之间的相关性,如果舍恩菲尔德残差与秩次变量不存在相关性,则表示事件史数据结构满足比例风险假设,我们可以使用 Cox 风险模型来进行估计。在 Stata 中,通过调用 Phreg 和 Rank 程序发现,变量融资状况和企业规模的舍恩菲尔德残差与秩次变量之间的相关系数分别为 0.373 2 和 0.130 5,P 值分别为 0.001 3 和 0.045 6,表明融资状况和企业规模不符合比例风险假设。其他变量的检验结果为符合比例风险假设。

如果相关协变量的比例风险假设不成立,Cox 风险模型的设定需要进行适当的修正。我们在 Cox 风险模型的基础之上构建了非比例风险的 Cox 模型。在非比例风险的前提下,协变量的估计系数是样本研究期间的加权平均值。

目前,非比例风险的 Cox 模型主要有两种形式,分层控制模型和时间依存变量模型。分层控制模型是将不满足比例风险假设的协变量进行分组,将非比例风险转换为阶段的比例风险从而实现修正,分层控制模型最大的缺点在于需要将不满足比例风险假设的协变量剔除出待估计的模型中。在我们的研究中,存在两个相关协变量不满足比例风险假设,若按照两个变量进行分层,将会出现四个分组,这会给模型的估计带来额外负担。由此,我们摈弃分层控制模型而选择时间依存变量模型。时间依存变量模型假定模型中存在依时间变化的协变量,为反映这一特征,我们将模型中不满足比例风险假设的协变量与时间趋势项进行交互,将每一年协变量的估计系数进行加权平均,得到协变量影响生存风险的平均强度。那么当运用时间依存变量模型时,我们的计量模型在方程4.7的基础之上修改为如下形式:

$$\begin{aligned}\ln \lambda(t, X) = & \ln \lambda_0(t) + \beta_1 R\&D_i + \beta_2 Finance_i \times Time \\ & + \beta_3 Size \times Time + \beta_4 TFP + \beta_5 Exit + \beta_6 Capital \\ & + \beta_7 East + \beta_8 Middle \end{aligned} \quad (4.8)$$

在这一计量模型中,我们检验研发企业是否生存溢价的逻辑是,研发企业是否在市场生存过程中面临更低的风险。如果研发企业在市场中面临的生存风险低于非研发企业,那么我们就认为研发企业具有生存溢价,也即研发企业拥有更长的寿命。因此,我们主要关注 β_1 的估计系数,β_1 所反映的是研发企业相对于非研发企业的生存风险,系数大于 0 表明研发企业存在的风险要大于非研发企业,系数等于 0 则说明研发企业和非研发的生存风险没有差异,系数小于 0 则说明研发企业存在的风险要小于非研发企业。那么,β_1 的估计系数小于 0 是我们期望得到的估计结果。为了更直观地反映控制组和实验组之间生存风险差异,我们同时使用风险比率(Hazard Ratios)指标,也即估计系数的指数形式。

二、研发企业的生存溢价

表 4-6 报告了中国研发企业生存溢价的时间依存 Cox 模型估计结果。表 4-6 第(1)和第(2)是全部样本的估计结果。结果显示,研发企业虚拟变量的估计系数小于 0,说明研发企业生存溢价的事实是存在的。相对于非研发企业来说,研发企业可以降低 5.28% 左右的生存风险。不过,这一结果在统计上的显著性并不高,仅在 15% 的水平下通过检验。这跟已有的文献存在较大的差异(布德尔迈尔等,2010;鲍宗客,2016)。与我们较为类似的一篇文献是,鲍宗客(2016)使用新产品产值作为衡量创新活动的方法,通过比例风险 Cox 模型发现,创新企业要比非创新企业降低 12% 左右的生存风险。这种生存溢价程度之间差异最直接的原因可能是我们所考究的研发企业并不是完全属于创新企业,所得到的生存溢价要比创新企业低。我们的这一结论验证了现阶段中国研发企业中所表现的一个普遍事实,企业不愿意从事研发活动,研发企业不存在创新激励。不可否认,这一结论不利于中国创新驱动发展战略的实施。

从目前经济转轨阶段的特征来说,中国企业的退出机制还并不是很完善,部分企业的退出行为不受市场机制的约束,而是行政力量在起作用。在数据库中我们可以发现,部分企业长期亏损、资不抵债,但又持续存在于市场中,俗称僵尸企业,这类企业在市场中的存在依赖于金融"输血"和政府扶持,其特征是生存风险大,但是又受到体制的影响而无法真正退出市场,这种事实会给我们计量的估计带来干扰。为此,我们尝试在样本中剔除掉僵尸企业的数据。我们将僵尸企业界定为连年亏损或者资不抵债而且主要依靠政府补贴或银行续贷维持经营的企业。具体到数据库中,我们将观测个体具备如下两个条件就认定为是僵尸企业:①连续3年亏损或者资产总值小于总负债;②存在政府补贴或者银行贷款额。由此我们剔除掉符合僵尸企业定义的85个研发企业和357个非研发企业并重新进行估计。表4-6第(3)和第(4)列报告了这一估计结果。可以发现,剔除了僵尸企业的扰动之后,研发企业虚拟变量的估计系数由不显著变为显著,同时风险比率也开始扩大,研发企业比非研发企业降低7.25%左右的生存风险。

这其中可能存在的逻辑是:在完善的市场机制下,一个行业所能容纳的企业数量是市场机制决定的,在这个数量下每个企业能获得平均收益,而不包括外部力量人为地嵌入无效率僵尸企业。一旦市场中加入无效率的僵尸企业,僵尸企业会得到部分行业有限的生存资源,其他企业原有的生存资源就会受到侵占。由于僵尸企业的生产率水平较低,行业中的生产率演化又不会驱使比僵尸企业生产率高的其他企业退出市场,而仅仅是增加总体上的生存风险。因此,这一结论说明完善的市场机制将有助于降低研发企业的生存风险。

表4-6 研发企业生存溢价的时间依存Cox模型估计结果

解释变量	全部样本		剔除僵尸企业样本		研发密集度	
	(1)	(2)	(3)	(4)	(5)	(6)
	系数	风险比率	系数	风险比率	系数	系数
$R\&D$	−0.05	0.95	−0.08*	0.93		
	(0.07)		(0.06)			
$R\&D_1$					−0.04	
					(0.01)	
$R\&D_2$						−0.06*
						(0.02)

(续表)

解释变量	全部样本		剔除僵尸企业样本		研发密集度	
	(1) 系数	(2) 风险比率	(3) 系数	(4) 风险比率	(5) 系数	(6) 系数
$R\&D_3$					−0.10*	
					(0.09)	
$R\&D_4$					−0.07*	
					(0.03)	
$R\&D^2$						0.06*
						(0.02)
$Profit$	0.05**	1.05	−0.04**	0.96	−0.05**	−0.05**
	(0.01)		(0.01)		(0.01)	(0.01)
$Finance*time$	−0.06**	0.94	−0.06***	0.95	−0.06***	−0.06***
	(0.04)		(0.04)		(0.04)	(0.04)
$Size*time$	−0.32***	0.73	−0.30***	0.74	−0.30***	−0.32***
	(0.11)		(0.21)		(0.15)	(0.11)
TFP	−0.31***	0.73	−0.33	0.72	−0.32***	−0.30***
	(0.16)		(0.16)		(0.16)	(0.16)
$Exit$	0.05	1.05	0.05	1.05	0.05	0.05
	(0.07)		(0.07)		(0.07)	(0.07)
$Exit^2$	−0.03	0.97	−0.03	0.97	−0.03	−0.03
	(0.02)		(0.02)		(0.02)	(0.02)
$Capital$	0.03	1.03	0.04	1.04	0.04	0.03
	(0.08)		(0.09)		(0.10)	(0.09)
C	−0.07***	0.93	−0.08***	0.92	−0.08***	−0.07***
	(0.08)		(0.09)		(0.09)	(0.08)
$East$	−0.05*	0.95	−0.04*	0.96	−0.05*	−0.05*
	(0.03)		(0.02)		(0.03)	(0.02)
$Middle$	−0.02*	0.98	−0.03*	0.98	−0.03*	−0.02*
	(0.01)		(0.01)		(0.01)	(0.01)

(续表)

解释变量	全部样本		剔除僵尸企业样本		研发密集度	
	(1)	(2)	(3)	(4)	(5)	(6)
	系数	风险比率	系数	风险比率	系数	系数
$LogLikelihood$	−1 132.38		−1 046.96		−857.25	−836.88
N	8 486	8 486	8 044	8 044	2 247	2 247

注：***、**和*分别表示在1%、5%和10%水平上显著，括号内为标准误；第(2)和第(4)列报告是风险比率；N表示企业数量；由于篇幅的限制，在研发密集度估计结果中并没有报告风险比率。

我们简要梳理下协变量的估计结果：在所有协变量中，变量$Size$的风险比率最低，意味着企业规模是影响研发企业生存风险的最关键因素，规模越大的研发企业的生存风险越低，其边际弹性达到27.02%。变量TFP的风险比率排在第二位，边际弹性为26.88%。生产率越高的研发企业生存风险越低，这符合一般的逻辑。企业融资状况的风险比率同样小于1而且通过5%的显著性检验，表明市场为研发企业提供融资便利能够降低研发企业的生存风险。需要注意的是，出口行为并没有与研发企业生存风险存在显著的线性关系，也没有与生存风险呈现倒"U"型的关系，这与已有文献的结论存在差异（Tsvetkova等，2013）。行业技术密集度与研发企业生存风险的关系同样不显著，这可能是因为与研发企业存在"寻补贴"相关。从不同地区来说，东部地区研发企业的生存风险是最低的，其次是中部，最后是西部。

第五章 创新活动对企业生存风险的影响

如果将企业的创新活动置于策略性理论的框架下,则企业的创新决策不再是仅仅基于企业内部特征而做出的,而且还包括市场动态因素,后者是企业间的一种"军备竞赛"或者相互间博弈的均衡结果。一旦企业在收益预期和竞争压力的双重作用下不断增加对内生性沉没成本的投资,便会导致企业自身乃至整个行业生存风险的集聚,这一路径大体上可以解释目前中国企业缺乏创新激励的原因。创新活动对企业生存风险的作用机理需要系统性的研究,本章通过构建准自然实验的计量模型,从创新的强度、持续性等多个角度测度其对生存风险的作用强度。

第一节 引 言

大量文献表明,市场的高死亡率是中国转轨过程的突出特征,大部分行业都呈现出较高死亡率的流转特征(Caves,1998),如毛其淋和盛斌(2013)对中国制造业1999—2006年的企业退出数据统计显示,平均每年大约有17%的在位企业退出市场。我们暂且不考虑这种高流转特征是否能够改善中国的宏观经济效率。

近年来,已有文献开始关注中国企业生存风险的决定因素,如制度变迁论、市场选择论、国际贸易论等(于娇等,2015;肖兴志等,2014;逯宇铎等,2014)。然而,一个很容易被理论界和政策制定者所忽略的事实是,根据工业企业统计数据库2007年数据显示,在2006年退出市场的企业中,其研发支出占销售收入的比值为0.036%,大幅度低于在位企业的比值0.045%。是否缺乏创新增加了企业的生存风险,缩短了企业在市场中的生存时间?相比于非创新企业来说,创新企业在市场中生存的时间会更长?中共十八大报告明确提出,实施创新驱动的国家发展战略。在宏观层面上,创新驱动是转变经济发展方式的要求;在微观层面上,创新驱动是改善企业效率的源泉。因此,对这些问题的回答,将有助于检验创新驱动战略对企业生存效率的改善这一微观路径。

早在20世纪30年代,Schumpeter就提出"创造性毁灭"的产业演进观点。"创造性毁灭"是市场经济的典型特征,这种结构的创造和破坏主要是通过不同主体之间创新上的竞争来获得,每一次破坏都会淘汰落后的生产技术和生产方式,使得这些企业被兼并或者死亡(Hopenhayn,1992)。Pakes和Ericson(1998)的演化模型为创新和生存之间的关系提供了一个重要的理论视角。假定市场存在生产率分布的自选择效应,企业通过研发投资活动开发技术机会以改变企业生产率在市场中的分布,如果企业的生产率低于留在市场所必须的最低生产率,那么企业通过自选择效应就会退出市场。企业退出行为可以理解为创新所导致的生产率高的企业对生产率低的企业的一个挤出过程。不可否认,创新活动并不一定能改善企业在市场中生产率的分布状况,创新活动存在高度的不确定性,这种不确定性可能会恶化企业的生产率分布状况。

在经验研究中,创新活动与企业生存的关系一直是微观领域研究的热点问题。但到目前为止,已有文献存在诸多矛盾之处,并未得到统一的结论。一种是基于产业组织的观点,认为创新是企业生存的本质,只有创新的企业才能建立和维持在市场中的竞争优势,使创新企业的盈利能力明显地高于非创新企业,从而延长企业在市场中的持续时间(Audretsch和Mahmood,1999;Geroski,1995;Fontana和Nesta,2010)。Esteve等(2004)通过边际概率模型测算出投资创新活动的企业在退出风险上要比没有投资创新活动的企业大约低57%,而且这个差距在出口企业中表现得更为突出。Cefis和Marsili(2005)基于转换概率矩阵进一步测度了成功创新的生存溢价,发现成功的创新大约能够增加企业11%的存活时间。

另一种观点是最近几年才发展起来的,认为创新与企业生存之间存在复杂的关系,这一关系受到诸多因素的调节,如企业内部特征的差异以及所处行业的差异导致创新和生存时间之间的关系存在很大的不确定性。Esteve和Manez(2008)发现只有在高度创新的行业中创新行为才能延长企业在市场中的生存时间。Bayus和Agarwal(2007)也认为行业差异是这一关系成立的重要条件,发现在技术密集型产业中创新企业会生存得更久。类似的文献还有陈阵和王雪(2014)、黄健柏等(2010)。在企业内部特征差异调节的研究中,Argiles和

Moreno(2007),Ensen 等(2008)则认为只有在规模很小的企业中这个正相关的关系才能成立。Cefis 和 Marsili(2005)通过非参数方法发现创新对生存的溢价在成立不久和规模小的企业中最大,年轻的小企业大约增加了23%的存活概率。Esteve 等(2004)则考虑了企业出口的特征,Buddelmeyer 等(2010)聚焦于企业的资本规模,肖兴志等(2014)分析了企业的扩张行为。

  总的来说,已有文献对创新行为的生存效应进行了较多的研究,不过并没有得出一致的结论。相比之下,从创新的视角来系统性地研究中国企业的生存问题则非常匮乏。事实上,对处于迅速转型的中国经济而言,企业生存的创新激励问题尤其值得我们注意和研究。就现阶段而言,中国企业普遍不愿意进行创新投资,尤其是对中小企业来说,它们的创新动力根本不足。一方面,市场的不确定、高额的交易费用使得创新的失败代价极大,创新失败极有可能使企业破产甚至被驱逐出市场;另一方面,知识产权保护、产权制度等法规的不完善使企业的创新溢价率并不高。前者使得企业"不敢"进行创新,而后者则会导致企业"不愿"进行创新。本部分的研究旨在揭示创新行为可以为企业带来的生存溢价,可以有效降低企业的生存风险,延长企业的生存寿命。因此,本章的实证研究可以为中国企业,特别是中小企业提供创新投资的依据,进一步支持创新驱动的国家战略。相对于已有的文献,本章在研究视角和研究方法上有着明显的改进:

  第一,考虑到中国转轨过程的波动性,从静态和动态两个维度捕获创新倾向、创新强度和创新持续时间对企业生存风险的抑制效应。已有研究均从静态维度来探讨这一问题,将创新的企业作为虚拟变量来引入模型中(陈阵和王雪,2014),或者以创新强度来反映(Cockburn 和 Wagner,2007;Esteve 和 Manez,2008)。然而,这些研究忽视了一个重要问题,即在中国经济转轨过程中,中国企业的创新行为存在很大的间断性,部分企业在生存周期中仅在少数时期存在创新投入,静态维度仅能横向捕获创新投入存量的平均效应,而不能纵向考察创新持续性的动态效应,本章尝试通过创新的持续时间来反映这一动态效应,扩展了企业生存决定的静态分析范式。

  第二,在研究方法上,采用倾向得分匹配方法和 Cox 生存模型克服样本数据的选择性偏差和久期数据的右归并问题。一方面,不可否认,样本数据存在明显的选择性偏差问题,企业的创新行为并非随机分布,而是企业自我选择的结果,企业生存时间对新产品的发展以及创新产出均有正向的影响(Sivadas 和 Dwyer,2000;Tripsas 和 Gavetti,2000)。针对这一问题,通过倾向得分匹配法构建与创新企业在进行创新活动之前主要特征类似的控制组来捕获实验组和控制组在生存时间上的平均差异,规避样本的选择性偏误问题。另一方面,对久期数据而言,通常存在数据归并问题(Censoring),即当研究开始时,有些企业已经存在于市场中,或者当研究结束时,有些企业尚未退出市场。我们进行了如下的处理:一方面,剔除2000年以前就已经存在的样本,动态追踪2000年以后进入市场的企业的生存周期,克服左归并问题;另一方面,以虚拟变量来记录个体企业的观测周期是否完整并用Cox生存模型解决久期数据的右归并问题。

第二节 | 研 究 设 计

我们的研究目的是揭示企业的创新行为对企业生存时间的影响,即探讨研发行为与企业生存之间是否存在因果关系。进行研究方法的设计之前,我们需要理清两者之间的简单逻辑关系:一是企业的创新活动可能会受到企业年龄的影响。虽然理论界并没有得出企业年龄对创新活动影响的一致观点,但不可否认,企业年龄是创新活动的一个重要影响因素(鲍宗客,2015;Coad等,2013)。尤其是对中国企业而言,模仿创新是中国经济40余年高速增长的重要推动力,而这种模仿创新的吸收正是通过企业在市场中的长时间生存获得。二是企业的研发行为并非随机分布,也是企业自我选择的结果。研发行为不仅是影响企业生存时间的原因,还很可能是由企业持续生存导致的结果。我们的研究样本可能存在严重的选择性偏差。所以,我们需要进行审慎的研究设计来克服反向因果关系所导致的选择性偏差问题。

理论上,解决选择性偏差的一个通常做法是选定一家特定的研发企业 i 为研究对象,比较企业 i 在"研发"和"不研发"两种情况下生存时间的差异,这样就可以揭示研发活动对企业生存时间的增量效应多有大。不过,这种情况在现实中并不存在,一个企业无法同时分离出两种分组的观测对象。

基于这样的背景,我们通过倾向得分匹配法人为构建了一组与研发企业 i 在进行研发互动之前的主要特征类似的企业来模拟处理效应。倾向得分匹配法是目前理论界普遍认可的处理二元变量的合适方法。倾向得分匹配法的主要思路:一是将研发企业设定为实验组,构建一个与研发企业在研发之前的大部分特征类似的企业作为控制组;二是将控制组和实验组的对象进行匹配以消除不同分组企业个体特征的差异,使配对企业之间仅存在研发行为的不同,这样就可以近似模拟研发企业在"不研发"情况下的生存特征;三是比较控制组和实验组企业在生存时间上的平均差异,以捕获企业的研发行为对生存时间的因果关系。

一、倾向得分匹配

(一) 确定实验组和控制组

依据企业是否存在创新行为,将样本划分为实验组和控制组,实验组为新产品产值大于 0 的创新企业,控制组为新产品产值等于 0 的非创新企业。构建一个二元虚拟变量 $Creation_{it}\{1,0\}$,当企业 i 在 t 时期为创新企业时取值为 1,否则取值为 0。令企业的生存时间为 $Time$,那么,创新对企业生存时间的平均效应表示为:

$$E\{Time_{it}^1 - Time_{it}^0 \mid Creation_{it} = 1\}$$
$$= E\{Time_{it}^1 \mid Creation_{it} = 1\} - E\{Time_{it}^0 \mid Creation_{it} = 1\} \quad (5.1)$$

其中,$Time_{it}^1$ 指创新企业的生存时间,$Time_{it}^0$ 指非创新企业的生存时间。在上式中,$E\{Time_{it}^0 \mid Creation_{it}\}$ 指的是创新企业 i 在没有创新活动情形下的生存时间,这是一种反事实。因此,我们需要拟合一组观测值来代替这种反事实。

(二) 数据匹配

数据匹配过程是倾向得分匹配的关键步骤,数据匹配的目的是使配对成功的控制组和实验组在匹配变量上的特征尽可能地相同。在进行数据匹配计算倾向得分值时需要选定匹配变量,匹配变量应为同时影响企业创新行为和企业生存的因素。根据已有理论和经验文献,我们选取的匹配变量主要有:企业规模、企业生产率、融资约束、资本密集度、销售利润率、人力资本、出口密集度和资产负债率,协变量的具体定义如表 5-1 所示。

表 5-1 匹配变量的测度方法

符号	变量名	测度方法
$Size$	企业规模	企业销售额的对数,销售额以 2000 年工业品出厂价格指数平减

(续表)

符号	变量名	测度方法
TFP	企业生产率	采用 OP(1996) 的测度方法计算
$Finance$	融资约束	利息支出与固定资产的比值
$Capital$	资本密集度	固定资产和从业人员的比值,固定资产以 2000 年固定资产投资价格指数平减
$Profit$	销售利润率	营业利润与销售收入之比
$Resource$	人力资本	大学本科及以上学历人数占全部职工的比值
$Export$	出口密集度	企业出口交货值与企业销售的比值
$Debt$	资产负债率	企业负债与资产的比值

接下来,我们以 Logit 方法对二元变量进行回归,以每个协变量的估计系数作为权重,拟合出每一个企业的倾向得分:

$$PS(X_{it}) = Pro(Creation = 1 \mid X_{it}) = \frac{\exp(\alpha X_{it})}{1 + \exp(\alpha X_{it})} \tag{5.2}$$

其中,X 指匹配变量。这一得分反映了某个企业为创新企业的概率。然后,我们可以根据倾向得分值对实验组和控制组进行配对。我们使用最近较为流行的卡尺内最近邻匹配方法,在给定的 $\varepsilon \leqslant 0.25 \hat{\sigma}_p$ 卡尺范围内寻找与创新企业得分最为接近的非创新企业进行最近匹配。完成配对之后,实验组和控制组的各个匹配变量已经不存在系统性差异,控制组企业的生存持续时间 $E\{Time_{it}^0 \mid Creation_{it} = 0\}$ 可以作为创新企业在没有创新行为时生存持续时间 $E\{Time_{it}^0 \mid Creation_{it} = 1\}$ 近似的替代。也就是说,控制组和实验组剩下唯一的区别就是创新行为的差异。因此,我们就可以计算实验组和控制组在生存持续时间上的平均组间差异(Becker 和 Ichino,2002),也即平均处理效应为:

$$\begin{aligned} &E\{Time_{it}^1 - Time_{it}^0 \mid Creation_{it} = 1\} \\ &= E\{Time_{it}^1 \mid Creation_{it} = 1\} - E\{Time_{it}^0 \mid Creation_{it} = 0\} \end{aligned} \tag{5.3}$$

二、Cox 模型

倾向得分匹配法能够较好地解决由于研究对象的特殊性而产生的样本选择性偏差对结果的影响。不过,就我们所选择的久期数据而言,如前文所述,我们在样本的筛选过程中无法有效地解决右归并问题,当研究周期结束时,有些企业尚未退出市场,这部分企业并不存在从生存到死亡的完整周期。通过对企业个体生存的追踪,我们可以发现,存在右归并问题的企业有 35 640 家,占研究样本的近 1/3。所以,右归并问题的存在将导致回归结果缺乏实质性意义。

为解决数据的右归并问题,我们使用 Cox(1975)在比例风险模型(PH)基础之上的一个应用方法,即 Cox 模型。Cox 模型在分析久期数据时存在两个优势:一是 Cox 模型可以巧妙地将企业在市场中持续的时间和是否退出市场两者融合在一块,对于右归并的问题,Cox 模型构建了一个虚拟变量来记录个体企业 i 的观测周期是否完整,在研究周期结束后仍然存活于市场的企业取值为 0,将拥有完整观测周期的企业样本设定为 1,然后通过企业的危险率函数估计企业生存时间的分布,并预测企业在未来期间退出市场的概率。这样就可以较好地解决久期数据无法回避的特殊右归并问题。二是我们对企业风险函数的具体形式把握得并不准确,而参数回归对企业风险函数的具体形式作了严格的先验假设,如果风险函数设定错误,则参数回归的结果将导致不一致的估计。而 Cox 模型可以先不必假设基准风险函数的具体形式,依然可以得到有效的估计。

假定企业在市场持续经营过程中面临各种退出风险,其在时期 t 的风险函数为 $\lambda(t, x)$,可以将风险函数分解为:

$$\lambda(t;x) = \lambda_0(t) e^{x'\beta} \tag{5.4}$$

其中,$\lambda_0(t)$ 为基准风险函数,仅受到时间因素的影响,并不依赖企业个体的异质性,对样本中的每个企业都相同。$e^{x'\beta}$ 则为企业的相对风险,x' 是影响企业生存的协变量集合,β 为参数向量集合。$x' = (x_1, x_2, \cdots, x_n)$。这一方程意味着 x' 每增加一单位,新的风险率将变为原来的 e^{β}。

假定存在两种类型的企业 i 和 j,其协变量集合分别为 x'_i 和 x'_j,那么,企业 i 和企业 j 的风险函数之比为:

$$\frac{\lambda(t;x'_i)}{\lambda(t;x'_j)} = \frac{\lambda_0(t) e^{x'_i \beta}}{\lambda_0(t) e^{x'_j \beta}} = e^{(x^i - x^j)'\beta} \tag{5.5}$$

显然,企业 i 和企业 j 的风险函数之比不随时间改变而改变,只与 $x_i - x_j$ 相关。这使我们可以不必假定基准风险函数 $\lambda_0(t)$ 的具体函数形式,而依然能够得到对 β 的估计。

在我们的研究中,创新企业相对于非创新企业的风险函数可以表示为 $\lambda(t;$

$x_{creation=1})/\lambda(t;x_{creation=0})=e^{(\Delta x)'\beta}$,我们可以通过偏似然估计来估计出各协变量的系数 β 集合。以 Cefis 和 Marsili(2005)转换概率矩阵估计的企业存活概率驱动因子为基础,结合中国企业进入、退出的特殊制度性因素,我们选取以下几个指标作为衡量中国企业生存风险的协变量集合:

(1) 销售利润率($Profit$)。利润是企业进入和退出市场最根本的动力,对自由进入退出的市场而言,企业的盈利状况差、无法获利甚至持续亏损会导致企业逐渐死亡,以营业利润与销售收入的比值来衡量。

(2) 企业规模($Size$)。一方面,规模大的企业可以实现范围经济和规模经济,从而降低产品的生产成本;另一方面,规模大的企业会向消费者传递其产品是高质量产品的信号,从而增加产品的溢价能力,这两个都会提高企业的生存能力,以企业销售额的对数来衡量,销售额以 2000 年的工业品出厂价格指数平减。

(3) 企业成立年限(Age)。已有文献对企业年龄与企业生存的关系尚存在较大的分歧(Barron 等,1994;Tripsas 和 Gavetti,2000)。干中学效应和习惯惰性效应是直接导致这一分歧的原因,Sorensen 和 Stuart(2000)认为年龄小的企业能产生干中学效应,对年龄较大的企业,随着搜索匹配难度的增加,习惯惰性效应会逐渐占据主导地位,退化甚至死亡将是企业不可避免的问题。而持先动优势观点的文献认为,进入较早的企业能够通过优先获得先动优势从而比后进入的企业具有生存优势(Kim 和 Lee,2011)。我们以样本观测期的年份减去企业成立的年份再加 1 来衡量。

(4) 企业生产率(TFP)。借鉴田巍和余淼杰(2012)等的做法,使用 OP(1996)的方法来测度企业的生产率。

(5) 出口密集度($Export$)。已有实证研究表明,出口强度和企业生存概率之间呈现倒"U"型关系,当出口强度较低时,出口强度的增加降低了企业的风险,当出口强度超过某一"阈值"时,出口强度降低了企业的生存时间(于娇等,2015),以企业出口交货值与企业销售额的比值来衡量。

(6) 融资约束($Finance$)。以流动资产减去流动负债的差值与总资产的比值来衡量(Chen 和 Guariglia,2013)。

(7) 所有制类型($Owner$)。在中国转轨经济的特殊背景下,由于退出机制并不完善,大量国有企业以持续亏损的方式存在而不是直接退出市场,我们引入一个虚拟变量来衡量企业所有制的因素,取国有企业或集体企业为 1,反之为 0。

此外,我们还控制了行业、年份和区域的固定效应(Du 等,2012)。一是行业虚拟变量($Industry$),构建二位码行业的虚拟变量来控制行业间的异质性。

二是年份虚拟变量(Year),用来控制时间的变化以及其他宏观因素的影响。三是区域虚拟变量(Area),构建一个二元虚拟变量来控制沿海地区和内陆地区企业的生存差异,沿海地区企业取值为1,反之为0。沿海地区包括上海、浙江、江苏、北京、山东、江苏、福建和广东共8个地区,其余23个地区为内陆地区。

主要变量的描述性统计如表5-2所示。

表5-2 主要变量的描述性统计

变量名称	符号	均值	最小值	最大值	标准差
销售利润率	$Profit$	0.06	−1.00	1.00	0.19
企业规模	$Size$	9.87	3.71	17.28	1.22
企业成立年限	Age	5.33	1.00	8.00	1.79
企业生产率	TFP	501.01	0.07	84 607.48	1 767.67
出口密集度	$Export$	0.07	0.00	1.00	0.22
融资约束	$Finance$	0.07	0.00	1.00	0.22
所有制类型	$Owner$	0.05	0.00	1.00	0.22
资本密集度	$Capital$	9.93	0.00	19.01	1.64
人力资本	$Resource$	0.35	0.00	1.00	0.25
资产负债率	$Debt$	0.85	0.00	1.00	0.16
创新倾向	$Innov$	0.13	0.00	1.00	0.31
创新强度	$Inten$	0.03	0.00	1.00	0.17
创新持续时间	Dur	0.02	0.00	1.00	0.08

第三节 | 创新活动对企业生存风险的估计结果

一、倾向得分匹配结果

在给定的倾向得分标准差1/4卡尺范围内 $\varepsilon \leqslant 0.25\ \hat{\sigma}_p$,寻找与创新企业得分最为接近的非创新企业进行最近匹配。为了确保匹配结果的可靠性,我们从共同支撑假设和平衡性假设方面对匹配效果进行检验。共同支撑条件的满足意味着实验组和控制组在倾向得分的分布形态上近似相同。通过对比实验组和控制组在匹配前后的核密度分布特征,我们发现经过匹配后,控制组和实验组的核分布特征从原来的相关性很低到分布近似相同。因此,我们可以认为匹配有效的共同支撑假设得到满足,匹配过程明显地改善了实验组和控制组倾向得分值的分布偏差。

匹配平衡性检验假设则要求在匹配后满足 $Creation_i \perp X_i \mid P[X_i$,即在给定企业创新概率 $P(X_i)$ 的情形下,企业的创新行为与协变量之间是相互独立的]。我们可以通过标准偏差来检验匹配平衡性的效果。标准偏差反映了变量分布特征的组间差异,取值越小代表差异越小,如果标准偏差的绝对值小于 20 则可以认为匹配效果较为理想。表 5-3 报告了匹配变量的平衡性检验结果。从表 5-3 可以发现,绝大多数变量匹配后标准偏差的绝对值都小于 5%。也就是说匹配结果满足了平衡性假设,因此,我们可以认为匹配变量的选取是合理的,匹配结果是可靠的。需要指出的是,倾向得分匹配只控制了可测变量的选择偏差问题,很难解决不可观测变量带来的隐性偏差。

表 5-3 匹配变量的平衡性检验

变量名	样本	均值		标准偏差	标准偏差减少幅度	T 值
		实验组	控制组			
$Size$	匹配前	8.87	8.20	44.28%	99.20%	14.73
	匹配后	8.87	8.85	0.30%		0.57
TFP	匹配前	6.16	5.83	30.40%	97.60%	21.47
	匹配后	6.16	6.14	2.50%		1.38
$Finance$	匹配前	1.13	1.29	−12.70%	50.30%	−8.31
	匹配后	1.13	1.13	3.20%		2.44
$Capital$	匹配前	0.96	0.74	25.90%	85.70%	11.38
	匹配后	0.96	0.96	1.80%		0.87
$Profit$	匹配前	3.62	2.17	60.20%	99.80%	30.16
	匹配后	3.62	3.49	6.40%		2.81
$Resource$	匹配前	0.40	0.34	5.20%	46.70%	2.33
	匹配后	0.40	0.39	0.60%		0.05
$Export$	匹配前	0.16	0.14	8.40%	97.40%	3.61
	匹配后	0.16	0.17	−1.50%		−0.52

（续表）

变量名	样本	均值		标准偏差	标准偏差减少幅度	T 值
		实验组	控制组			
Debt	匹配前	0.57	0.54	10.30%	89.30%	4.28
	匹配后	0.57	0.57	0.40%		0.08

二、创新倾向与企业生存风险

在完成有效匹配之后，我们对成功配对的 84 282 家企业样本进行 Cox 模型的生存风险估计。我们首先要回答的问题是，具有创新倾向的企业是否显著降低了企业的生存风险，延长了企业的生存时间。为此，引入企业创新意愿的虚拟变量（INNOV），若企业在某年的新产品产值大于零取值为 1，否则为 0。需要注意的是，Cox 模型的重要假设是 $\lambda(t;x)=\lambda_0(t)e^{x^{\prime}\beta}$，如果这个假设不成立，则 Cox 模型则不能成立。因此，在实证估计前，需要对成功配对的久期数据进行模型的设定检验。我们使用基于残差检验（Residual-Based Test）的 PH 假设检验。检验思路是通过计算各个解释变量的舍恩菲尔德残差，然后将残差对时间进行回归，检验时间的系数是否为零或者接近于零。残差检验结果显示，各个变量残差对时间的估计系数都近似为零，这表明 Cox 模型的设定是合理的。

表 5-4 报告了创新倾向对企业生存风险的增量效应。需要注意的是，我们报告的是创新企业相对于非创新企业的风险比率（Hazard Ratios），即估计系数的指数形式，风险比率小于 1 表明该解释变量会降低创新企业的生存风险，风险比率等于 1 表明该解释变量对生存风险的影响在创新企业和非创新企业之间没有差异，风险比率大于 1 说明该解释变量会增加创新企业的生存风险。表 5-4 第（1）列仅控制了企业特征的变量，第（2）列进一步控制了地区效应、行业效应和年份效应。比较第（1）列和第（2）列的结果可以发现，控制企业内部特征以外的因素之后，Cox 模型的对数似然值在增加，也即模型的解释力度更强，这意味着中国企业的生存风险不仅受到自身内部特征的影响，还受到行业特征、宏观特征甚至地区环境的干扰。对于创新倾向变量而言，其在第（1）和第（2）列的估计系数均显著小于零，这说明实验组的企业生存风险要明显高于控制组企业的生存风险，也就是说创新活动可以降低企业在市场中的危险率，提高企业在市场中的生存时间。创新企业的生存风险要比非创新企业大约低 11%～13%。这一结论验证了中国政府现阶段制定的创新驱动发展战略在企业生存这一微观路径上的有效性。

影响企业生存的内部特征中,国有企业的生存风险要显著低于非国有企业,这一结论符合预期,大部分国有企业并不会基于持续亏损或者没有盈利预期而退出市场,它们进入、退出市场的决策更多的是基于政策因素,因此,我们可以看到的一个现象是,大量国有企业以亏损的形式在市场中持续生存(李伟,2011)。企业规模、企业年龄和生产率均与创新企业的生存风险负相关,这意味着规模大的企业和生产率高的企业可以获得规模效应、效率优势和抗风险能力,这些特征降低了企业在市场中的危险率(Tsvetkova 等,2013;Manjon 和 Arauzo,2008;Jensen 等,2008)。老企业的生存风险要显著地低于年轻企业,这表明老企业会产生习惯惰性,增加搜索匹配的难度,生存风险集聚将是不可避免的问题。企业融资约束程度与企业的生存风险正相关,这意味着缓解中国企业的融资约束有助于提高企业的生存时间(逯宇铎等,2014)。需要指出的是,盈利能力和对外贸易并不能显著降低企业的生存风险,越依赖于出口的企业,企业的生存风险越大。这和已有的文献存在较大的不同(Esteve 等,2010;Tsvetkova 等,2013)。

表 5-4 创新倾向对企业生存风险的检验结果

解释变量	(1)	(2)	(3)
$INNOV$	0.89***	0.88***	0.85***
	(0.01)	(0.03)	(0.03)
C	0.52***	0.40	0.39***
	(0.02)	(0.01)	(0.01)
$Profit$	0.96	0.97	0.96
	(0.13)	(0.13)	(0.13)
$Size$	0.76***	0.66***	0.66***
	(0.03)	(0.01)	(0.03)
Age	0.92***	0.83***	0.83***
	(0.02)	(0.02)	(0.02)
TFP	0.89***	0.87***	0.89***
	(0.01)	(0.01)	(0.01)
$Export$	0.89	0.88	0.89
	(0.01)	(0.01)	(0.01)

(续表)

解释变量	(1)	(2)	(3)
$Finance$	0.85	0.83*	0.83*
	(0.01)	(0.01)	(0.01)
$Owner$	0.64***	0.61***	0.61***
	(0.02)	(0.02)	(0.02)
$Profit*INNOV$			0.97
			(0.11)
$Size*INNOV$			0.93***
			(0.02)
$Age*INNOV$			0.82**
			(0.01)
$TFP*INNOV$			0.87*
			(0.02)
$Export*INNOV$			0.84
			(0.04)
$Finance*INNOV$			1.01**
			(0.05)
$Owner*INNOV$			1.08
			(0.07)
Industry	否	是	是
Year	否	是	是
Area	否	是	是
$LogLikelihood$	−212 184.31	−99 372.26	−99 464.77
N	84 282	84 282	84 282

注：***、**和*分别表示在1%、5%和10%水平上显著,括号内为标准误;"是"对行业、年份区域进控制,反之"否"。

为进一步检验创新活动对企业生存风险影响的内在机制,我们在回归中添加了创新倾向与企业特征变量的交互项。表5-4第(3)列报告了这一估计结果。

可以发现在这 7 个交互项中,企业规模、企业年龄、融资约束、企业生产率与创新倾向交互项的估计系数均在 10% 的显著性水平下通过检验。创新倾向与企业规模的交互项估计系数显著小于 1,这表明创新行为有助于增加规模企业的生存时间,规模大的企业进行创新活动所产生的生存增量效应更为明显。创新倾向与企业年龄的交互项估计系数显著小于 1,这表明创新活动有助于缓解成立时间长的企业对企业生存风险的集聚。这两个交互项的结论与 Cefis 和 Marsili(2006)的研究结论一致。创新倾向与企业生产率的交互项估计系数显著小于 1,说明生产率高的企业通过创新的调节可以获得更为持久的生存时间。

值得注意的是,融资约束和创新行为的交互项估计系数大于 1,说明创新行为会加速融资约束对风险的累积,具有融资限制的企业反而不应进行创新活动,可能的原因是创新过程需要相当大的投资和承担巨大的风险(李春涛和宋敏,2010),一旦创新活动不能在短期内转化为收益,加上这些企业在融资渠道、融资方式等方面都存在较大的制约,那么企业的现金流就会出现很大的问题,可能会增加企业退出市场的概率。因此,对融资受到较大限制的企业来说,应当谨慎选择在创新活动中的投入量。这一结论反映了中国制造企业的一个困境,特别是对中小企业而言,他们在经营过程中一直面临"融资难,融资贵"的问题,融资门槛高、融资方式单一、融资渠道窄、贷款利率高、融资成本高、资金缺口严重。在这种融资约束背景下,中小企业一般不会选择在风险较高的创新活动中投入资金,他们的创新动力是不足的。

另外,销售利润率、出口密集度和所有制类型与创新行为的交互项并没有通过显著性检验,表明创新行为并没有通过盈利能力、出口强度以及所有制的差异对生存持续时间产生调节作用。

这些结论表明创新活动对企业生存风险的影响受到内部特征因素的调节,企业的差异化特征会改变创新活动抑制生存风险的效果。一是企业可以通过规模优势和效率优势放大创新活动抑制生存风险的效应;二是老企业的创新溢价明显小于新企业;三是融资难的企业应当谨慎选择创新活动。

表 5-5 报告了创新倾向对企业生存风险的稳健性检验结果。一方面,我们参考毛其淋和许家云(2015)的做法,采用 Cloglog 离散时间生存模型对成功匹配的数据进行重新估计,第(1)列和第(2)列分别报告了没有交互项和带有交互项的估计结果。两个结果的 Rho 值的似然比检验都接受了企业不存在不可观测异质性的原假设,这进一步表明 Cox 模型的设计是合理的。另一方面,考虑

到国有企业生存时间的特殊性,我们重新提取了数据库中全部非国有企业的样本,比照前文的匹配方法和 Cox 模型进行重新估计,结果如第(3)列和第(4)列所示,检验结果表明估计结果具有很强的稳健性。此外,我们进一步使用威布尔和冈铂茨回归以进一步拓宽指数回归中的风险函数假定,检验结果并没有发生明显的波动。

表 5-5 创新倾向对企业生存风险的稳健性检验

解释变量	Cloglog 模型		非国有企业样本	
	(1)	(2)	(3)	(4)
$INNOV$	0.88***	0.88***	0.86***	0.85***
	(0.03)	(0.03)	(0.03)	(0.03)
C	0.40	0.50***	0.50***	0.62***
	(0.01)	(0.02)	(0.02)	(0.02)
$Profit$	0.97	0.96	0.96	0.96
	(0.13)	(0.12)	(0.12)	(0.12)
$Size$	0.66***	0.65***	0.75***	0.75***
	(0.01)	(0.03)	(0.03)	(0.01)
Age	0.82***	0.81***	0.88***	0.88***
	(0.02)	(0.02)	(0.02)	(0.02)
TFP	0.87***	0.87***	0.87***	0.89***
	(0.01)	(0.01)	(0.01)	(0.01)
$Export$	0.88	0.88	0.88	0.89
	(0.01)	(0.01)	(0.01)	(0.10)
$Finance$	0.83*	0.83	0.87*	0.87
	(0.01)	(0.01)	(0.01)	(0.10)
$Owner$	0.61***	0.61***	0.63***	0.61***
	(0.02)	(0.02)	(0.02)	(0.02)
$Profit*INNOV$		0.95		0.93
		(0.11)		(0.11)
$Size*INNOV$		0.92***		0.93***
		(0.02)		(0.02)

(续表)

解释变量	Cloglog 模型		非国有企业样本	
	(1)	(2)	(3)	(4)
$Age * INNOV$		0.80**		0.81**
		(0.01)		(0.01)
$TFP * INNOV$		0.87*		0.86*
		(0.02)		(0.01)
$Export * INNOV$		0.84		0.83
		(0.04)		(0.04)
$Finance * INNOV$		1.01*		1.01*
		(0.05)		(0.04)
$Owner * INNOV$		1.24		1.07
		(0.07)		(0.07)
$Industry$	是	是	是	是
$Year$	是	是	是	是
$Area$	是	是	是	是
$Log Likelihood$	−99 388.21	−99 361.93	−98 471.88	−98 463.69
N	84 282	84 282	53 061	53 061
Rho 值	0.26	0.27		
Rho 值似然比	250.31	248.76		

注：***、** 和 * 分别表示在1%、5%和10%水平上显著，括号内为标准误；"是"表示对行业、年份和区域进行控制，反之为"否"。

三、创新强度对企业生存风险的异质性效应

前面通过处理效应依据创新倾向将样本划分为实验组和控制组，较为严密地论证了创新活动可以抑制企业的生存风险，增加企业的生存概率。需要指出的是，这一结果只是反映了创新活动对企业生存风险的平均效应。事实上，正如一些企业家和学者所担忧的那样，创新活动对产业动态产生"创造性毁灭"的同时，付出的代价同样不可小视。创新是企业一项重要的成本支出，一般而言，企业不会毫无保留地进行创新投资，否则，企业的现金流将会收紧，面临的风险可能会集聚。

接下来,我们有必要探讨这样一个问题,企业的创新强度在什么水平合适?企业生存的最优创新强度水平是多少?为回答这一问题,我们首先对创新强度进行界定,将创新强度(INTEN)定义为企业新产品产值与企业销售额的比值,并以 2000 年的工业品出厂价格指数平减。为了更加细致地剖析创新强度对企业生存风险的异质性效应,将创新强度由低到高排序并按四分位数将样本划分为四个细分实验组($INTEN_i, i=1, 2, 3, 4$),创新强度较弱组 $INTEN_1[0, 25\%)$,创新强度中等组 $INTEN_2[25, 50\%)$,创新强度较强组 $INTEN_3[50, 75\%)$,创新强度最强组 $INTEN_4[75, 100\%)$。可以通过比较估计系数的大小来观测创新强度对企业生存风险的异质性效应。

表 5-6 报告了创新强度以及不同强度分位数的 Cox 生存模型估计结果。比照前文的估计结果,我们在每一次回归中都控制了企业内部特征和外部特征的差异。第(1)列是整体实验组的回归结果,检验结果表明,创新强度与企业生存风险显著负相关,平均而言,每提高一个单位的研发强度可以使得企业在市场中的生存风险降低 28.3%。第(2)列是按四分位数划分的细分实验组的估计结果,从中可以发现:一方面,Innov*D1、Innov*D2 和 Innov*D3 的风险系数显著小于 1,而且三个估计系数的绝对值出现先增加后减少的趋势,这一结果说明研发强度对企业生存风险的影响呈现非平稳的特征,而不是研发强度越强,其对企业风险的抑制效应就越明显。创新强度与企业生存风险之间存在"倒 U 型"关系,创新强度对企业风险抑制效应的边际贡献在逐渐减少。另一方面,innov*D4 的估计系数虽然为负却不具有统计意义上的显著性,这一结果说明完全注重于创新活动的企业却并没有显著降低其在市场的生存风险,也即适宜企业生存的创新强度存在最优的临界水平。可能的原因是,像"常在河边走,哪有不湿鞋"一样,创新活动所具有的高风险特征使在某一年创新强度很高的企业可能面临市场需求不足、现金流紧张等生存风险。这一结论部分验证了中国企业当前创新动力的匮乏,中国企业宁愿承担生产同质产品而带来的低价竞争风险,也不愿意承担进行创新而导致的失败风险。

为确保创新强度对企业生存风险回归结果的可靠性,我们进行了如下稳健性检验:一是引入创新强度的平方项以进一步确定创新强度对企业生存风险的非均衡效应;二是为进一步确定生存模型使用的合理性,引入 Cloglog 离散时间生存模型进行重新估计;三是重新提取了数据库中全部非国有企业的样本,比照前文的匹配方法和 Cox 模型进行重新估计。第(3)列至第(7)列显示估计结果具有较高的稳健性。

表 5-6 创新强度对企业生存风险的异质性效应

解释变量	Cox 模型(指数回归)			Cloglog 模型		非国有企业样本	
	(1)	(2)	(3)	(4)	(5)	(6)	(7)
INTEN	0.72***			0.72***		0.70***	
	(0.02)			(0.02)		(0.02)	
INTEN^2			1.09**				
			(0.03)				
Inten$_1$		0.83***			0.81***		0.85***
		(0.01)			(0.01)		(0.01)
Inten$_2$		0.76***			0.74***		0.75***
		(0.02)			(0.02)		(0.02)
Inten$_3$		0.90*			0.86*		0.88***
		(0.02)			(0.02)		(0.02)
Inten$_4$		0.91			0.91		0.92***
		(0.10)			(0.10)		(0.11)
Profit	0.93	0.94	0.94	0.93	0.93	0.93	0.92
	(0.13)	(0.13)	(0.13)	(0.12)	(0.12)	(0.13)	(0.13)
Size	0.77***	0.75***	0.77***	0.73***	0.73***	0.75***	0.75***
	(0.01)	(0.01)	(0.01)	(0.01)	(0.01)	(0.01)	(0.01)
Age	0.82***	0.82***	0.82***	0.84***	0.84***	0.89***	0.89***
	(0.02)	(0.02)	(0.02)	(0.02)	(0.02)	(0.02)	(0.02)

(续表)

解释变量	Cox 模型(指数回归)			Cloglog 模型		非国有企业样本	
	(1)	(2)	(3)	(4)	(5)	(6)	(7)
TEP	0.69***	0.68***	0.68***	0.70***	0.70***	0.68***	0.68***
	(0.01)	(0.01)	(0.01)	(0.01)	(0.01)	(0.01)	(0.01)
Export	0.93***	0.93***	0.93***	0.94***	0.94***	0.93***	0.93***
	(0.01)	(0.01)	(0.01)	(0.01)	(0.01)	(0.01)	(0.01)
Finance	0.82***	0.82***	0.83***	0.86***	0.86***	0.83***	0.83***
	(0.02)	(0.02)	(0.02)	(0.01)	(0.01)	(0.02)	(0.02)
Owner	0.62***	0.62***	0.61***	0.62***	0.62***	0.60***	0.60***
	(0.02)	(0.02)	(0.02)	(0.02)	(0.02)	(0.02)	(0.02)
Industry	是	是	是	是	是	是	是
Year	是	是	是	是	是	是	是
Area	是	是	是	是	是	是	是
LogLikelihood	−92 184.31	−91 463.26	−91 632.53	−91 736.86	−91 226.90	−91 242.98	−91 488.21
N	84 282	84 282	84 282	84 282	84 282	53 061	53 061
Rho 值				0.30	0.32		
Rho 值似然比				230.77	251.26		

注：***、**和*分别表示在1%、5%和10%水平上显著，括号内为标准误；"是"对行业、年份区域进控制，反之"否"。

第四节 | 基于动态的维度

从静态维度考察了创新活动对企业生存风险的抑制效应,发现创新强度可以释放企业在市场上的生存风险,不过创新强度的边际贡献在下降。通过对同一企业的创新动态进行细致地分析,我们发现有些企业只在某一年向市场推出新产品,其余年份并没有生产任何新产品,或者有些企业在生产新产品上存在时间的间隔,也就是说部分企业的创新过程具有非持续性,或者存在间歇性。因此,我们有必要进一步探讨创新的动态维度对企业生存风险的因果效应。

前文已指出,衡量企业创新活动的最佳指标是企业当年的研发投入,新产品的产值只能是创新活动的近似替代变量,那么,当使用新产品的产值来替代企业的研发支出时可能会存在一个问题,研发周期和创新成果之间可能存在时间的滞后,也即企业在某一年没有新产品产出并非等价于企业在当年没有创新活动。考虑到这一问题,并充分结合中国企业研发周期的特殊实际,我们将持续创新的企业定义为在其生存周期中生产新产品的次数与生存时间之比至少为37.50%,否则为非持续创新的企业。由此,我们得到 27 311 个持续创新的企业,18 237 个非持续创新的企业。与前文类似,构建一个二元虚拟变量 DUR 来反映持续创新特征,当企业 i 为持续创新企业时取值为1,否则取值为0。引入持续时间强度变量 $PERSIST$ 来剖析持续时间强度对企业生存风险释放的弹性,以每个观测期计算的生产新产品的次数与生存时间之比来衡量创新的持续时间。然后,将持续创新的企业记为实验组,将非持续创新的企业记为控制组。针对非持续创新企业的个体数目并不充足的问题,我们在进行数据匹配时采用一对一的最近邻匹配法寻找与持续创新企业得分最为接近的非创新企业。

对成功配对的久期数据进行 Cox 模型设定的残差检验时发现,残差对时间进行回归的系数为0.10,这一结果表明 Cox 风险模型在这一样本数据中并不适用。我们将这一结果归结为样本中的个体不可观测的异质性所引起的设定偏误。针对弱质效应的问题,我们采用基于离散时间的 Cloglog 风险模型进行估计。

表5-7报告了持续创新对企业生存风险的动态效应。第(1)列为持续创新企业相对于非持续创新企业的 Cloglog 生存风险估计结果。Rho 值和其似然比检验值说明在模型中控制不可观测异质性是有必要的,Cloglog 风险模型的设定

表 5-7 持续创新对企业生存风险的动态效应

解释变量	指数回归				威布尔回归	刚铂茨回归
	(1)	(2)	(3)	(4)	(5)	(6)
Dur	0.63*** (0.02)				0.63*** (0.02)	
$Persist$		0.74*** (0.06)				0.73*** (0.06)
$Persist^2$			1.01*** (0.10)			
$Persist_1$				0.92* (0.04)		
$Persist_2$				0.84* (0.03)		
$Persist_3$				0.75*** (0.10)		
$Persist_4$				0.53*** (0.01)		

（续表）

解释变量	指数回归				威布尔回归	刚铂次回归
	(1)	(2)	(3)	(4)	(5)	(6)
控制变量	控制	控制	控制	控制	控制	控制
Industry	是	是	是	是	是	是
Year	是	是	是	是	是	是
Area	是	是	是	是	是	是
LogLikelihood	−45 031.77	−45 382.53	−45 825.69	−45 738.55	−45 556.72	−45 881.22
N	45 548	45 548	45 548	45 548	45 548	45 548
Rho 值	0.31	0.30	0.32	0.31	0.30	0.31
Rho 值似然比检验	351.36	351.48	351.02	352.63	340.20	339.12
	(0.00)	(0.00)	(0.00)	(0.00)	(0.00)	(0.00)

注：***、**和*分别表示在1%、5%和10%水平上显著；括号内为标准误；"是"表示对行业、年份和区域进行控制，反之为"否"；限于篇幅，表中并未列出控制变量的风险比率。

是合理的。对企业的内部特征变量和未观测的行业效应、年份效应与地区效应进行控制之后,持续创新虚拟变量的风险比率显著且小于1,这说明从企业动态创新维度来说,跨期的持续创新有助于释放企业的生存风险,可以延长企业在市场中的生存时间。第(2)列的估计结果验证了持续时间的增加显著降低了企业的生存风险,平均而言,每提高一个单位的持续时间可以降低的企业风险值约为37.40%。第(3)列是引入持续时间平方项后的回归结果,检验结果表明持续时间对企业生存风险的边际贡献随时间递减得并不明显,这说明持续创新可以长期带来生存风险的降低。第(4)列是引入持续时间强度四分位数分类的估计结果,估计系数的绝对值逐渐增加,进一步验证了持续创新可以长期地抑制企业风险。

这一结论和前文创新强度对生存风险抑制效应形成了鲜明对比,动态持续创新的作用效果比静态创新强度要更为平稳和持久,见表5-8。事实上,这揭示了创新活动的本质,创新活动更应该"细水长流",而非"狂风暴雨",否则创新的大额成本支出会造成企业巨大的负担,明显降低企业的创新活动对生存风险的抑制效果。

表5-8 创新的静态和动态维度对生存风险释放效果的比较

项目	静态维度	动态维度
衡量方式	创新强度	持续创新
状态变量弹性	12.40%	37.40%
强度变量弹性	28.30%	26.50%
波动性	倒"U"型	持续增加
稳健性	不稳健	稳健
总体结论	动态维度优于静态维度	

第五节 本章小结

中国企业不愿意进行创新投资是经济转轨阶段一个无法回避的事实,本书从企业的生存风险这一视角来对这一事实进行剖析,利用中国工业企业2000—2007年的统计数据,动态追踪了2000年以后进入市场的企业的生存周期,分别从静态和动态两个维度考察创新活动对企业生存风险的增量效应。结果表明:

首先，创新企业比非创新企业拥有更好的风险抵御能力，创新活动大约降低30%的失败风险，能增加企业0.84年的生存时间。每增加一单位的创新强度可以平均释放3.42%的生存风险，不过，研发强度对企业生存的抑制效应呈现非平稳的特征，当研发强度达到某一门槛后，企业风险的抑制效应开始逐渐下降。

其次，规模大和生产率高的企业进行创新活动所产生的生存增量效应更为明显，创新活动有助于缓解成立时间长的企业对企业生存风险的集聚。不过，创新行为会加速融资约束对风险的累积，具有融资限制的企业反而不应进行创新活动，这意味着创新活动对企业生存风险的影响受到内部特征因素的调节，企业内部的差异化特征会改变创新活动抑制生存风险的效果。

最后，从动态维度来说，创新持续时间显著地降低了企业的生存风险，每提高一个单位的持续时间可以降低企业的风险值约为36.55%，而且其边际贡献并没有出现明显的递减趋势，这意味着持续的创新可以长期释放企业的生存风险。这一结论扩展了企业生存决定的静态分析范式，动态维度弥补了现有生存决定文献的不足。

第六章 创新活动、产权制度与生存风险

在中国目前的知识产权保护制度下,部分企业的研发行为出现扭曲,会进行策略性研发。知识产权保护制度对创新行为差异的两类企业的生存风险的影响效应是不一样的。对策略性创新的研发企业来说,它们最关心的不是研发成果能否给企业带来超额利润,而是获得政府的回报或者一种政治关系,企业研发回报率和研发激励大小更多的受到扶持政策因素的驱动。因此,本章主要考察在现有知识产权保护制度下研发行为的扭曲如何影响企业的生存风险。

第一节 引　言

中共十八大以来,中国政府明确实施创新驱动发展战略,把科技创新摆在国家发展的核心位置,大力推进"大众创业、万众创新"等政策措施。可以说,中国经济的增长模式正面临由粗放型驱动向创新型驱动发展转变的重要机遇期,创新正逐渐成为"新常态"下中国宏观经济实现可持续发展的关键。毫无疑问,这一国家战略执行的优劣需要适当的知识产权保护制度的匹配。知识产权保护制度作为一种旨在提高创新激励水平而设立的制度,由于其需要在垄断产生的静态损失和动态收益之间取得合理平衡而引发了许多争论(尹志峰等,2013)。一直以来,中国政府所执行的是较为宽松的知识产权保护制度(张杰等,2015)。在这一制度下,大量中小制造企业通过向行业中的龙头企业实施技术模仿、知识窃取等方式来优化自身的产品结构。这种技术溢出方式被认为是近些年中国宏观经济高速增长的重要推动力(陈艳莹和鲍宗客,2012)。我们暂且不考虑这一知识产权保护政策能否改善中国的宏观经济效率。

然而,一个更为直接和现实的问题是,这一国家战略实施的微观主体——中国研发企业面临巨大的生存风险。依据鲍宗客(2016)对2000年以来进入市场的研发企业的统计显示,中国研发企业的平均生存时间仅为6.32年。其中,将

近50%的研发企业在进入市场的前4年就选择退出市场,能在市场中存活8年的研发企业不到20%,百年老店中研发企业的比例更是寥寥无几。事实上,正如一些企业家以及政府官员所反映的那样,中国研发企业的处境极为尴尬,大量研发企业"不愿"进行创新甚至"不敢"进行创新,而这一原因主要被归结于中国知识产权保护制度的缺位(史宇鹏和丁彦超,2010)。其实,研究以上现象需弄明白两个方面的问题:一方面,宽松的知识产权保护制度是否加剧了中国研发企业的生存风险以及其存在怎么样的传导机制;另一方面,严厉的知识产权保护政策是否一定能抑制研发企业的生存风险。对这些问题的回答,将有助于理清中国创新驱动国家战略需要怎么样的知识产权保护制度,以及寻找研发企业长久生存的宏观和微观组织政策,为政策制定者提供决策参考。

目前,已有文献更多地关注知识产权保护制度与创新激励之间的联系。良好的知识产权保护制度可以降低创新知识被模仿的风险,增加创新技术的专有性,有利于企业进行技术创新投入(Cohen,2010;史宇鹏和顾全林,2013;傅和杨,2009;尹志峰等,2013)。很少有文献进一步考察这一制度如何影响研发企业的生存风险。在仅有的一篇文献中,史宇鹏等(2013)使用2008年规模以上的中国制造企业数据考察了产权保护制度如何影响企业的存续时间,研究发现产权保护程度越高,该地区企业的存续时间就越长,同时这一影响结果在不同所有制企业之间存在显著差别。不过这篇文章在回归方程设计上存在一个值得商榷的问题,其将企业的存续时间直接以年限和月份数来衡量并进行静态的传统参数估计。然而理论文献表明,企业的存续问题是一个动态过程,其研究方法也表现出了特殊性,静态研究中传统的参数方法无法有效处理包含纵贯性数据的生存问题(肖兴志等,2014)。

第二节 | 中国知识产权制度

为构建创新的制度环境和市场环境,促进创新成果的大量涌现和广泛运用,建设创新型国家,2008年国务院制定《国家知识产权战略纲要》。战略纲要从五个方面来进行布局:一是完善知识产权保护制度,及时修订知识产权专门法律及有关法规;二是促进知识产权创造和运用,推动企业成为知识产权创造和运用的主体,促进自主创新成果的知识产权化、商品化、产业化,引导企业采取知识产权转让、许可、质押等方式实现知识产权的市场价值;三是加强知识产权保护,修订惩处侵犯知识产权行为的法律法规，加大司法惩处力度；四是防止知识产权滥用，合理界定知识产权的界限；五是培育知识产权文化，加强知识产权宣传，提高全社会知识产权意识。

国务院颁布的《国家知识产权战略纲要》是总体性的纲要文件，并未出台相应的指导细则。各个地方在贯彻纲要时主要围绕三点来展开：一是营造创新的制度环境和市场环境。一方面，各地政府通过颁发规范知识产权开发、申请、转让等方面的专门法规、办法等规范性文件来完善知识产权保护制度；另一方面，地方宣传部门、第三方媒体通过不同渠道对全社会进行宣传，提高全社会的知识产权意识。二是激励企业进行创新活动。政府在出台的规范性文件中明确规定，在研发活动过程中，企业的研发费用可以加计扣除所得税、研发补贴；在研发成果中，奖励在发明创造活动中作出突出贡献的发明专利、实用新型专利发明人或者外观设计专利设计人。三是惩处企业侵犯知识产权行为。政府出台规范性文件对研发成果予以保护，惩戒发生侵权行为的企业。

不可否认，地方政府对国家知识产权战略的执行会存在较大的差异，部分地区执行的是严格知识产权战略，部分地区则相对宽松。截至2017年年末，全国31个省市自治区均有相应的规范性文件出台，然而各个地区出台的规范性文件无论在文件类型上还是在数量上均存在较大的差异。

第一，各地区贯彻落实战略及时性存在差异。2008年，国务院颁布《国家知识产权战略纲要》后，部分地区第一时间宣布贯彻实施本地区知识产权战略，如江苏2009年发布《江苏省知识产权战略纲要》、浙江2009年印发《浙江省贯彻国家知识产权战略纲要实施意见》、北京2009年发布《关于首都实施知识产权战略的意见》，部分地区在2010年发布实施贯彻知识产权战略，如新疆2010年发布《新疆维吾尔自治区知识产权战略纲要》、甘肃2010年发布《甘肃省知识产权战略纲要》，少部分地区并没有发布贯彻实施知识产权战略的相关文件。

第二，各个地区出台的规范性文件类型不同。一般来说，规范性文件包括两大类：一类是纲要和意见类，即各个地区实施知识产权战略的规划和计划，属于总体性方针。例如，北京2009年发布《关于首都实施知识产权战略的意见》、上海2011年制定《上海知识产权战略纲要（2011—2020）》、黑龙江2013年颁布的《黑龙江知识产权战略实施推进计划》。另一类是细则类法规，是各个地区如何实施知识产权保护战略的具体办法和措施，属于操作性规范。例如，2011年四川省出台的《四川省专利保护条例》、2016年山东出台的《山东省专利纠纷处理和协调办法》。

第三,各个地方出台的地方性法规数量存在较大的差异,表6-1报告了三个较有代表性地区出台的规范性文件。可以发现,从2009年开始,北京出台了10多个意见和细则类规范文件,是贯彻知识产权保护战略最好的地区之一,新疆出台的规范性文件数量适中,近10年出台了5个规范性文件,西藏的知识产权保护战略起步最晚,从2016年才开始落实知识产权保护工作,到目前为止仅出台了2个规范性文件,是出台相关法规数量最少的地区。

表6-1 代表性地区实施知识产权战略的规范性文件

地区	年份	规范性文件
北京	2009	《关于首都实施知识产权战略的意见》
	2014	《首都知识产权服务业发展规划》
	2015	《加快发展首都知识产权服务业的实施意见》
	2015	《深入实施首都知识产权战略行动计划》
	2015	《北京市关于加强知识产权纠纷多元调解工作的意见》
	2016	《关于加快知识产权首善之区建设的实施意见》
	2017	《北京市举报假冒专利行为奖励办法》
	2017	《北京市专利资助金管理办法实施细则》
	2017	《北京市促进知识产权服务业发展行动计划(2018—2020年)》
新疆	2010	《新疆维吾尔自治区知识产权战略纲要》
	2012	《新疆维吾尔自治区专利促进与保护条例》
	2012	《新疆维吾尔自治区专利申请资助专项资金管理办法》
	2012	《自治区知识产权(专利)"十三五"规划》
	2017	《2017年新疆知识产权战略实施推进计划》
西藏	2016	《西藏自治区人民政府关于加强知识产权工作的若干意见》
	2017	《西藏自治区专利资助办法》

数据来源:根据已有文件整理。

表6-2报告了2016年各省市自治区知识产权战略的执行情况。知识产权保护指数(IPR)来源于中国知识产权发展状况评价报告。这一指数由知识产权的创造、运用、保护和环境4个一级指标以及11个二级指标、52个三级指标构成,测度中国各个省、自治区和直辖市知识产权战略实施的程度及其排名。这一评价体系和测算结果是目前中国政府唯一衡量知识产权战略实施情况的数据。

我们可以发现以下两个典型事实：一是地区知识产权发展极不平衡。我们可以根据知识产权指数将31个地区划分为三个梯队，第一梯队是知识产权指数高于80％的地区，包括广东、北京、上海、江苏和浙江；第二梯队是知识产权保护在60％~80％的地区，包括山东、安徽、福建、四川、湖北、辽宁、天津、陕西、河南、重庆、湖南和云南；第三梯队是知识产权保护指数低于60％的地区，包括河北、黑龙江、广西、江西、甘肃、吉林、新疆、山西、内蒙古、宁夏、湖南、青海和西藏。知识产权指数最高的地区（广东）是指数最低地区（西藏）的两倍之多，说明各个地区在知识产权战略的执行上存在极大的不平衡。二是各个地区在具体战略的执行上各有侧重。例如，浙江的行政保护强度是高的，在专利保护指数、商标保护指数、海关行政保护均处于领先的水平，而在产权保护环境上只位于第5名，特别是在知识产权法规规章量得分上排名较低，只位于第11位。

表6-2　2016年各省市自治区知识产权战略执行概况

地区	综合指数	排名	司法保护强度①	排名	行政保护强度②	排名	产权保护环境③	排名
广东	87.63％	1	87.5％	1	86.45％	2	92.82％	2
北京	85.04％	2	69.25％	7	74.58％	7	89.93％	3
上海	84.56％	3	73.7％	6	75.32％	6	93.34％	1
江苏	81.71％	4	79.64％	2	82.98％	3	85.15％	6
浙江	80.1％	5	77.68％	3	87.15％	1	87.13％	5
山东	78.17％	6	75.51％	5	76.50％	5	88.94％	4
安徽	72.21％	7	69.01％	8	72.78％	9	80.74％	7
福建	71.47％	8	77.34％	4	78.43％	4	72.78％	14

① 司法保护程度的衡量由8个指标构成：法院新收知识产权一审案件量、法院审结知识产权一审案件量、法院知识产权平均结案率、法院知识产权案件平均赔偿额、检察机关批准逮捕涉及侵犯知识产权犯罪案件数、检察机关批准逮捕涉及侵犯知识产权犯罪人数、提起公诉的涉及侵犯知识产权犯罪案件数、提起公诉的涉及侵犯知识产权犯罪人数。
② 行政保护强度的衡量由专利行政保护指数、商标行政保护指数、版权行政保护指数、知识产权海关行政保护指数构成。
③ 产权保护环境的衡量由知识产权法规规章量、知识产权战略规划量、知识产权服务机构数量、知识产权服务业人员数量构成。

(续表)

地区	综合指数	排名	司法保护强度	排名	行政保护强度	排名	产权保护环境	排名
四川	71.4%	9	65.54%	10	64.75%	14	77.57%	11
湖北	70.82%	10	68.91%	9	73.40%	8	78.65%	9
辽宁	67.35%	11	54.87%	15	60.98%	20	78.85%	8
天津	67.02%	12	49.95%	20	65.09%	13	72.93%	12
陕西	65.75%	13	50.05%	19	62.92%	17	72.88%	13
河南	65.02%	14	65.06%	11	68.50%	11	78.08%	10
重庆	65%	15	60.37%	13	66.59%	12	70.54%	17
湖南	64.9%	16	62.84%	12	63.94%	15	72.54%	15
云南	60.77%	17	52.52%	17	60.41%	22	71.1%	16
河北	59.25%	18	58.13%	14	68.95%	10	61.07%	25
黑龙江	58.3%	19	48.67%	21	59.08%	24	65.73%	19
贵州	57.31%	20	48.56%	23	60.77%	21	60.90%	26
广西	56.81%	21	48.57%	22	62.98%	16	65.32%	21
江西	56.55%	22	52.95%	16	61.76%	18	63.16%	23
甘肃	56.35%	23	45.77%	27	58.83%	25	64.69%	22
吉林	56.2%	24	47.79%	24	56.07%	27	61.88%	24
新疆	55.23%	25	47.39%	25	61.59%	19	69.63%	18
山西	53.18%	26	50.6%	18	55.22%	28	54.36%	29
内蒙古	53.17%	27	46.22%	26	59.33%	23	65.63%	20
宁夏	50.86%	28	43.06%	30	52.31%	29	56.74%	27
海南	49.68%	29	45.32%	28	57.46%	26	42.93%	30
青海	48.77%	30	44.27%	29	41.40%	30	55.78%	28
西藏	44.65%	31	42.79%	31	40.61%	31	40.57%	31

第三节 研究假说

作为一种旨在激励知识生产的制度安排,知识产权保护制度设计的合理性一直是政策制定者和理论界重点关注的问题。早在20世纪60年代,Nordhaus(1969)通过规范研究提出了"专利保护制度基本权衡"的思想。他认为一个国家最理想的知识产权保护制度的安排应该是在产权垄断的福利损失和技术溢出的社会收益之间寻找一个均衡点。就微观层面来说,严厉的知识产权保护制度能够保护研发企业技术专利的独占性,可以增加研发企业的研发效益,这一过程会激励企业将更多的资金投入到技术创新活动中,能够鼓励新知识的生产;就宏观层面来说,严厉的知识产权保护制度将会阻碍企业间的技术溢出,降低企业间相互学习、模仿技术专利的可能性,这会抑制宏观经济效率的改善,带来社会福利的损失。

随后,这一权衡思想得到进一步的扩展并形成了两个重要的研究分支:其一是发达国家和发展中国家各自的最优知识产权保护水平(Allred和Park,2007;郭春野和庄子银,2012;陈凤仙和王琛伟,2015);其二是知识产权保护对企业创新激励的研究(Fu和Yang,2009;刘思明等,2015;Kim等,2012;李春涛等,2015)。这些理论逐渐成为宏观层面上一个国家制定知识产权保护政策的重要依据。

企业的生存风险问题一直是产业组织领域的核心命题(史宇鹏等,2013;Che等,2011;于娇等,2016)。对研发企业生存风险的研究,已有文献并没有得出一致的结论:一种是基于早期传统产业组织理论的观点,这一理论将研发活动视为一项投资,认为研发投资往往存在很大的不确定性,产品研发成功固然可以给企业带来超额收益,但是研发失败对企业来说可能就是毁灭性的打击。所以,研发企业的生存风险是较高的。另一种是基于产业演进的观点,该观点认为创新是行业的破坏性力量,创新企业能够引领行业的演化方向,而不创新的企业由于生产率达不到留在市场所必需的最低生产率水平而逐渐退出市场。相对于非创新企业来说,创新企业的生存时间就更长(Fontana和Nesta,2010;Buddelmeyer等,2010;鲍宗客,2016)。Cefis和Marsili(2005)表明研发成功的企业比一般企业存在明显的生存优势,估算结果显示这类企业大约能够延长11%的生存寿命。鲍宗客(2016a)从静态和动态两个维度检验了创新活动对企业生存风险的影响机制,研究发现创新强度对企业生存风险的抑制效应呈现非平稳的特征,而持续创新能够长期、显著地降低企业的生存风险。鲍宗客(2016b)通过倾向得分匹配法考察了创新活动对中国企业生存风险的抑制效应,创新活动大约能释放 12% 的生存风险,同时企业内部的差异化特征会改变创新活动抑制生存风险的效果。相类似的文献还有 Buddelmeyer 等(2010)、陈阵和王雪(2014)、肖兴志等(2014)、Esteve 和 Manez(2008)等。

虽然现有文献还没有考察知识产权保护与研发企业生存风险之间的联系,但是综合上述两方面的文献不难发现,知识产权保护程度与研发企业的生存风险存在一定的逻辑关系。一般来说,研发企业的生存风险主要表现在两个方面:研发企业的研发活动能否顺利转化为研发成果以及研发企业的研发成果能否得到合理的回报。知识产权保护制度的实施,将提高创新技术的独占性,降低创新技术被其他企业剽窃和侵权的可能性,或者在发生了剽窃事件后能够获得相应的赔偿。这种独占性可以给研发企业带来长期垄断收益,增加研发企业的回报率。进一步来讲,研发回报率的增加也会反过来提高企业创新的事前激励,能够促使企业投入更多的创新资金,企业的研发过程就不会半途而废,研发活动转换为研发成果的概率也会增加。一旦研发成果能够顺利转化并能够得到合理的回报,研发企业的生存风险就会明显地低于一般企业。这一影响机理可以解释知识产权保护与研发企业生存风险之间的总体逻辑关系。

然而在中国经济转轨背景下,部分中国研发企业的研发行为出现一定程度的扭曲。一方面,自 2003 年以来,中国产业政策对微观经济主体的干预逐渐加强(黎文靖和郑曼妮,2016;江飞涛和李晓萍,2010)。特别是近 10 年来中国颁布了一系列的法律法规来引导和扶持企业进行研发活动和技术创新。中国政府通过价格补贴、出口奖励以及经营亏损等"事后保护"政策来扶持企业创新(黄先海和陈勇,2003)。事实上也正是因为这些事后的扶持政策,政府和企业之间产生严重的信息不对称,可能出现典型的不完全信息动态博弈,企业会向政府发送虚假的创新信号以获取政策扶持(安同良等,2009),甚至经济中会充满寻租活动(Dosi 等,2006;毛其淋和许家云,2015)。另一方面,基于市场竞争的因素,部分研发企业将研发投入作为恐吓、驱逐竞争对手的工具,研发投入被当作是企业间的一种"军备竞赛"或者相互间博弈的均衡结果。但实际上,有些科技企业将产品专利作为武器或者作为竞争对手进入市场的门槛,与竞争对手进行商业对抗,迫使竞争对手无法进入这个技术领域或者市场。这样一来,有些研发企业进行研发活动并不是出于产品创新的目的而进行的实质性创新,其研发行为就会出现一定的扭曲,这种研发行为的扭曲对技术创新来说是低效率,属于策略性创新范畴(黎文靖和郑曼妮,2016)。

显然,知识产权保护制度对这两类研发企业的影响程度是不一样的。对实质性创新企业来说,正如前文所论述,知识产权保护制度会通过研发回报率和研发激励来降低研发企业的生存风险。对处于宽松知识产权保护制度下的中国研发企业而言,由于创新溢价率普遍偏低,基于产品创新需求而投入的研发普遍被认为是不明智的,正如张其佐在博鳌亚洲论坛2014年年会上所描述的,中国研发企业"不愿"甚至"不敢"进行创新。研发企业普遍将这类成本当作一种沉没成本,企业在这类研发中投入的资金越多,企业的负担就会越大,研发企业的生存风险就会加剧。对于策略性创新的研发企业来说,它们最关心的不是研发成果能否给企业带来超额利润,而是能否获得政府的回报或者政策支持,企业研发回报率和研发激励大小更多的是受到扶持政策因素的驱动。知识产权保护政策对策略性创新研发企业的影响应当相对有限。

综合上面的分析,我们形成如下假说:一是中国现有的知识产权保护制度会加剧中国研发企业的生存风险,严厉的知识产权保护制度会降低研发企业的生存风险,其内在的传导机制是通过研发收益的传导来降低生存风险;二是相对于策略性创新研发企业来说,知识产权保护制度对实质性创新企业的生存风险影响效应更大。

第四节 │ 研 究 设 计

我们参考于娇等(2015)和鲍宗客(2016)的做法,选取两大类指标作为相关协变量。由此,我们把计量模型具体化为如下的形式:

$$\ln h(t, X) = \ln h_0(t) + \beta_1 Property_i + \sum Cov\, ariant\beta \qquad (6.1)$$

其中,$Property$ 表示知识产权保护程度。现有研究在知识产权保护程度的衡量上形成了两种不同的思路:

一种是在跨国的样本研究中,通过构建 G-P 指数来测度一个国家的知识产权保护水平(尹志峰等,2013;刘明思等,2013;Ginarte 和 Park,1997)。G-P 指数从产权保护范围、保护年限、侵权赔偿的程度、侵权执行的速度和是否是国际专利组织成员 5 个指标来测度一个国家的知识产权保护程度。G-P 指数值为这

5个指标得分之和,大小为[0,5],得分越高意味着国家的知识产权保护程度越高。不过已有文献指出,G-P 指数存在一定的局限性,其主要从立法的角度来进行测度,一般适用于立法和执法同步的司法制度比较健全的发达国家,但是对司法体系不健全的转型中的国家,其执法滞后于立法,利用 G-P 指数可能会高估知识产权保护的实际水平。在 G-P 指数的基础之上,韩玉雄和李怀祖(2005)引入执法力度指标将 G-P 指数进行修正,执法力度指标由社会法制化程度、法律体系完备程度、经济发展水平以及国际社会的监督与制衡 4 个方面构成。类似的研究还有沈国兵和刘佳(2009)、Shen(2010)、Hu 和 Png(2010)、刘思明等(2013)。

另外一种是使用已有类似指标作为替代变量,如使用樊纲等(2011)的知识产权保护指数(张杰等,2015;毛其淋和许家云,2015),或者使用专利侵权数据(史宇鹏和顾全林,2013)。这种衡量方式的优点是数据取得方便,基本上不用进行二次计算便可以直接使用,不过也可能造成衡量时存在偏差导致估计结果出现问题。鉴于此,我们借鉴韩玉雄和李怀祖(2005)与刘思明等(2013)方法来构建修正的 G-P 指数来衡量知识产权保护程度。

$Covariant$ 表示相关协变量集合。为提高生存估计的准确性,参考毛其淋和许家云(2015)、于娇等(2015)、张杰等(2015)和鲍宗客(2016)等的方法,我们引入以下两种类型指标作为相关协变量。

(1)企业内部因素指标。一是企业融资状况($Finance$)。企业融资成本以及融资及时性是一个研发企业能否对研发项目进行持续性投入的关键。逯宇铎等(2014)认为融资能力越强的研发企业,其生存寿命也会越长。借鉴 Chen 和 Guariglia(2013)的做法,以企业的净营运资本占总资产的比例来衡量研发企业的融资状况。二是企业规模($Size$)。一般来说,规模大的企业,其各职能部门都比较完善,风险控制的能力也比较强,企业在市场中的生存风险较低。我们以企业全部从业人员数量的对数来衡量。三是全要素生产率(TFP),Pakes 和 Ericson(1998)指出,在产业演化过程中,企业通过生产率的高低对停留在市场还是退出市场进行自选择,企业退出市场选择是异质生产率之间的挤出效应。参考鲍宗客(2016)、毛其淋和盛斌(2013)等的做法采用 Olley 和 Pakes(1996)的方法估算全要素生产率。四是企业出口状况($Exit$)。于娇等(2015)发现虽然出口行为可以延长企业的存续时间,但过度依赖出口同样也会造成负面影响,企业的生存时间反而会出现下降。鉴于此,我们引入研发企业出口强度以及出口强度平方项来反映这一问题,以企业出口金额占销售量的比例来衡量出口强度。

(2) 企业外部因素指标。一是产业特征(*Industrial*)。一方面,中国政府的研发扶持政策在不同行业存在较大的差异,对新兴战略产业的扶持政策无疑是最大的(张杰等,2015);另一方面,产业技术特征不同,不同企业的研发激励也存在很大的差异。这两方面的差异都会对研发企业的生存造成一定的影响。鉴于此,我们引入行业技术密集度(*Capital*)来控制研发行业间所存在的产业技术特征差异,以行业的本科以上学历从业人员占总从业人数的比例来衡量。二是地区虚拟变量(*Region*),用以控制各个地方市场需求的差异和地方政府对研发企业扶持程度的不同而导致的研发企业生存风险的差异。引入两个虚拟变量,中部地区(*Middle*)和东部地区(*East*)来衡量这一地区差异,将中国 31 省市自治区划分为东部、中部和西部三个区域,东部地区包括上海、浙江、江苏、北京、辽宁、吉林、黑龙江、山东、江苏、福建、天津和广东共 12 个地区,中部地区包括河北、河南、江西、湖北、湖南、海南、重庆、四川、山西共 9 个地区,西部地区包括内蒙古、青海、甘肃、广西、云南、贵州、西藏、新疆、陕西和宁夏共 10 个地区。

对 Cox 风险模型,理论上一般采用偏似然估计进行求解(Fontana 和 Nesta,2009)。为得到准确的偏似然回归,在采用 Cox 风险模型时需要注意两个方面的问题:一方面,Cox 风险模型需要处理好"捆绑"事件。Cox 风险模型与样本中个体事件发生的次序相关,如果在同一年份中多个个体均发生"退出"事件,那么 Cox 风险模型在模拟生存风险概率时可能会发生偏差。与国外文献类似,我们的处理方式是旨在弱化"捆绑"事件发生顺序的作用。我们通过模糊离散过程构建总体样本的时间风险曲线,由此近似模拟某一时间段"退出"事件发生的可能性大小。另一方面,Cox 风险模型比例风险假设是否正确,也即知识产权保护程度对研发企业生存风险的影响不随时间的变化而变化。一旦比例风险假设得不到满足,Cox 风险模型的设定形式便需要进一步调整。我们使用 PH 假设检验来验证 Cox 风险模型设定,检验步骤为:一是计算协变量的舍恩菲尔德残差;二是将具有完全观测周期的个体以生存时间进行排序,并生成新的秩次变量,相同的生存时间以相同的秩次反映;三是检验舍恩菲尔德残差与秩次变量之间的相关性,如果舍恩菲尔德残差与秩次变量不存在相关性,则表示事件史数据结构满足比例风险假设,我们可以使用 Cox 风险模型来进行估计。我们在 Stata 中调用 Phreg 和 Rank 程序发现,变量融资状况和企业规模的舍恩菲尔德残差与秩次变量之间的相关系数分别为 0.3732 和 0.1305,P 值分别为 0.0013 和 0.0456,表明融资状况和企业规模不符合比例风险假设。其他变量的检验结果为符合比例风险假设。

如果相关协变量的比例风险假设不成立,Cox 风险模型的设定需要进行适当的修正。我们在 Cox 风险模型的基础之上构建了非比例风险的 Cox 模型。在非比例风险的前提下,协变量的估计系数是样本研究期间的加权平均值。目前,非比例风险的 Cox 模型主要有两种形式,分层控制模型和时间依存变量模型。分层控制模型是将不满足比例风险假设的协变量进行分组,将非比例风险转换为阶段的比例风险从而实现修正,分层控制模型最大的缺点在于需要将不满足比例风险假设的协变量剔除出待估计的模型中。在我们的研究中,存在两个相关协变量不满足比例风险假设,若按照两个变量进行分层,将会出现四个分组,这会给模型的估计带来额外的负担。

由此,我们摒弃分层控制模型而选择时间依存变量模型。时间依存变量模型假定模型中存在依时间变化的协变量,为反映这一特征,我们将模型中不满足比例风险假设的协变量与时间趋势项进行交互,将每一年协变量的估计系数进行加权平均,得到协变量影响生存风险的平均强度。运用时间依存变量模型时,计量模型就在方程(6.1)的基础之上修改为如下形式:

$$\ln h(t, X) = \ln h_0(t) + \beta_1 Property_i + \beta_2 Finance_i \times Time \\ + \beta_3 Size \times Time + \beta_4 TFP + \beta_5 Exit \\ + \beta_6 Capital + \beta_7 East + \beta_8 Middle \quad (6.2)$$

主要变量的描述性统计如表 6-3 所示。

表 6-3 主要变量的描述性统计

变量名称	符号	均值	最小值	最大值	标准差
知识产权保护程度	$Property$	2.015	1.032	3.882	0.583
企业融资状况	$Finance$	0.153	0.000	0.873	0.215
企业规模	$Size$	7.229	3.916	10.612	1.041
全要素生产率	TFP	300.27	15.27	4 653.81	43.23
企业出口状况	$Exit$	0.0048	0.000	1.000	0.129
行业资本密集度	$Capital$	0.067	0.000	1.000	0.215
生存时间	$Time$	5.61	1	8	0.872

第五节 | 估 计 结 果

一、知识产权保护程度与研发企业生存风险估计结果

表6-4报告了知识产权保护程度与研发企业生存风险的时间依存Cox模型估计结果。需要说明的是，表中估计系数所反映的是每变化一个单位的协变量，对研发企业生存风险的影响为系数的自然对数个单位。表中风险比率则是估计系数的e次方，反映的是每变化一个单位的协变量，研发企业生存风险与变化前的比值。风险比率大于1意味着协变量会增加研发企业的生存风险，风险比率小于1则意味着协变量会降低研发企业的生存风险。

表6-4第(1)列和第(2)列的估计结果显示，知识产权保护程度与中国研发企业的生存风险显著负相关，显著性水平为5%。平均而言，每增加一个单位的知识产权保护水平可以降低研发企业22.57%左右的生存风险。与这一结论唯一具有可比性的是，史宇鹏等(2013)认为严厉的产权保护能够延长企业的生存时间。对企业进行产权保护的核心作用在于降低企业被他人或政府掠夺的风险，能够激励企业从长期利益最大化的角度制定经营策略，进而延长其存续时间。对研发企业来说，研发技术是企业的核心资源，产权保护的直接目的是保护研发技术的独占性，其他企业想要低成本地获取研发技术就会变得困难。这一过程会逐渐增加研发企业的研发收益，抑制研发企业在市场中的生存风险。因此，严厉的知识产权保护制度会降低研发企业的生存风险。

我们通过一个中介效应模型来验证这一传导机制，将研发收益定义为企业销售利润率中新产品收入所占的比值($PProfit$)，计算公式为研发收益=销售利润率×新产品收入÷营业收入，销售利润率为营业利润与销售收入的比值。表6-4第(3)列和第(4)列验证了这一潜在传导机制的存在。第(3)列的估计结果表明知识产权保护制度能够导致研发企业研发的收益增加。而将研发收益作为协变量添加到方程(6.2)的模型中，如第(4)列所示，知识产权保护制度的估计系数在5%的显著性水平下变得不显著，这说明在研发企业中，研发收益是知识产权保护和生存风险之间的完全中介因子，知识产权保护制度对研发企业生存风险的影响机制是由这一制度所带来的研发企业的收益所主导的，研发收益率低所造成的研发企业"不愿"创新可能是中国研发企业生存风险高的症结所在。

表 6-4 知识产权保护与研发企业生存风险的时间依存 Cox 模型估计结果

解释变量	全部样本		研发收益	生存风险	剔除僵尸企业样本	
	(1) 系数	(2) 风险比率	(3) 系数	(4) 系数	(5) 系数	(6) 风险比率
$Property$	−0.26* (0.13)	0.77	0.10*** (0.03)	−0.14 (0.05)	−0.33*** (0.03)	0.72
$PProfit$				0.05*** (0.01)		
$Finance*time$	−0.07** (0.03)	0.94	1.36*** (0.16)	−0.06** (0.03)	−0.06** (0.03)	0.94
$Size*time$	−0.38*** (0.10)	0.68	0.45*** (0.04)	−0.28*** (0.10)	−0.39*** (0.10)	0.67
TFP	−0.35*** (0.18)	0.71	0.14 (0.02)	−0.27*** (0.20)	−0.38*** (0.20)	0.69
$Exit$	0.06 (0.07)	1.06	0.32*** (0.29)	0.09 (0.09)	0.08 (0.09)	1.08
$Exit^2$	−0.03 (0.03)	0.98	0.83* (0.02)	−0.02 (0.03)	−0.02 (0.03)	0.98

(续表)

解释变量	全部样本				剔除僵尸企业样本	
	(1) 系数	(2) 风险比率	(3) 研发收益 系数	(4) 生存风险 系数	(5) 系数	(6) 风险比率
$Capital$	0.04 (0.11)	1.04	0.54*** (0.10)	0.04 (0.11)	0.04 (0.11)	1.04
C	−0.05*** (0.10)	0.95	11.43*** (0.19)	−0.07*** (0.09)	−0.07*** (0.09)	0.93
$East$	−0.05* (0.06)	0.95	0.08 (0.06)	−0.05* (0.06)	−0.04* (0.05)	0.96
$Middle$	−0.03* (0.07)	0.97	0.06* (0.02)	−0.03* (0.07)	−0.04* (0.07)	0.96
LogLikelihood	−750.32			−735.89	−714.73	
N	2 332	2 332	2 332	2 332	2 094	2 094

注:***、**和*分别表示在1%、5%和10%水平上显著;括号内为标准误差;第(2)列和第(6)列报告是风险比率;N表示企业数量。

从目前中国的实际情况来看,国有研发企业占据了很大一部分比例,但国有研发企业的退出机制并不完善,企业退出的选择不是基于市场的原因,更多的是受到行政力量的支配。因此,我们可以看到在市场中,部分连年亏损的僵尸企业仍然存活在市场中。也就是说,这些僵尸企业的存在可能会对我们的经验估计产生一定程度的干扰。因此,我们剔除掉 238 个在样本观测期间连续亏损的僵尸企业然后进行重新估计,估计结果如表 6-4 第(5)列和第(6)列所示。对比总体的估计结果可以发现,剔除了行政因素对研发企业生存的干扰之后,无论是边际效应还是显著性水平都出现一定幅度的增加,每降低一个单位的知识产权保护水平可以增加研发企业 28.33% 的生存风险,而且通过了 1% 的显著性检验。这一影响效应排在所有协变量的第三位,仅次于企业规模和全要素生产率对研发企业生存风险的影响。这一结论说明中国宽松的知识产权保护制度是当前研发企业生存风险较高的重要因素。

这一结论所隐含的政策内涵是,中国政府若想降低研发企业的生存风险或者延长研发企业的生存时间,市场需要严厉的知识产权保护制度的协调,监管部门应当保护研发企业的技术独占性。毫无疑问,目前中国政府所执行的知识产权保护政策是极为宽松的(张杰等,2015)。对处于市场化转轨的发展中国家来说,大量的文献也证实宽松的知识产权保护制度能够改善宏观经济效率。然而,研发企业是中国创新驱动发展战略的实施主体,是中国产业结构能否完成升级的关键。知识产权保护政策的制定同样应当考虑研发企业的生存状况,即中国知识产权政策的制定应当在宏观经济效率和微观企业生存之间寻求平衡,施行适合中国实际的知识产权制度。

我们简要梳理下协变量的估计结果,在所有协变量中,变量 $Size$ 的风险比率最低,意味着企业规模是影响研发企业生存风险的最关键因素,规模越大,研发企业的生存风险越低,其边际弹性达到 31.86%。变量 TFP 的风险比率排在第二位,边际弹性为 29.31%。生产率越高的研发企业生存风险越低,这符合一般的逻辑。企业融资状况的风险比率同样小于 1 而且通过 5% 的显著性检验,表明市场给研发企业提供融资便利能够降低研发企业的生存风险。需要注意的是,出口行为并没有和研发企业生存风险存在显著的线性关系,也没有与生存风险呈现倒"U"型的关系,这与已有文献的结论存在差异(Tsvetkova 等,2014)。行业技术密集度与研发企业生存风险的关系同样不显著,这可能是因为与研发企业存在"寻补贴"相关。从不同地区来说,东部地区研发企业的生存风险是最低的,其次是中部,最后是西部。

二、实质性创新企业和策略性创新企业的分类估计

前文的研究表明,目前中国较为宽松的知识产权保护制度增加了研发企业在市场中的生存风险,而其中的关键在于知识产权保护制度宽松引起的研发收益率难以满足研发企业的预期。接下来我们进一步探讨,在中国的产业政策下如果研发企业的研发行为出现扭曲,则知识产权保护制度对研发企业的生存风险将如何变化。

由于研发周期的差异,要想确定一个研发企业的研发投入是属于实质性创新研发还是策略性创新研发存在较大的难度。大多数文献还停留在测度中国研发企业的整体研发效率上,这些文献均支持中国研发企业的研发效率较低(史欣向和梁彤缨,2013;刘和东,2011;傅晓霞,2011)。少部分文献讨论了研发企业的研发行为存在"寻补贴"以及"寻租"的动机(毛其淋和许家云,2015),在仅有的一篇文献中,黎文靖和郑曼妮(2016)将中国企业的创新类型划分为实质性创新和策略性创新,他们在实证研究中将发明专利和非发明专利的申请数量分别作为企业实质性创新和策略性创新的替代变量。

由于样本观测值的不同,我们的做法与黎文靖和郑曼妮(2016)的方法稍有差别。事实上,实质性创新研发是以企业的产品创新为目的的,是将研发投入转换为企业的新产品,而策略性创新是以获取其他利益或者竞争优势为目的,这类企业的研发目的更多的是将研发投入转化为技术秘密或者专利产品。因此,我们将实质性创新研发界定为研发企业的研发投入转化为新产品的能力。策略性创新研发界定为研发企业的研发投入转化为专利产品,并没有形成企业的创新产品,这种研发可以归属为非效率研发。由于工业企业数据库并没有报告每一个企业获得专利的数据,我们对 2000 年进入市场的 2 332 家研发企业申请专利的数据通过国家专利局专利数据库进行手动搜集,以研发企业的中文名字进行匹配。考虑到研发投入数据和专利数据存在一定的滞后期,我们将研发企业的专利数据延后至 2010 年。研发企业的研发数据和新产品产值数据可以通过工业企业数据库获得。由此,我们得到实质性创新研发企业 1 327 个,策略性创新研发企业 326 个。需要说明的是,我们忽略了一种情形,研发企业的研发投入既没有形成专利产品也没有转化为新产品的情形,我们对这类研发企业的 679 个数据予以剔除。

表 6-5 报告了知识产权保护制度对这两类研发企业生存风险的时间依存 Cox 模型估计结果。第(1)和第(2)列报告了实质性创新研发企业的估计结果。

我们可以发现,对实质性创新研发企业来说,知识产权保护变量的风险比率显著小于1,知识产权保护制度可以降低实质性创新企业的生存风险。需要指出的是,相对于总体估计结果来说,实质性创新企业生存风险无论是在风险比率还是在显著性水平上都要优于总体样本和非国有企业样本的估计结果。这说明知识产权保护制度对实质性创新企业生存风险的影响效果是最强的。而从策略性创新研发企业的估计结果来说,如第(3)和第(4)列所示,虽然知识产权保护变量的风险比率小于1,但是没有通过显著性检验。这说明知识产权保护制度对无效率创新企业生存风险的影响程度很小。

表 6-5 知识产权保护与研发企业生存风险的时间依存 Cox 模型估计结果

解释变量	产品需求创新		竞争策略创新	
	(1)	(2)	(3)	(4)
	系数	风险比率	系数	风险比率
$Property$	-0.40^{***} (0.11)	0.67	0.12 (0.13)	0.89
$Finance^*time$	-0.06^{**} (0.06)	0.94	0.07^{**} (0.05)	0.93
$Size^*time$	-0.43^{***} (0.13)	0.65	0.38^{***} (0.14)	0.69
TFP	-0.38^{***} (0.16)	0.69	-0.38^{***} (0.12)	0.68
$Exit$	0.04 (0.01)	1.04	0.07 (0.01)	1.07
$Exit^2$	-0.03^{*} (0.09)	0.97	-0.02^{*} (0.09)	0.98
$Capital$	0.04 (0.10)	1.04	0.02 (0.10)	1.02

(续表)

解释变量	产品需求创新		竞争策略创新	
	(1)	(2)	(3)	(4)
	系数	风险比率	系数	风险比率
C	−0.07***	0.93	−0.06***	0.94
	(0.06)		(0.06)	
$East$	−0.09*	0.92	−0.06*	0.94
	(0.05)		(0.04)	
$Middle$	−0.04*	0.96	−0.02	0.98
	(0.07)		(0.07)	
$Log Likelihood$	−836.51		−721.87	
N	1 327	1 327	326	326

注：***、**和*分别表示在1%、5%和10%水平上显著,括号内为标准误;第(2)列和第(4)列报告是风险比率;N表示企业数量。

其中隐含的逻辑是,知识产权保护制度保护了研发企业产品专利的独占权,让研发企业享受研发的收益,而研发企业为了获取更多收入补贴、政治关系或者专利战的工具,容易盲目追求这种"研发博弈"。事实上,这种研发行为的扭曲对企业的现金流是一个不小的冲击,一旦短期内融资成本上升,企业的生存风险就会增加。一方面,知识产权保护制度通过专利独占性降低了这类研发企业生存风险;另一方面,这类研发企业专利的军备竞赛使企业的生存风险增加,这两个相反的作用可能是策略性创新研发企业的生存风险对知识产权保护制度反应不敏感的原因。

总的来说,知识产权保护制度对两类研发企业生存风险的影响效果是存在明显差异的。知识产权保护制度对实质性创新企业生存风险的影响效应要明显大于策略性创新企业。中国创新驱动发展战略的初衷应是引导研发企业将更多的研发资金投入到产品创新当中,而不是鼓励研发企业扭曲研发行为,将研发资金作为专利战争的工具,更不是将企业的研发活动作为寻求国家补贴、税收优惠甚至是寻租的手段。不可否认,中国研发企业研发行为扭曲的比例并不小,这类研发企业的存在会严重地干扰中国执行严厉知识产权保护政策的效果。那么这一结论所隐含的政策内涵是,在目前的产业政策背景下,中国执行宽松的知识产权保护政策有其合理的一面。如果中国执行严厉的知识产权保护政策,那么中国政府首先要纠正研发企业在研发行为上的扭曲,否则知识产权保护制度这一政策在执行过程中可能既丢了西瓜,也捡不到芝麻。

第六节 | 稳健性检验

一、模型拟合度评价

我们所考察的问题是知识产权保护制度对中国研发企业生存风险的影响效应。众所周知,知识产权保护制度是由中国政府制定并实施的,对研发企业来说有一个适应的过程。我们的模型不存在传统计量模型所担忧的内生性问题,不过对于事件史分析方法,我们需要评价所选择的依时间变化 Cox 模型的拟合程度。由于我们已经通过锁定特定进入时间来排除左归并问题,则 Cox 模型对久期数据拟合好坏的关键在于偏似然估计对右归并问题模拟的准确性。我们选择 Cox-Snell 残差判断模型的拟合效果。Cox-Snell 残差是生物领域基于数据归并问题所提出的检验工具,其假定个体观测值在样本截取时间点上均未存活或者已经死亡,这样就可以通过 OLS 法将风险函数估计出来。如果 Cox 模型选择适当,风险函数所计算出来的 Cox-Snell 残差值应完全属于样本中发生归并问题的个体,符合(1,1)的指数分布,取值范围为 $[0, +\infty)$。

我们可以通过 Cox-Snell 残差的分布来判断 Cox 模型拟合度的好坏。具体包括以下几个步骤:一是计算 Cox-Snell 残差的序列,其计算方程为 $\gamma_i = \hat{\lambda}_0(t)e^{\sum_{i=1}^{n}\hat{\beta}_i x_i}$,并将计算出来的残差序列作为时间变量来拟合新的风险函数;二是用新的风险函数估计协变量的参数,并做新风险函数对 Cox-Snell 的残差图,若大致上符合(1,1)的指数分布,那么,Cox 模型的拟合度是较好的。基于以上两个步骤,我们绘制了全部样本的 Cox-Snell 残差图,发现残差分布并没有大幅度的偏离期望分布曲线,这说明我们使用 Cox 模型的拟合程度是较高的,所得到的结论较为可信。

二、稳健性检验

在事件史分析过程中,我们在经验模型中引入了两大类协变量以尽可能控制遗漏变量所产生的估计偏误。然而在我们的研究样本中,个体观测值所处的行业门类、市场环境甚至是制度环境都有较大的差异。所以,个体不可观测的异质性仍然是我们需要密切关注的问题。在传统的参数估计模型中,若不可观测的异质性与解释变量不存在相关性,并不会导致估计量的一致性问题。不过在事件史的半参数估计中,即使个体不观测的异质性与协变量之间不相关,仍然会导致估计量的一致性问题。这使得我们在事件史分析中需要重视个体弱质所带来的估计偏误。理论上,在事件史分析中解决个体弱质问题的办法是将不可观测的异质性引入模型,即将上述方程转化为:

$$\lambda(t;X) = \lambda_0(t) e^{\sum_{i=1}^n \beta_i x_i} v_j, v_j > 0 \tag{6.3}$$

其中,v_j 为不可观测的异质性,v_j 越大表明个体观测值越弱质,模型失效的可能性就越大。由于 v_j 不可观测,故需要假设其概率分布,然后将 v_j 积分掉,得到无条件的风险函数与生存函数。参考赵娜(2008)的方法,我们假定 v_j 服从逆正态分布以及个体观测值存在平均弱质性,通过检验观测值的方差为零的原假设来判断是否存在个体不观测异质性问题。检验结果显示检验统计量 P 值为 0.093,也即在 10% 的显著性水平下接受原假设,这说明估计模型的个体弱质问题并不突出,Cox 模型协变量的设定已经尽可能捕获了个体间的异质性。

第七节 │ 本 章 小 结

研发企业是中国创新驱动战略实施的主体,其生存问题是这一战略能否有效执行的关键。目前,中国研发企业的生存风险不容忽视,生存时间普遍低于欧美国家。我们从中国知识产权保护制度的视角来剖析其对研发企业生存风险的影响效应。我们利用中国专利局专利数据库和中国工业企业数据库的合并数据,通过事件史分析方法动态追踪了 2 332 家 2000 年进入市场的研发企业生存风险的演化态势,检验知识产权保护程度对研发企业生存风险的影响程度及其内在的影响机制。

研究发现:一是中国研发企业的生存风险较高,生存时间仅为 6.21 年,在市场上存活 8 年以上的研发企业仅占 13.88%,中国宽松的知识产权保护制度是中国研发企业生存风险偏高的一个重要原因。二是知识产权保护程度能够降低中国研发企业的生存风险,每降低一个单位的知识产权保护水平可以增加研发企业 22.57%左右的生存风险。如果将研发企业生存的行政因素排除在外,知识产权保护程度对研发企业生存的边际效应提升到 28.33%左右。三是研发收益是知识产权和生存风险之间的完全中介因子,知识产权保护制度对研发企业生存风险的影响机制是由这一制度所带来的研发企业的收益所主导的,研发收益率低所造成的研发企业"不愿"创新可能是中国研发企业生存风险高的症结所在。四是知识产权保护制度仅能够对实质性创新企业的生存风险产生影响,而对研发行为扭曲的无效率研发企业的生存风险影响程度极小,而且这两者相关关系是不显著的。

  结合研究结论,我们的政策含义是明显的:一是中国政府若想降低研发企业的生存风险或者延长研发企业的生存时间,市场需要严厉的知识产权保护制度的协调,监管部门应当保护研发企业的技术独占性。因此,建议政府执行完善的知识产权保护制度,增加研发企业的研发收益率,让研发企业愿意投资研发。二是政府在执行知识产权保护政策时,应当先扭转研发企业在研发行为的扭曲倾向。我们的研究表明,知识产权保护制度对实质性创新研发企业的影响效应最大,而对策略性创新研发企业则几乎不存在影响。因此,在知识产权保护政策执行的同时应当花大力气改变研发企业的扭曲研发行为。

第七章 结论与启示

第一节 研究结论

企业生存是指企业能够持续经营而不退出市场的可能性,特定产业内企业的持续生存与成长是产业发展的重要基础,也是贡献于就业和经济增长等宏观政策目标的有效保障(Holmes 等,2010)。相对于市场进入来说,企业在市场中持续生存更为困难,生存风险一直伴随着企业从进入市场到退出市场这一存续周期。21 世纪以来,中国政府把"推动产业转型,促进技术创新"作为中国产业政策的主要方向。特别是党的十八大召开以来,中国政府明确实施创新驱动发展战略,把科技创新摆在国家发展的核心位置。可以说,中国经济增长的模式正面临由粗放型驱动向创新型驱动发展转变的重要机遇期,创新正逐渐成为"新常态"下中国宏观经济实现可持续发展的关键因素。

因此,我们以转轨时期中国企业面临巨大生存风险这一事实为出发点,以中国的创新驱动政策为切入点,研究创新行为抑制中国企业生存风险的演化机理和路径,并考察这一机理需要怎么样的知识产权保护制度的协调,由此设计降低中国企业生存风险的创新政策,寻求中国政府创新驱动发展战略的微观证据。具体来说,我们得到了如下研究结论。

第一,通过对原中国工商总局企业登记信息的初步分析,我们发现,首先,全国企业的平均生存时间为 6.09 年,大多数企业年龄在 5 年以下。随着生存时间的增加,企业退出市场的概率也在逐渐下降,企业在注册当年就退出市场的概率最大,占退出企业总量的 13.7%。其次,企业的当期死亡率呈现倒"U"型的分布态势,即呈现"前高后低""前快后慢"态势。企业成立后的 3~7 年当期平均死亡率较高,随后渐趋平缓。最后,垄断行业的生存寿命最长。从行业来看,金融业、电力热力燃气及水的生产和采矿业的平均生存时间居于前三位,而在市场竞争

程度较为激烈的行业,其企业生存时间较短。

第二,通过中国工业企业微观数据库对企业所处不同年龄阶段与创新的动态演化关系进行了系统性研究,我们发现:首先,进入企业创新的动机要显著高于存续的企业,中国制造企业存在显著的创新行为的市场选择效应。这种创新行为的市场选择效应在高新技术行业、资本密集型行业以及非国有企业中更为突出。其次,在企业进入市场的前9年时间内,新企业存在持续的创新激励。新企业对市场的创新过程注入了一针"强心剂",是创新动态演化的一股不可忽视的力量。不过,新企业的创新激励并非持续增强,而是呈现倒"U"型的分布趋势。最后,将企业年龄阶段进行分解之后,中国制造企业的创新行为并不存在纯粹的年龄效应,相反,在大部分时间内,成立年限较长的企业,创新激励却呈现逐渐下降的趋势。然而,中国制造类企业的创新行为存在明显的代际效应,代际越新的企业的创新激励越是呈现逐年上升的趋势。

第三,动态追踪了2000年以后进入市场企业的生存周期,分别从静态和动态两个维度考察创新活动对企业生存风险的增量效应。结果表明:

首先,创新企业比非创新企业拥有更好的风险抵御能力,创新活动大约降低30%的失败风险,能增加企业0.84年的生存时间。每增加一单位的创新强度可以平均释放约3.42%的生存风险。不过,研发强度对企业生存的抑制效应呈现非平稳的特征,当研发强度达到某一门槛后,企业风险的抑制效应开始逐渐下降。

其次,规模大和生产率高的企业进行创新活动所产生的生存增量效应更为明显,创新活动有助于缓解成立时间长的企业对生存风险的集聚。不过,创新行为会加速融资约束对风险的累积,具有融资限制的企业反而不应进行创新活动,这意味着创新活动对企业生存风险的影响受到内部特征因素的调节,企业内部的差异化特征会改变创新活动抑制生存风险的效果。

最后,从动态维度来说,创新持续时间显著降低了企业的生存风险,每提高一个单位的持续时间可以降低企业的风险值约为36.55%,而且其边际贡献并没有出现明显的递减趋势,这也就意味着持续的创新可以长期释放企业的生存风险。这一结论扩展了企业生存决定的静态分析范式,动态维度弥补了现有生存决定文献的不足。

第四,从中国知识产权保护制度的视角来剖析其对研发企业生存风险的影响效应。具体来说,利用中国专利局专利数据库和中国工业企业数据库的合并数据,通过事件史分析方法动态追踪了2 332家2000年进入市场的研发企业生存风险的演化态势,检验知识产权保护程度对研发企业生存风险的影响程度及其内在的影响机制。研究发现，首先，中国研发企业的生存风险较高，在市场上存活8年以上的研发企业仅占13.88%，中国宽松的知识产权保护制度是中国研发企业生存风险偏高的一个重要原因。其次，知识产权保护程度能够反向影响中国研发企业的生存风险，每降低一个单位的知识产权保护水平可以增加研发企业约22.57%的生存风险。如果将研发企业生存的行政因素排除在外，知识产权保护程度对研发企业生存的边际效应提升到28.33%左右。研发收益是知识产权和生存风险之间的完全中介因子，知识产权保护制度对研发企业生存风险的影响机制是由这一制度所带来的研发企业的收益所主导的，研发收益率低所造成的研发企业"不愿"创新可能是中国研发企业生存风险高的症结所在。最后，知识产权保护制度仅能够对实质性创新企业的生存风险产生显著影响，而对研发行为扭曲的无效率研发企业的生存风险影响程度极小，而且这两者相关关系是不显著的。

第二节 | 政 策 启 示

为降低企业的生存风险和增加中国企业的生存寿命，结合我们的研究结论，政策启示主要围绕以下三个方面来展开。

一、关于宏观制度的启示

第一，营造优越的制度环境，提升政府补贴资源的利用效率。良好的制度环境为企业营造了更多的生存空间，也有助于政府部门更好地发挥补贴资源对企业生存的积极效应。因而，地方政府应为企业生存营造优越的制度环境，提升政府补贴资源的利用效率：一是推进各地区的市场化进程，健全市场制度、产权制度和司法制度，强化市场在资源分配中的决定性作用，发挥市场的原生动力，将补贴资源的激励机制从扭曲局面调整为与市场相容，为企业生存和发展营造公平的市场环境；二是坚持推进反腐败运动，在反腐过程中不仅要加大对腐败官员的查处力度，也要降低官员在资源分配中对企业投资经营的侵扰。企业管理者应认识到腐败行为对企业生存的负面影响，将用于"寻补贴"的资源更多地转移到有利于企业持续生存的生产性活动中；三是依据地区制度环境的不同，实行差别性的地区补贴政策，在补贴资源的分配和项目的审批方面，为市场化进程更快的地区、腐败程度更低的地区提供更多的补贴资源和政策倾斜，更好地发挥政府补贴对企业的激励效应、提高补贴资金的利用效率。

第二，维持良好的宏观经济运行状态，增强企业持续经营的信心。宏观经济反映了国民经济的整体运行状态，是市场经济主体投资经营面临的关键外部条件。好的宏观经济状态不仅可以增加企业在市场中持续生存的时间，也显著提高了政府补贴的经济作用效果。由此，政府部门应维持良好的宏观经济形势，激发企业的市场活力、提升补贴资源的利用效率：一是中国经济目前仍处于向市场经济转型的阶段，企业的经营决策对政府政策的依赖程度相对较高，因此，政府部门在调整经济政策时应考虑微观企业的反应，通过维持良好的经济形态或者实施积极的经济政策向市场传递利好的信号；二是经济增长时期，企业的投资热情高涨、投资回报率较高，政府部门应在此时期向企业发放更多的补贴资源，解决企业发展中遇到的资源约束问题、提升企业的投资信心，激励企业的规模扩张和创新投入；三是政府调整经济政策时，可以通过政府补贴的方式向市场传递积极的投资信号，降低企业决策者的不确定性感知、激励企业的投资热情，避免企业对市场失去信心而选择不理性的退出决策。

第三，降低国有企业补贴力度，淘汰生产效率低的"僵尸企业"。我国特殊的体制背景下，国有企业的发展关乎国民经济的命脉，也是政府资源主要倾斜的对象。政府部门为国有企业的生存和发展供给了高额度的补贴资源，这也不可避免地导致了更多低效率的、严重亏损的"僵尸企业"的产生。因此，政府部门应降低国有企业的补贴力度、逐渐淘汰生产效率低的"僵尸企业"：一是弱化政府部门对国有企业生存和成长的干预程度，可以通过优化股权结构、推进国有企业混合所有制改革的方式，将更多竞争机制和创新元素引入国有企业的发展中，进而提高国有企业的市场竞争力；二是加速淘汰管理不善、持续亏损的"僵尸企业"，降低政府对"僵尸企业"退出市场的干预，优化国有资本布局结构，引导国有资本更多地向核心领域和关键行业转移，将更多的补贴资源用于有发展潜力的新生企业培育中；三是通过供给侧结构性改革的方式推动低效率国有企业的组织变革，矫正国有企业要素配置扭曲的现象，通过创新、技术和知识要素的高质量供给提升国有企业的生存能力和发展速度。

二、关于创新机制的启示

第一，加大科技创新补贴力度，建立创新补贴监管机制。科技创新是企业在市场中获得竞争优势而维持长久生存的关键，也是国家"创新驱动发展"战略的主要方向。政府部门应对企业科技创新项目加大补贴力度，通过资金支持和政策优惠的方式,最大限度地激励企业开展创新活动、获得更多的创新产出。为了成功发挥政府补贴对创新企业生存能力的提升作用,政府部门应进一步建立完善的监管机制:一是加强企业创新项目的筛选机制,应选择创新能力强或者创新意愿高的企业作为补贴对象,而不是以政治关联度或者贿赂金额作为补贴标准,从而避免创新补贴的不合理配置和低效率应用;二是政府部门应改变企业创新补贴项目的单一现金或实物补贴方式,采用先审批后拨款、事前补贴和事后奖励相结合的方式,对通过审批的创新企业发放首期补贴资金,监督企业资金的实际使用情况,进而决定后期补贴的金额和形式;三是对创新补贴效果的审核不应仅仅关注企业的研发投入情况,而且要关注创新产出情况、创新产出的商业化水平及创新活动对企业绩效的提升作用,更加全面地评估和监督创新补贴的作用效果。

第二,支持高科技行业的发展,推动产业结构转型升级。高科技行业属于知识与技术密集度高、技术难度大的经济领域,具有高投入和高风险的特点,政府补贴是激励高科技行业技术创新、降低研发投入成本的重要外部条件。政府部门应继续支持高技术行业的发展,为国家创新体系建设服务,带动其他产业结构转型升级。具体来看,一是制定激励高科技行业发展的政策措施,重点培育和发展一批引领行业科技创新发展的领军企业,通过科技创新的溢出效应和带动效应,促进行业内企业竞争力的整体提升,为高科技行业的快速发展储备更多能量;二是政府部门应建立和完善高科技项目政府补贴的信息披露制度,通过官方网站发布重点扶持的技术和项目,公示获得政府补贴的项目和企业信息,并陆续披露补贴项目的最新进展情况,从而确保创新补贴的有效分配和利用效率;三是高科技补贴项目的选择方面,应主要考虑项目的先进性、前瞻性和创新性,并对企业的盈利水平、研发能力和实际需求进行综合评判,筛选出具有较强影响力的项目和技术进行补贴,成功发挥政府补贴对企业技术创新的积极作用。

第三,完善企业的融资机制,让企业"敢于"创新。我们的研究结论表明,具有融资限制的企业进行创新活动反而会加速生存风险的集聚。现阶段,中小企业普遍面临的问题是融资难、融资贵,企业创新的资金来源渠道狭窄,大部分企业都"不敢"创新。因此,只有通过完善企业融资机制,缓解企业融资难、融资贵的问题,才能让企业敢于在创新活动上投入大量的资金。

第四,建立相应机制扭转研发企业研发行为的扭曲。我们的研究表明:研发行为的扭曲会使研发企业的生存寿命降低,而这一扭曲行为的发生与创新驱动政策存在一定的联系,因此,我们建议创新激励政策在扶持企业进行实质性创新的同时，建立相应的机制扭转研发企业研发行为的扭曲。一方面，将目前生产侧的补贴模式向产品侧转移，通过创新的程度来决定补贴的力度；另一方面，将目前政策执行过程中"事后"环节的监督转变为全过程监督，全面介入研发创新的事前、事中和事后环节。

第五，完善研发企业的退出机制。我们的研究表明：行政力量对研发企业退出选择的影响会增加总体研发企业的生存风险。目前，中国还存在一定数量的僵尸研发企业，这些企业借助行政力量挤占了本该属于其他研发企业的生存资源。因此，应当完善僵尸研发企业的退出机制，对持续亏损、依靠政府输血等生存风险大的研发企业，让市场对其"出清"。

第六，鼓励企业自主创新的同时，引导企业跨期动态持续创新。我们的研究表明：动态持续创新效果要比静态创新强度更为稳健。因此，各级地方政府应当大力扶持和培育形成企业创新的长效机制，出台配套的优惠政策，如加速抵扣政策、补贴政策等激励企业进行持续创新。

三、关于知识产权制度的启示

目前，中国产权保护制度存在很大的缺陷，模仿、剽窃甚至抄袭等现象层出不穷，中国企业的创新溢价率并不高。因此，只有在知识产权制度方面做足功课，企业创新成果的产权清晰，增加企业的创新溢价率，企业才会愿意从事创新活动。我国政府若想降低研发企业的生存风险或者延长研发企业的生存时间，市场需要严厉的知识产权保护制度的协调，监管部门应当保护研发企业的技术独占性。不可否认，知识产权保护制度是一把双刃剑，严厉的知识产权保护制度会抑制企业间的技术溢出效应。因此，知识产权制度的设计应同时考虑到两个方面：一方面，知识产权保护力度不能太低，以确保知识"专属性"和创新回报，研发者有动力进行技术创新；另一方面，知识产权保护力度不能太高，以保证产权保护不至于赋予专利所有者太强的垄断势力而造成市场扭曲和资源配置的失衡。

第一，在制定知识产权保护制度时，要结合国家经济发展水平进行动态合理选择。就经济发展水平而言，我国目前 GDP 总量处于世界第二的水平，但与美国等发达国家相比，中国人均 GDP 仍然较低，技术创新中原始创新的比例也处于初级水平。加入 WTO 后所申请的产业保护期届满之后，我国将进一步开放市场。在此关键时期，国家倡导的"大众创业、万众创新"成为经济发展和创新驱动的关键词。基于知识产权制度的双向作用，我国要结合影响促进科技创新的各种要素,提出适当的专利保护长度和宽度,选择合理的知识产权保护制度,采取强弱适度的知识产权保护的配套措施。

第二,根据我国现阶段整体创新能力,制定具体的知识产权保护制度。我国作为各项知识产权保护国际条约的签约国,在履行国际条约过程中,应当结合国家整体科技创新现状、企业国际竞争能力等因素制定合理的知识产权保护制度。据统计,我国国家创新指数排名在全球40个主要国家中升至第19位;高技术产业出口占制造业出口的比重居世界首位。这固然表明我国创新能力正在稳步上升,但是,我国国家创新指数综合得分仅为65.2分,处于竞争最为激烈的第二梯队,科技创新和技术进步的物质基础仍然较差。在这种基础薄弱的前提下,国家除了持续加大投入,继续在提升综合创新能力方面努力之外,还应当制定与现阶段国家经济发展和科技进步水平相一致的知识产权保护制度。

第三,在制定具体知识产权制度时,结合各种具体影响变量综合考虑。如前文所述,结合我国目前的经济发展水平和创新能力,过强的专利保护制度对科技创新会起到反向的阻碍作用。在最优知识产权保护制度选择上,采用适度宽松的知识产权长度和宽度,是知识产权保护制度的正确选项。具体来说,可以从企业所提供的产品类型、社会主体的法律意识、侵权行为的发生频度等方面综合考虑,提出适当的专利保护长度和宽度,同时结合引进国外直接投资、发达国家专利保护力度等要素,对我国专利法在国际条约框架下的弹性条款内进行修订,而不应采取高出国际条约的标准进行专利保护。

第四,知识的开放和传递与科技成果转化相关,在专利适度保护的基础上,制定促进成果转化和技术扩散的法律法规,促进科技创新能力提升是必备的手段与措施。虽然《中华人民共和国科学技术进步法》第20条将利用财政性资金科技项目所形成的知识产权授权由项目承担者依法取得,但是,受制于国有资产监管处理权限和程序的限制,高校、科研院所等单位实际上无法对项目科技成果进行处置,这在一定程度上成为阻碍科技创新能力提升和经济发展的重要因素。我国在新修订的促进科技成果转化法中,关于高校和科研院所的自主处置权、市场化的定价机制、奖励激励比例的提高、兼职创业等规定的实施,必然在一定程度上起到提高国家整体创新能力的作用。

第五,在制定具体知识产权制度时,要充分考虑技术创新的知识溢出效应。技术创新的社会开放程度是促进经济社会发展的重要因素。一般而言,研究开发主体对技术创新知识产权的主动保护有申请保护、技术保密和技术公布等选项。

申请知识产权保护是指通过向国家知识产权管理机关申请专利、软件著作权、商标等方法,以便在一定期限内保护其垄断的权力。技术保密则是为免于泄露或被模仿,通过控制传播方法对其技术方法、配方等进行保护,从而提高技术成果的独占性,并获得垄断利润。技术公布是一种与专利垄断或技术保密相反的手段,技术主体通过将技术成果向社会公开,使任何公众均可享有该项技术成果的使用权,从而阻止他人相同技术的专利申请被授权,保证其自由使用发明创新成果。创新主体通过各种主动保护手段强化其知识产权保护,但过度的保护措施必然弱化知识的溢出和扩散效应,国家制定具体知识产权保护制度时,不仅要对创新主体的合理行为进行鼓励和支持,同时出于公共利益的平衡考虑,也要考虑适当的利益均衡因素。具体来说,对于利用财政性资金所形成的科技成果,我国可采用文献公开、强制许可、区域限制等方式要求创新人员扩大其社会开放度。

第三节 研 究 展 望

生存分析模型是一种广泛应用于医学、保险学和可靠性工程等领域的研究方法,其灵活性非常好,假设条件少,能够更加充分准确地对资料中的数据进行挖掘和利用,适用范围广。但是,学界对生存模型的研究起步较晚且多停留在模型的简单应用阶段,研究方向集中在劳动者失业持续时间问题研究和股票市场连续上涨和下跌研究等几个方面,将生存分析模型应用于产业集聚与企业关系的研究还处于萌芽阶段。

作为计量经济学的一个新分支,生存分析正在发挥其自身的价值,相继应用于企业管理学、金融市场学、国际贸易学以及劳动经济学等。通过对生存分析理论和应用进展的梳理可以看出,生存分析已在经济学领域取得了一些有价值的尝试,虽然其涉猎领域仍有局限性,但也为我们今后的研究工作指明了方向。生存分析在已有领域的成功应用坚定了我们探索的信念,充分运用这一有力工具深化相关研究,不断扩展其在经济学中的应用范畴,解决愈加复杂的经济管理问题。

纵观生存分析对不同经济问题的解决途径,我们不难发现相较于国外,目前国内大多将生存分析应用于不完全数据的回归分析。研究方法方面,非参数模型的乘积极限估计、半参数模型的 Cox 比例风险模型作为最具普适性的分析工具被最广泛地应用于各个领域,而其他模型的应用相对来说就显得尤其稀少,这形成了目前生存分析发展的一个瓶颈。作为关注度最高的生存分析工具,Cox比例风险模型为生存分析的演进做出了划时代的贡献。Cox半参数模型基于偏似然函数可以直接得到协变量的回归系数,却不必确定基准生存函数,非常简便易行,但是其局限性在于必须明确协变量的作用形式,并且要求协变量满足对数线性关系。实际中,数据资料常常不符合这一假定,于是就需要发展其他生存分析工具来填补这一缺口。例如,某些协变量对生存时间的影响存在一个滞后期,协变量随时间的改变呈增强或者减弱效应,但传统的生存模型不能体现这种逐步的影响过程,需要探索一种体现加速风险的高效而可靠的平滑估计方法。另外,针对不同领域的异质性特点,其风险函数无法用统一的分布准确拟合,因此也需要依据不同领域或者不同情境特征,因地制宜地构建更加能反应研究对象风险函数分布的改进的生存模型。而且,Cox偏似然函数没有一个显式的求解过程,往往涉及极值问题,但是对多参数维数的高维优化问题,该方法至今尚未找到很好的解决渠道,所以这也是今后生存分析发展的方向之一——不断探寻具备各种优势的生存分析工具,尽显百家争鸣,而非一枝独秀。

附录 1

国务院关于大力推进大众创业万众创新若干政策措施的意见

国发〔2015〕32 号

各省、自治区、直辖市人民政府，国务院各部委、各直属机构：

推进大众创业、万众创新，是发展的动力之源，也是富民之道、公平之计、强国之策，对于推动经济结构调整、打造发展新引擎、增强发展新动力、走创新驱动发展道路具有重要意义，是稳增长、扩就业、激发亿万群众智慧和创造力，促进社会纵向流动、公平正义的重大举措。根据 2015 年《政府工作报告》部署，为改革完善相关体制机制，构建普惠性政策扶持体系，推动资金链引导创业创新链、创业创新链支持产业链、产业链带动就业链，现提出以下意见。

一、充分认识推进大众创业、万众创新的重要意义

（1）推进大众创业、万众创新，是培育和催生经济社会发展新动力的必然选择。随着我国资源环境约束日益强化，要素的规模驱动力逐步减弱，传统的高投入、高消耗、粗放式发展方式难以为继，经济发展进入新常态，需要从要素驱动、投资驱动转向创新驱动。推进大众创业、万众创新，就是要通过结构性改革、体制机制创新，消除不利于创业创新发展的各种制度束缚和桎梏，支持各类市场主体不断开办新企业、开发新产品、开拓新市场，培育新兴产业，形成小企业"铺天盖地"、大企业"顶天立地"的发展格局，实现创新驱动发展，打造新引擎、形成新动力。

（2）推进大众创业、万众创新，是扩大就业、实现富民之道的根本举措。我国有 13 亿多人口、9 亿多劳动力，每年高校毕业生、农村转移劳动力、城镇困难人员、退役军人数量较大，人力资源转化为人力资本的潜力巨大，但就业总量压力较大，结构性矛盾凸显。推进大众创业、万众创新，就是要通过转变政府职能、建设服务型政府，营造公平竞争的创业环境，使有梦想、有意愿、有能力的科技人

员、高校毕业生、农民工、退役军人、失业人员等各类市场创业主体"如鱼得水",通过创业增加收入,让更多的人富起来,促进收入分配结构调整,实现创新支持创业、创业带动就业的良性互动发展。

(3) 推进大众创业、万众创新,是激发全社会创新潜能和创业活力的有效途径。目前,我国创业创新理念还没有深入人心,创业教育培训体系还不健全,善于创造、勇于创业的能力不足,鼓励创新、宽容失败的良好环境尚未形成。推进大众创业、万众创新,就是要通过加强全社会以创新为核心的创业教育,弘扬"敢为人先、追求创新、百折不挠"的创业精神,厚植创新文化,不断增强创业创新意识,使创业创新成为全社会共同的价值追求和行为习惯。

二、总体思路

按照"四个全面"战略布局,坚持改革推动,加快实施创新驱动发展战略,充分发挥市场在资源配置中的决定性作用和更好发挥政府作用,加大简政放权力度,放宽政策、放开市场、放活主体,形成有利于创业创新的良好氛围,让千千万万创业者活跃起来,汇聚成经济社会发展的巨大动能。不断完善体制机制、健全普惠性政策措施,加强统筹协调,构建有利于大众创业、万众创新蓬勃发展的政策环境、制度环境和公共服务体系,以创业带动就业、创新促进发展。

(1) 坚持深化改革,营造创业环境。通过结构性改革和创新,进一步简政放权、放管结合、优化服务,增强创业创新制度供给,完善相关法律法规、扶持政策和激励措施,营造均等普惠环境,推动社会纵向流动。

(2) 坚持需求导向,释放创业活力。尊重创业创新规律,坚持以人为本,切实解决创业者面临的资金需求、市场信息、政策扶持、技术支撑、公共服务等瓶颈问题,最大限度释放各类市场主体创业创新活力,开辟就业新空间,拓展发展新天地,解放和发展生产力。

(3) 坚持政策协同,实现落地生根。加强创业、创新、就业等各类政策统筹,部门与地方政策联动,确保创业扶持政策可操作、能落地。鼓励有条件的地区先行先试,探索形成可复制、可推广的创业创新经验。

(4) 坚持开放共享,推动模式创新。加强创业创新公共服务资源开放共享,整合利用全球创业创新资源,实现人才等创业创新要素跨地区、跨行业自由流动。依托"互联网+"、大数据等,推动各行业创新商业模式,建立和完善线上与线下、境内与境外、政府与市场开放合作等创业创新机制。

三、创新体制机制,实现创业便利化

(1) 完善公平竞争市场环境。进一步转变政府职能,增加公共产品和服务供给,为创业者提供更多机会。逐步清理并废除妨碍创业发展的制度和规定,打破地方保护主义。加快出台公平竞争审查制度,建立统一透明、有序规范的市场环境。依法反垄断和反不正当竞争,消除不利于创业创新发展的垄断协议和滥用市场支配地位以及其他不正当竞争行为。清理规范涉企收费项目,完善收费目录管理制度,制定事中事后监管办法。建立和规范企业信用信息发布制度,制定严重违法企业名单管理办法,把创业主体信用与市场准入、享受优惠政策挂钩,完善以信用管理为基础的创业创新监管模式。

(2) 深化商事制度改革。加快实施工商营业执照、组织机构代码证、税务登记证"三证合一""一照一码",落实"先照后证"改革,推进全程电子化登记和电子营业执照应用。支持各地结合实际放宽新注册企业场所登记条件限制,推动"一址多照"、集群注册等住所登记改革,为创业创新提供便利的工商登记服务。建立市场准入等负面清单,破除不合理的行业准入限制。开展企业简易注销试点,建立便捷的市场退出机制。依托企业信用信息公示系统建立小微企业名录,增强创业企业信息透明度。

(3) 加强创业知识产权保护。研究商业模式等新形态创新成果的知识产权保护办法。积极推进知识产权交易,加快建立全国知识产权运营公共服务平台。完善知识产权快速维权与维权援助机制,缩短确权审查、侵权处理周期。集中查处一批侵犯知识产权的大案要案,加大对反复侵权、恶意侵权等行为的处罚力度,探索实施惩罚性赔偿制度。完善权利人维权机制,合理划分权利人举证责任,完善行政调解等非诉讼纠纷解决途径。

(4) 健全创业人才培养与流动机制。把创业精神培育和创业素质教育纳入国民教育体系,实现全社会创业教育和培训制度化、体系化。加快完善创业课程设置,加强创业实训体系建设。加强创业创新知识普及教育,使大众创业、万众创新深入人心。加强创业导师队伍建设,提高创业服务水平。加快推进社会保障制度改革,破除人才自由流动制度障碍,实现党政机关、企事业单位、社会各方面人才顺畅流动。加快建立创业创新绩效评价机制,让一批富有创业精神、勇于承担风险的人才脱颖而出。

四、优化财税政策,强化创业扶持

(5) 加大财政资金支持和统筹力度。各级财政要根据创业创新需要,统筹安排各类支持小微企业和创业创新的资金,加大对创业创新支持力度,强化资金预算执行和监管,加强资金使用绩效评价。支持有条件的地方政府设立创业基金,扶持创业创新发展。在确保公平竞争前提下,鼓励对众创空间等孵化机构的办公用房、用水、用能、网络等软硬件设施给予适当优惠,减轻创业者负担。

(6)完善普惠性税收措施。落实扶持小微企业发展的各项税收优惠政策。落实科技企业孵化器、大学科技园、研发费用加计扣除、固定资产加速折旧等税收优惠政策。对符合条件的众创空间等新型孵化机构适用科技企业孵化器税收优惠政策。按照税制改革方向和要求,对包括天使投资在内的投向种子期、初创期等创新活动的投资,统筹研究相关税收支持政策。修订完善高新技术企业认定办法,完善创业投资企业享受70%应纳税所得额税收抵免政策。抓紧推广中关村国家自主创新示范区税收试点政策,将企业转增股本分期缴纳个人所得税试点政策、股权奖励分期缴纳个人所得税试点政策推广至全国范围。落实促进高校毕业生、残疾人、退役军人、登记失业人员等创业就业税收政策。

(7)发挥政府采购支持作用。完善促进中小企业发展的政府采购政策,加强对采购单位的政策指导和监督检查,督促采购单位改进采购计划编制和项目预留管理,增强政策对小微企业发展的支持效果。加大创新产品和服务的采购力度,把政府采购与支持创业发展紧密结合起来。

五、搞活金融市场,实现便捷融资

(8)优化资本市场。支持符合条件的创业企业上市或发行票据融资,并鼓励创业企业通过债券市场筹集资金。积极研究尚未盈利的互联网和高新技术企业到创业板发行上市制度,推动在上海证券交易所建立战略新兴产业板。加快推进全国中小企业股份转让系统向创业板转板试点。研究解决特殊股权结构类创业企业在境内上市的制度性障碍,完善资本市场规则。规范发展服务于中小微企业的区域性股权市场,推动建立工商登记部门与区域性股权市场的股权登记对接机制,支持股权质押融资。支持符合条件的发行主体发行小微企业增信集合债等企业债券创新品种。

(9)创新银行支持方式。鼓励银行提高针对创业创新企业的金融服务专业化水平,不断创新组织架构、管理方式和金融产品。推动银行与其他金融机构加强合作,对创业创新活动给予有针对性的股权和债权融资支持。鼓励银行业金融机构向创业企业提供结算、融资、理财、咨询等一站式系统化的金融服务。

(10)丰富创业融资新模式。支持互联网金融发展,引导和鼓励众筹融资平台规范发展,开展公开、小额股权众筹融资试点,加强风险控制和规范管理。丰富完善创业担保贷款政策。支持保险资金参与创业创新,发展相互保险等新业务。完善知识产权估值、质押和流转体系,依法合规推动知识产权质押融资、专利许可费收益权证券化、专利保险等服务常态化、规模化发展,支持知识产权金融发展。

六、扩大创业投资,支持创业起步成长

(11)建立和完善创业投资引导机制。不断扩大社会资本参与新兴产业创投计划参股基金规模,做大直接融资平台,引导创业投资更多向创业企业起步成长的前端延伸。不断完善新兴产业创业投资政策体系、制度体系、融资体系、监管和预警体系,加快建立考核评价体系。加快设立国家新兴产业创业投资引导基金和国家中小企业发展基金,逐步建立支持创业创新和新兴产业发展的市场化长效运行机制。发展联合投资等新模式,探索建立风险补偿机制。鼓励各地方政府建立和完善创业投资引导基金。加强创业投资立法,完善促进天使投资的政策法规。促进国家新兴产业创业投资引导基金、科技型中小企业创业投资引导基金、国家科技成果转化引导基金、国家中小企业发展基金等协同联动。推进创业投资行业协会建设,加强行业自律。

(12)拓宽创业投资资金供给渠道。加快实施新兴产业"双创"三年行动计划,建立一批新兴产业"双创"示范基地,引导社会资金支持大众创业。推动商业银行在依法合规、风险隔离的前提下,与创业投资机构建立市场化长期性合作。进一步降低商业保险资金进入创业投资的门槛。推动发展投贷联动、投保联动、投债联动等新模式,不断加大对创业创新企业的融资支持。

(13)发展国有资本创业投资。研究制定鼓励国有资本参与创业投资的系统性政策措施,完善国有创业投资机构激励约束机制、监督管理机制。引导和鼓励中央企业和其他国有企业参与新兴产业创业投资基金、设立国有资本创业投资基金等,充分发挥国有资本在创业创新中的作用。研究完善国有创业投资机构国有股转持豁免政策。

(14)推动创业投资"引进来"与"走出去"。抓紧修订外商投资创业投资企业相关管理规定,按照内外资一致的管理原则,放宽外商投资准入,完善外资创业投资机构管理制度,简化管理流程,鼓励外资开展创业投资业务。放宽对外资创业投资基金投资限制,鼓励中外合资创业投资机构发展。引导和鼓励创业投资机构加大对境外高端研发项目的投资,积极分享境外高端技术成果。按投资

领域、用途、募集资金规模,完善创业投资境外投资管理。

七、发展创业服务,构建创业生态

(15)加快发展创业孵化服务。大力发展创新工场、车库咖啡等新型孵化器,做大做强众创空间,完善创业孵化服务。引导和鼓励各类创业孵化器与天使投资、创业投资相结合,完善投融资模式。引导和推动创业孵化与高校、科研院所等技术成果转移相结合,完善技术支撑服务。引导和鼓励国内资本与境外合作设立新型创业孵化平台,引进境外先进创业孵化模式,提升孵化能力。

(16)大力发展第三方专业服务。加快发展企业管理、财务咨询、市场营销、人力资源、法律顾问、知识产权、检验检测、现代物流等第三方专业化服务,不断丰富和完善创业服务。

(17)发展"互联网+"创业服务。加快发展"互联网+"创业网络体系,建设一批小微企业创业创新基地,促进创业与创新、创业与就业、线上与线下相结合,降低全社会创业门槛和成本。加强政府数据开放共享,推动大型互联网企业和基础电信企业向创业者开放计算、存储和数据资源。积极推广众包、用户参与设计、云设计等新型研发组织模式和创业创新模式。

(18)研究探索创业券、创新券等公共服务新模式。有条件的地方继续探索通过创业券、创新券等方式对创业者和创新企业提供社会培训、管理咨询、检验检测、软件开发、研发设计等服务,建立和规范相关管理制度和运行机制,逐步形成可复制、可推广的经验。

八、建设创业创新平台,增强支撑作用

(19)打造创业创新公共平台。加强创业创新信息资源整合,建立创业政策集中发布平台,完善专业化、网络化服务体系,增强创业创新信息透明度。鼓励开展各类公益讲坛、创业论坛、创业培训等活动,丰富创业平台形式和内容。支持各类创业创新大赛,定期办好中国创新创业大赛、中国农业科技创新创业大赛和创新挑战大赛等赛事。加强和完善中小企业公共服务平台网络建设。充分发挥企业的创新主体作用,鼓励和支持有条件的大型企业发展创业平台、投资并购小微企业等,支持企业内外部创业者创业,增强企业创业创新活力。为创业失败者再创业建立必要的指导和援助机制,不断增强创业信心和创业能力。加快建立创业企业、天使投资、创业投资统计指标体系,规范统计口径和调查方法,加强监测和分析。

(20)用好创业创新技术平台。建立科技基础设施、大型科研仪器和专利信息资源向全社会开放的长效机制。完善国家重点实验室等国家级科研平台(基地)向社会开放机制,为大众创业、万众创新提供有力支撑。鼓励企业建立一批专业化、市场化的技术转移平台。鼓励依托三维(3D)打印、网络制造等先进技术和发展模式,开展面向创业者的社会化服务。引导和支持有条件的领军企业创建特色服务平台,面向企业内部和外部创业者提供资金、技术和服务支撑。加快建立军民两用技术项目实施、信息交互和标准化协调机制,促进军民创新资源融合。

(21)发展创业创新区域平台。支持开展全面创新改革试验的省(区、市)、国家综合配套改革试验区等,依托改革试验平台在创业创新体制机制改革方面积极探索,发挥示范和带动作用,为创业创新制度体系建设提供可复制、可推广的经验。依托自由贸易试验区、国家自主创新示范区、战略性新兴产业集聚区等创业创新资源密集区域,打造若干具有全球影响力的创业创新中心。引导和鼓励创业创新型城市完善环境,推动区域集聚发展。推动实施小微企业创业基地城市示范。鼓励有条件的地方出台各具特色的支持政策,积极盘活闲置的商业用房、工业厂房、企业库房、物流设施和家庭住所、租赁房等资源,为创业者提供低成本办公场所和居住条件。

九、激发创造活力,发展创新型创业

(22)支持科研人员创业。加快落实高校、科研院所等专业技术人员离岗创业政策,对经同意离岗的可在3年内保留人事关系,建立健全科研人员双向流动机制。进一步完善创新型中小企业上市股权激励和员工持股计划制度规则。鼓励符合条件的企业按照有关规定,通过股权、期权、分红等激励方式,调动科研人员创业积极性。支持鼓励学会、协会、研究会等科技社团为科技人员和创业企业提供咨询服务。

(23)支持大学生创业。深入实施大学生创业引领计划,整合发展高校毕业生就业创业基金。引导和鼓励高校统筹资源,抓紧落实大学生创业指导服务机构、人员、场地、经费等。引导和鼓励成功创业者、知名企业家、天使和创业投资人、专家学者等担任兼职创业导师,提供包括创业方案、创业渠道等创业辅导。建立健全弹性学制管理办法,支持大学生保留学籍休学创业。

(24)支持境外人才来华创业。发挥留学回国人才特别是领军人才、高端人才的创业引领带动作用。继续推进人力资源市场对外开放,建立和完善境外高端创业创新人才引进机制。进一步放宽外籍高端人才来华创业办理签证、永久居留证等条件,简化开办企业审批流程,探索由事前审批调整为事后备案。引导和鼓励地方对回国创业高端人才和境外高端人才来华创办高科技企业给予一次性创业启动资金,在配偶就业、子女入学、医疗、住房、社会保障等方面完善相关措施。加强海外科技人才离岸创业基地建设,把更多的国外创业创新资源引入国内。

十、拓展城乡创业渠道,实现创业带动就业

(25)支持电子商务向基层延伸。引导和鼓励集办公服务、投融资支持、创业辅导、渠道开拓于一体的市场化网商创业平台发展。鼓励龙头企业结合乡村特点建立电子商务交易服务平台、商品集散平台和物流中心,推动农村依托互联网创业。鼓励电子商务第三方交易平台渠道下沉,带动城乡基层创业人员依托其平台和经营网络开展创业。完善有利于中小网商发展的相关措施,在风险可控、商业可持续的前提下支持发展面向中小网商的融资贷款业务。

(26)支持返乡创业集聚发展。结合城乡区域特点,建立有市场竞争力的协作创业模式,形成各具特色的返乡人员创业联盟。引导返乡创业人员融入特色专业市场,打造具有区域特点的创业集群和优势产业集群。深入实施农村青年创业富民行动,支持返乡创业人员因地制宜围绕休闲农业、农产品深加工、乡村旅游、农村服务业等开展创业,完善家庭农场等新型农业经营主体发展环境。

(27)完善基层创业支撑服务。加强城乡基层创业人员社保、住房、教育、医疗等公共服务体系建设,完善跨区域创业转移接续制度。健全职业技能培训体系,加强远程公益创业培训,提升基层创业人员创业能力。引导和鼓励中小金融机构开展面向基层创业创新的金融产品创新,发挥社区地理和软环境优势,支持社区创业者创业。引导和鼓励行业龙头企业、大型物流企业发挥优势,拓展乡村信息资源、物流仓储等技术和服务网络,为基层创业提供支撑。

十一、加强统筹协调,完善协同机制

(28)加强组织领导。建立由发展改革委牵头的推进大众创业万众创新部际联席会议制度,加强顶层设计和统筹协调。各地区、各部门要立足改革创新,坚持需求导向,从根本上解决创业创新中面临的各种体制机制问题,共同推进大众创业、万众创新蓬勃发展。重大事项要及时向国务院报告。

(29)加强政策协调联动。建立部门之间、部门与地方之间政策协调联动机

制,形成强大合力。各地区、各部门要系统梳理已发布的有关支持创业创新发展的各项政策措施,抓紧推进"立、改、废"工作,将对初创企业的扶持方式从选拔式、分配式向普惠式、引领式转变。建立健全创业创新政策协调审查制度,增强政策普惠性、连贯性和协同性。

(30)加强政策落实情况督查。加快建立推进大众创业、万众创新有关普惠性政策措施落实情况督查督导机制,建立和完善政策执行评估体系和通报制度,全力打通决策部署的"最先一公里"和政策落实的"最后一公里",确保各项政策措施落地生根。

各地区、各部门要进一步统一思想认识,高度重视、认真落实本意见的各项要求,结合本地区、本部门实际明确任务分工、落实工作责任,主动作为、敢于担当,积极研究解决新问题,及时总结推广经验做法,加大宣传力度,加强舆论引导,推动本意见确定的各项政策措施落实到位,不断拓展大众创业、万众创新的空间,汇聚经济社会发展新动能,促进我国经济保持中高速增长、迈向中高端水平。

国务院

2015 年 6 月 11 日

附录 2

国家知识产权战略纲要

国发〔2008〕18 号印发

为提升我国知识产权创造、运用、保护和管理能力,建设创新型国家,实现全面建设小康社会目标,制定本纲要。

一、序言

(1) 改革开放以来,我国经济社会持续快速发展,科学技术和文化创作取得长足进步,创新能力不断提升,知识在经济社会发展中的作用越来越突出。我国正站在新的历史起点上,大力开发和利用知识资源,对于转变经济发展方式,缓解资源环境约束,提升国家核心竞争力,满足人民群众日益增长的物质文化生活需要,具有重大战略意义。

(2) 知识产权制度是开发和利用知识资源的基本制度。知识产权制度通过合理确定人们对于知识及其他信息的权利,调整人们在创造、运用知识和信息过程中产生的利益关系,激励创新,推动经济发展和社会进步。当今世界,随着知识经济和经济全球化深入发展,知识产权日益成为国家发展的战略性资源和国际竞争力的核心要素,成为建设创新型国家的重要支撑和掌握发展主动权的关键。国际社会更加重视知识产权,更加重视鼓励创新。发达国家以创新为主要动力推动经济发展,充分利用知识产权制度维护其竞争优势;发展中国家积极采取适应国情的知识产权政策措施,促进自身发展。

(3) 经过多年发展,我国知识产权法律法规体系逐步健全,执法水平不断提高;知识产权拥有量快速增长,效益日益显现;市场主体运用知识产权能力逐步提高;知识产权领域的国际交往日益增多,国际影响力逐渐增强。知识产权制度的建立和实施,规范了市场秩序,激励了发明创造和文化创作,促进了对外开放和知识资源的引进,对经济社会发展发挥了重要作用。但是,从总体上看,我国知识产权制度仍不完善,自主知识产权水平和拥有量尚不能满足经济社会发展需要,社会公众知识产权意识仍较薄弱,市场主体运用知识产权能力不强,侵犯知识产权现象还比较突出,知识产权滥用行为时有发生,知识产权服务支撑体系和人才队伍建设滞后,知识产权制度对经济社会发展的促进作用尚未得到充分发挥。

(4)实施国家知识产权战略,大力提升知识产权创造、运用、保护和管理能力,有利于增强我国自主创新能力,建设创新型国家;有利于完善社会主义市场经济体制,规范市场秩序和建立诚信社会;有利于增强我国企业市场竞争力和提高国家核心竞争力;有利于扩大对外开放,实现互利共赢。必须把知识产权战略作为国家重要战略,切实加强知识产权工作。

二、指导思想和战略目标

(一)指导思想

(5)实施国家知识产权战略,要坚持以邓小平理论和"三个代表"重要思想为指导,深入贯彻落实科学发展观,按照激励创造、有效运用、依法保护、科学管理的方针,着力完善知识产权制度,积极营造良好的知识产权法治环境、市场环境、文化环境,大幅度提升我国知识产权创造、运用、保护和管理能力,为建设创新型国家和全面建设小康社会提供强有力支撑。

(二)战略目标

(6)到2020年,把我国建设成为知识产权创造、运用、保护和管理水平较高的国家。知识产权法治环境进一步完善,市场主体创造、运用、保护和管理知识产权的能力显著增强,知识产权意识深入人心,自主知识产权的水平和拥有量能够有效支撑创新型国家建设,知识产权制度对经济发展、文化繁荣和社会建设的促进作用充分显现。

(7)近5年的目标是:

一是自主知识产权水平大幅度提高,拥有量进一步增加。本国申请人发明专利年度授权量进入世界前列,对外专利申请大幅度增加。培育一批国际知名品牌。核心版权产业产值占国内生产总值的比重明显提高。拥有一批优良植物新品种和高水平集成电路布图设计。商业秘密、地理标志、遗传资源、传统知识和民间文艺等得到有效保护与合理利用。

二是运用知识产权的效果明显增强,知识产权密集型商品比重显著提高。

企业知识产权管理制度进一步健全,对知识产权领域的投入大幅度增加,运用知识产权参与市场竞争的能力明显提升。形成一批拥有知名品牌和核心知识产权,熟练运用知识产权制度的优势企业。

三是知识产权保护状况明显改善。盗版、假冒等侵权行为显著减少,维权成本明显下降,滥用知识产权现象得到有效遏制。

四是全社会特别是市场主体的知识产权意识普遍提高,知识产权文化氛围初步形成。

三、战略重点

(一) 完善知识产权制度

(8) 进一步完善知识产权法律法规。及时修订专利法、商标法、著作权法等知识产权专门法律及有关法规。适时做好遗传资源、传统知识、民间文艺和地理标志等方面的立法工作。加强知识产权立法的衔接配套,增强法律法规可操作性。完善反不正当竞争、对外贸易、科技、国防等方面法律法规中有关知识产权的规定。

(9) 健全知识产权执法和管理体制。加强司法保护体系和行政执法体系建设,发挥司法保护知识产权的主导作用,提高执法效率和水平,强化公共服务。深化知识产权行政管理体制改革,形成权责一致、分工合理、决策科学、执行顺畅、监督有力的知识产权行政管理体制。

(10) 强化知识产权在经济、文化和社会政策中的导向作用。加强产业政策、区域政策、科技政策、贸易政策与知识产权政策的衔接。制定适合相关产业发展的知识产权政策,促进产业结构的调整与优化;针对不同地区发展特点,完善知识产权扶持政策,培育地区特色经济,促进区域经济协调发展;建立重大科技项目的知识产权工作机制,以知识产权的获取和保护为重点开展全程跟踪服务;健全与对外贸易有关的知识产权政策,建立和完善对外贸易领域知识产权管理体制、预警应急机制、海外维权机制和争端解决机制。加强文化、教育、科研、卫生等政策与知识产权政策的协调衔接,保障公众在文化、教育、科研、卫生等活动中依法合理使用创新成果和信息的权利,促进创新成果合理分享;保障国家应对公共危机的能力。

(二) 促进知识产权创造和运用

(11) 运用财政、金融、投资、政府采购政策和产业、能源、环境保护政策,引导和支持市场主体创造和运用知识产权。强化科技创新活动中的知识产权政策导向作用,坚持技术创新以能够合法产业化为基本前提,以获得知识产权为追求目标,以形成技术标准为努力方向。完善国家资助开发的科研成果权利归属和利益分享机制。将知识产权指标纳入科技计划实施评价体系和国有企业绩效考核体系。逐步提高知识产权密集型商品出口比例,促进贸易增长方式的根本转变和贸易结构的优化升级。

(12)推动企业成为知识产权创造和运用的主体。促进自主创新成果的知识产权化、商品化、产业化,引导企业采取知识产权转让、许可、质押等方式实现知识产权的市场价值。充分发挥高等学校、科研院所在知识产权创造中的重要作用。选择若干重点技术领域,形成一批核心自主知识产权和技术标准。鼓励群众性发明创造和文化创新。促进优秀文化产品的创作。

(三)加强知识产权保护

(13)修订惩处侵犯知识产权行为的法律法规,加大司法惩处力度。提高权利人自我维权的意识和能力。降低维权成本,提高侵权代价,有效遏制侵权行为。

(四)防止知识产权滥用

(14)制定相关法律法规,合理界定知识产权的界限,防止知识产权滥用,维护公平竞争的市场秩序和公众合法权益。

(五)培育知识产权文化

(15)加强知识产权宣传,提高全社会知识产权意识。广泛开展知识产权普及型教育。在精神文明创建活动和国家普法教育中增加有关知识产权的内容。在全社会弘扬以创新为荣、剽窃为耻,以诚实守信为荣、假冒欺骗为耻的道德观念,形成尊重知识、崇尚创新、诚信守法的知识产权文化。

四、专项任务

(一)专利

(16)以国家战略需求为导向,在生物和医药、信息、新材料、先进制造、先进能源、海洋、资源环境、现代农业、现代交通、航空航天等技术领域超前部署,掌握一批核心技术的专利,支撑我国高技术产业与新兴产业发展。

(17)制定和完善与标准有关的政策,规范将专利纳入标准的行为。支持企业、行业组织积极参与国际标准的制定。

(18)完善职务发明制度,建立既有利于激发职务发明人创新积极性,又有利于促进专利技术实施的利益分配机制。

(19)按照授予专利权的条件,完善专利审查程序,提高审查质量。防止非正常专利申请。

(20)正确处理专利保护和公共利益的关系。在依法保护专利权的同时,完善强制许可制度,发挥例外制度作用,研究制定合理的相关政策,保证在发生公共危机时,公众能够及时、充分获得必需的产品和服务。

(二)商标

(21)切实保护商标权人和消费者的合法权益。加强执法能力建设,严厉打击假冒等侵权行为,维护公平竞争的市场秩序。

(22)支持企业实施商标战略,在经济活动中使用自主商标。引导企业丰富商标内涵,增加商标附加值,提高商标知名度,形成驰名商标。鼓励企业进行国际商标注册,维护商标权益,参与国际竞争。

(23)充分发挥商标在农业产业化中的作用。积极推动市场主体注册和使用商标,促进农产品质量提高,保证食品安全,提高农产品附加值,增强市场竞争力。

(24)加强商标管理。提高商标审查效率,缩短审查周期,保证审查质量。尊重市场规律,切实解决驰名商标、著名商标、知名商品、名牌产品、优秀品牌的认定等问题。

(三)版权

(25)扶持新闻出版、广播影视、文学艺术、文化娱乐、广告设计、工艺美术、计算机软件、信息网络等版权相关产业发展,支持具有鲜明民族特色、时代特点作品的创作,扶持难以参与市场竞争的优秀文化作品的创作。

(26)完善制度,促进版权市场化。进一步完善版权质押、作品登记和转让合同备案等制度,拓展版权利用方式,降低版权交易成本和风险。充分发挥版权集体管理组织、行业协会、代理机构等中介组织在版权市场化中的作用。

(27)依法处置盗版行为,加大盗版行为处罚力度。重点打击大规模制售、传播盗版产品的行为,遏制盗版现象。

(28) 有效应对互联网等新技术发展对版权保护的挑战。妥善处理保护版权与保障信息传播的关系,既要依法保护版权,又要促进信息传播。

(四) 商业秘密

(29) 引导市场主体依法建立商业秘密管理制度。依法打击窃取他人商业秘密的行为。妥善处理保护商业秘密与自由择业、涉密者竞业限制与人才合理流动的关系,维护职工合法权益。

(五) 植物新品种

(30) 建立激励机制,扶持新品种培育,推动育种创新成果转化为植物新品种权。支持形成一批拥有植物新品种权的种苗单位。建立健全植物新品种保护的技术支撑体系,加快制订植物新品种测试指南,提高审查测试水平。

(31) 合理调节资源提供者、育种者、生产者和经营者之间的利益关系,注重对农民合法权益的保护。提高种苗单位及农民的植物新品种权保护意识,使品种权人、品种生产经销单位和使用新品种的农民共同受益。

(六) 特定领域知识产权

(32) 完善地理标志保护制度。建立健全地理标志的技术标准体系、质量保证体系与检测体系。普查地理标志资源,扶持地理标志产品,促进具有地方特色的自然、人文资源优势转化为现实生产力。

(33) 完善遗传资源保护、开发和利用制度,防止遗传资源流失和无序利用。协调遗传资源保护、开发和利用的利益关系,构建合理的遗传资源获取与利益分享机制。保障遗传资源提供者知情同意权。

(34) 建立健全传统知识保护制度。扶持传统知识的整理和传承,促进传统知识发展。完善传统医药知识产权管理、保护和利用协调机制,加强对传统工艺的保护、开发和利用。

(35) 加强民间文艺保护,促进民间文艺发展。深入发掘民间文艺作品,建立民间文艺保存人与后续创作人之间合理分享利益的机制,维护相关个人、群体的合法权益。

(36) 加强集成电路布图设计专有权的有效利用,促进集成电路产业发展。

（七）国防知识产权

（37）建立国防知识产权的统一协调管理机制，着力解决权利归属与利益分配、有偿使用、激励机制以及紧急状态下技术有效实施等重大问题。

（38）加强国防知识产权管理。将知识产权管理纳入国防科研、生产、经营及装备采购、保障和项目管理各环节，增强对重大国防知识产权的掌控能力。发布关键技术指南，在武器装备关键技术和军民结合高新技术领域形成一批自主知识产权。建立国防知识产权安全预警机制，对军事技术合作和军品贸易中的国防知识产权进行特别审查。

（39）促进国防知识产权有效运用。完善国防知识产权保密解密制度，在确保国家安全和国防利益基础上，促进国防知识产权向民用领域转移。鼓励民用领域知识产权在国防领域运用。

五、战略措施

（一）提升知识产权创造能力

（40）建立以企业为主体、市场为导向、产学研相结合的自主知识产权创造体系。引导企业在研究开发立项及开展经营活动前进行知识产权信息检索。支持企业通过原始创新、集成创新和引进消化吸收再创新，形成自主知识产权，提高把创新成果转变为知识产权的能力。支持企业等市场主体在境外取得知识产权。引导企业改进竞争模式，加强技术创新，提高产品质量和服务质量，支持企业打造知名品牌。

（二）鼓励知识产权转化运用

（41）引导支持创新要素向企业集聚，促进高等学校、科研院所的创新成果向企业转移，推动企业知识产权的应用和产业化，缩短产业化周期。深入开展各类知识产权试点、示范工作，全面提升知识产权运用能力和应对知识产权竞争的能力。

（42）鼓励和支持市场主体健全技术资料与商业秘密管理制度，建立知识产权价值评估、统计和财务核算制度，制订知识产权信息检索和重大事项预警等制度，完善对外合作知识产权管理制度。

（43）鼓励市场主体依法应对涉及知识产权的侵权行为和法律诉讼，提高应对知识产权纠纷的能力。

(三) 加快知识产权法制建设

(44) 建立适应知识产权特点的立法机制,提高立法质量,加快立法进程。加强知识产权立法前瞻性研究,做好立法后评估工作。增强立法透明度,拓宽企业、行业协会和社会公众参与立法的渠道。加强知识产权法律修改和立法解释,及时有效回应知识产权新问题。研究制定知识产权基础性法律的必要性和可行性。

(四) 提高知识产权执法水平

(45) 完善知识产权审判体制,优化审判资源配置,简化救济程序。研究设置统一受理知识产权民事、行政和刑事案件的专门知识产权法庭。研究适当集中专利等技术性较强案件的审理管辖权问题,探索建立知识产权上诉法院。进一步健全知识产权审判机构,充实知识产权司法队伍,提高审判和执行能力。

(46) 加强知识产权司法解释工作。针对知识产权案件专业性强等特点,建立和完善司法鉴定、专家证人、技术调查等诉讼制度,完善知识产权诉前临时措施制度。改革专利和商标确权、授权程序,研究专利无效审理和商标评审机构向准司法机构转变的问题。

(47) 提高知识产权执法队伍素质,合理配置执法资源,提高执法效率。针对反复侵权、群体性侵权以及大规模假冒、盗版等行为,有计划、有重点地开展知识产权保护专项行动。加大行政执法机关向刑事司法机关移送知识产权刑事案件和刑事司法机关受理知识产权刑事案件的力度。

(48) 加大海关执法力度,加强知识产权边境保护,维护良好的进出口秩序,提高我国出口商品的声誉。充分利用海关执法国际合作机制,打击跨境知识产权违法犯罪行为,发挥海关在国际知识产权保护事务中的影响力。

(五) 加强知识产权行政管理

(49) 制定并实施地区和行业知识产权战略。建立健全重大经济活动知识产权审议制度。扶持符合经济社会发展需要的自主知识产权创造与产业化项目。

(50) 充实知识产权管理队伍,加强业务培训,提高人员素质。根据经济社会发展需要,县级以上人民政府可设立相应的知识产权管理机构。

(51) 完善知识产权审查及登记制度,加强能力建设,优化程序,提高效率,降低行政成本,提高知识产权公共服务水平。

(52) 构建国家基础知识产权信息公共服务平台。建设高质量的专利、商标、版权、集成电路布图设计、植物新品种、地理标志等知识产权基础信息库,加快开发适合我国检索方式与习惯的通用检索系统。健全植物新品种保护测试机构和保藏机构。建立国防知识产权信息平台。指导和鼓励各地区、各有关行业建设符合自身需要的知识产权信息库。促进知识产权系统集成、资源整合和信息共享。

(53) 建立知识产权预警应急机制。发布重点领域的知识产权发展态势报告,对可能发生的涉及面广、影响大的知识产权纠纷、争端和突发事件,制订预案,妥善应对,控制和减轻损害。

(六) 发展知识产权中介服务

(54) 完善知识产权中介服务管理,加强行业自律,建立诚信信息管理、信用评价和失信惩戒等诚信管理制度。规范知识产权评估工作,提高评估公信度。

(55) 建立知识产权中介服务执业培训制度,加强中介服务职业培训,规范执业资质管理。明确知识产权代理人等中介服务人员执业范围,研究建立相关律师代理制度。完善国防知识产权中介服务体系。大力提升中介组织涉外知识产权申请和纠纷处置服务能力及国际知识产权事务参与能力。

(56) 充分发挥行业协会的作用,支持行业协会开展知识产权工作,促进知识产权信息交流,组织共同维权。加强政府对行业协会知识产权工作的监督指导。

(57) 充分发挥技术市场的作用,构建信息充分、交易活跃、秩序良好的知识产权交易体系。简化交易程序,降低交易成本,提供优质服务。

(58) 培育和发展市场化知识产权信息服务,满足不同层次知识产权信息需求。鼓励社会资金投资知识产权信息化建设,鼓励企业参与增值性知识产权信息开发利用。

(七) 加强知识产权人才队伍建设

(59) 建立部门协调机制,统筹规划知识产权人才队伍建设。加快建设国家和省级知识产权人才库和专业人才信息网络平台。

(60) 建设若干国家知识产权人才培养基地。加快建设高水平的知识产权师资队伍。设立知识产权二级学科,支持有条件的高等学校设立知识产权硕士、博士学位授予点。大规模培养各级各类知识产权专业人才,重点培养企业急需的知识产权管理和中介服务人才。

(61)制定培训规划,广泛开展对党政领导干部、公务员、企事业单位管理人员、专业技术人员、文学艺术创作人员、教师等的知识产权培训。

(62)完善吸引、使用和管理知识产权专业人才相关制度,优化人才结构,促进人才合理流动。结合公务员法的实施,完善知识产权管理部门公务员管理制度。按照国家职称制度改革总体要求,建立和完善知识产权人才的专业技术评价体系。

(八)推进知识产权文化建设

(63)建立政府主导、新闻媒体支撑、社会公众广泛参与的知识产权宣传工作体系。完善协调机制,制定相关政策和工作计划,推动知识产权的宣传普及和知识产权文化建设。

(64)在高等学校开设知识产权相关课程,将知识产权教育纳入高校学生素质教育体系。制定并实施全国中小学知识产权普及教育计划,将知识产权内容纳入中小学教育课程体系。

(九)扩大知识产权对外交流合作

(65)加强知识产权领域的对外交流合作。建立和完善知识产权对外信息沟通交流机制。加强国际和区域知识产权信息资源及基础设施建设与利用的交流合作。鼓励开展知识产权人才培养的对外合作。引导公派留学生、鼓励自费留学生选修知识产权专业。支持引进或聘用海外知识产权高层次人才。积极参与国际知识产权秩序的构建,有效参与国际组织有关议程。

附录 3

深入实施国家知识产权战略
加快建设知识产权强国推进计划

为深入贯彻习近平新时代中国特色社会主义思想,全面贯彻落实党的十九大精神和党中央、国务院各项决策部署,深入实施国家知识产权战略,加快建设知识产权强国,明确2018年重点任务和工作措施,制定本计划。

一、深化知识产权领域改革

（一）推进知识产权管理体制机制改革

1. 按照《深化党和国家机构改革方案》,做好重新组建国家知识产权局工作。（知识产权局负责）

2. 完成知识产权综合管理改革首批试点工作,做好试点工作总结。（知识产权局、版权局负责）

3. 在全面创新改革试验区域深入推进知识产权保护体制机制改革。（知识产权局、发展改革委牵头、科技部、公安部负责）

4. 深化中新广州知识城知识产权运用和保护综合改革试验。（知识产权局负责）

5. 探索建立国家层面知识产权案件上诉审理机制,探索由北京知识产权法院集中管辖京津冀技术类案件,研究在知识产权法院实行"三合一"审判机制,增设西安、郑州等4家知识产权法庭。（高法院负责）

（二）改革完善知识产权重大政策

6. 推动完善国家科技计划知识产权管理相关制度,强化实施过程的知识产权管理,深化知识产权分析评议工作。（科技部、知识产权局负责）

7. 落实研发费用税前加计扣除政策。（财政部、税务总局、科技部负责）

8. 制定加强知识产权会计信息披露的会计处理规定。（财政部、知识产权

局负责)

9. 推动出台重大经济科技活动知识产权评议相关政策文件。(知识产权局、发展改革委、科技部、工业和信息化部负责)

10. 组织实施《中国国民经济核算体系 2016》,完善研发支出等知识产权产品的核算方法,探索娱乐、文学和艺术品原件等知识产权产品的核算方法。(统计局、知识产权局、版权局负责)

11. 发布知识产权年度发展状况报告、商标品牌战略年度发展报告、版权产业经济贡献报告。(知识产权局、版权局、农业农村部、统计局、林草局按职责分别负责)

(三) 深化知识产权"放管服"改革

12. 推进知识产权领域军民融合改革试点,在有关试点地区委托下放国防专利申请受理、实施备案和转让审批等职能,逐步放开国防专利代理服务行业。(中央军委装备发展部、知识产权局负责)

13. 深入实施专利代理行业发展"十三五"规划,全面推进专利代理行业"双随机、一公开"监管,推动实施专利代理机构服务规范国家标准,将专利代理机构设立审批时间由 20 天缩短为 10 天。(知识产权局负责)

14. 建设商标代理机构信用监管系统,严厉打击商标代理机构不正当竞争等违法行为,着力规范商标代理行业秩序,继续增设商标申请受理窗口,推进受理点与质权登记点一体化建设。(知识产权局负责)

15. 继续推进商标注册便利化改革,推动各地从法律制度上取消著名、知名商标。(知识产权局负责)

16. 加强对著作权集体管理组织及境外著作权认证机构驻华代表处的监管。(版权局负责)

17. 扩大专利基础数据开放范围,推进商标数据向社会全部开放。(知识产权局负责)

18. 开展专利代理人担任律师事务所特别合伙人试点工作。(司法部、知识产权局负责)

二、强化知识产权创造

(一) 加大高价值知识产权培育力度

19. 深入实施专利质量提升工程,大力培育高价值核心专利。突出质量导

向,进一步完善专利和商标统计体系,指导和督促地方完善专利支持相关政策,改进专利奖推荐评选工作。(知识产权局负责)

20. 加大商标品牌创新创业基地建设力度,推进行业品牌和区域品牌建设,引导商标密集型产业发展,完善商标品牌价值评价机制。(知识产权局负责)

21. 推动做好中医药传统知识保护数据库、保护名录、保护制度建设工作,加强古代经典名方类中药制剂知识产权保护,推动中药产业知识产权联盟建设。(中医药局、知识产权局、工业和信息化部负责)

(二)提高知识产权审查质量和效率

22. 聚焦国家重点发展产业技术方向,加快新兴领域和业态的专利审查制度建设,进一步提升重点领域和关键环节的专利审查质量,有序推进中国专利质量系统建设。(知识产权局负责)

23. 建立《专利审查指南》常态化修订机制,继续完善专利审查质量保障和审查业务指导体系,加强"双监督双评价"质量管理。(知识产权局负责)

24. 坚持专利审查周期分类管理,发挥优先审查、巡回审查等多种审查模式效能,制定重点优势产业专利申请集中审查管理办法。(知识产权局负责)

25. 提高商标审查能力,将商标注册审查周期从 8 个月压缩到 6 个月。(知识产权局负责)

26. 规范全国著作权登记工作,建立全国作品登记信息公示查询系统。(版权局负责)

三、强化知识产权保护

(一)完善法律法规规章

27. 推动《专利法》第四次修订和《专利代理条例》修订。(知识产权局、司法部负责)

28. 推动《著作权法》第三次修订。(版权局、司法部负责)

29. 推动《植物新品种保护条例》修订。(农业农村部、林草局、知识产权局负责)

30. 推进生物遗传资源获取管理法规和《人类遗传资源管理条例》立法进程。(生态环境部、科技部、司法部、农业农村部、林草局、知识产权局负责)

31. 推动《国防专利条例》修订。(中央军委装备发展部、工业和信息化部、

国防科工局、知识产权局负责)

32. 做好《反不正当竞争法》相关配套规章的制修订工作。(市场监管总局负责)

33. 推进《奥林匹克标志保护条例》修订工作。(知识产权局、司法部负责)

34. 积极推动知识产权基础性法律制度建设,加强新领域、新业态知识产权保护政策措施研究。(知识产权局负责)

35. 推动发布《国防专利定密解密工作规程》《军用计算机软件著作权登记工作暂行规则》,推动国防知识产权有偿使用管理办法制定工作,完成《军用集成电路布图设计登记暂行办法》拟制,启动军用集成电路布图设计登记试点工作。(中央军委装备发展部、财政部、国防科工局、知识产权局、版权局负责)

36. 推动在著作权法、专利法等法律中规定惩罚性赔偿制度,提高知识产权侵权的法定赔偿额。(高法院、知识产权局、版权局负责)

37. 研究制定在商标授权确权案件中适用商标法的若干规定,细化恶意抢注行为的类型和法律适用。(知识产权局负责)

38. 探索建立证据披露、证据妨碍排除等规则,明确不同诉讼程序中证据相互采信、司法鉴定效力和证明力等问题,发挥专家辅助人的作用,适当减轻当事人的举证负担。(高法院负责)

(二) 加强保护长效机制建设

39. 加快建立健全知识产权严保护、大保护、快保护、同保护工作机制。制定强化知识产权保护行动计划。(知识产权局负责)

40. 加快知识产权保护中心建设和布局,深化知识产权举报投诉和维权援助工作体系。(知识产权局负责)

41. 推进政府机关软件正版化督查全覆盖,加大企事业单位软件正版化督查力度,进一步推广《正版软件管理工作指南》,继续开展国产软件应用试点工作。(版权局负责)

42. 积极推进知识产权领域社会信用体系建设,加大对失信行为的惩戒力度。(知识产权局负责)

43. 加强知识产权纠纷仲裁调解工作,继续开展知识产权保护规范化市场培育认定。(知识产权局、贸促会负责)

44. 推进知识产权公证服务平台建设,制定公证知识产权电子证据保管服务规范和业务规则,扩大公证知识产权电子证据保管服务试点。(司法部负责)

45. 完善地理标志保护和运用机制。（知识产权局负责）

46. 完善新药创制等科技重大专项管理工作中的知识产权保护长效工作机制。（卫生健康委负责）

（三）开展重点领域专项治理

47. 深入开展"护航""雷霆"等专项行动，严厉打击展会、电商等重点领域和关键环节专利等侵权违法行为。（知识产权局负责）

48. 制定"互联网＋"知识产权保护工作方案，指导开展"互联网＋"知识产权保护行动。（知识产权局负责）

49. 深入开展2018年"剑网行动"，强化对重点作品、重点领域版权专项整治。（版权局、工业和信息化部、公安部负责）

50. 深入开展出口知识产权优势企业知识产权保护"龙腾"专项行动。（海关总署负责）

51. 继续加强植物新品种保护执法体系建设，组织开展打击侵犯植物新品种权专项行动。（农业农村部、林草局负责）

52. 以网络表演、网络游戏、网络音乐、网络动漫等市场为重点，发布违法违规互联网文化产品和经营单位查处名单，依法查处违法违规经营行为。（文化和旅游部负责）

53. 实施寄递渠道安全监管"绿盾"工程，支持配合相关部门严厉打击查处寄递渠道实施的侵犯知识产权违法行为。（邮政局负责）

（四）加强日常监管执法

54. 深化京津冀、长江经济带、珠三角等区域的专利联合执法。（知识产权局负责）

55. 依法惩治侵犯知识产权犯罪，对侵犯前瞻性基础研究、引领性原创成果、颠覆性技术创新等领域知识产权构成犯罪的及其他有重大社会影响的案件，予以挂牌督办，对办理侵犯知识产权案件存在的问题和遇到的困难加强调研指导，编发保护知识产权典型案例。（高检院、公安部负责）

56. 完善数据化情报导侦建设，强化线索研判和集约打击，保持常态化严打高压态势。（公安部负责）

57. 完善并推广知识产权海关保护备案移动查询系统，上线知识产权海关保护执法系统。发挥全国海关一级、二级风险防控中心的作用，构建知识产权海

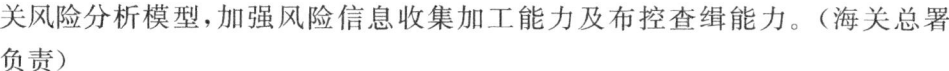

关风险分析模型,加强风险信息收集加工能力及布控查缉能力。(海关总署负责)

58. 做好知识产权保护社会满意度调查,开展知识产权保护规范化市场专项监督检查工作。(知识产权局、版权局负责)

四、强化知识产权运用

(一)加强知识产权转移转化

59. 发挥国家知识产权运营公共服务平台枢纽作用,深入推进知识产权运营服务体系建设。(知识产权局、财政部负责)

60. 加强中科院知识产权运营管理中心建设,对存量专利分析分类,组织开展专利拍卖,向社会提供高质量高价值专利。(中科院负责)

61. 开展知识产权密集型产业培育研究,推动专利密集型产业分类国家标准制定和统计监测工作。(统计局、知识产权局按职责分别负责)

62. 推广专利权质押等知识产权融资模式,加大专利保险险种开发和推广力度。探索开展知识产权证券化业务。推动知识产权出口。(知识产权局、银保监会、证监会、人民银行、外汇局负责)

63. 推动国有企事业单位建立健全知识产权资产管理制度,为科技成果专利化、创新成果产业化提供制度保障。(财政部、国资委、知识产权局按职责分别负责)

64. 深入推进商标富农工作。(知识产权局、农业农村部负责)

65. 继续开展版权示范创建工作,对全国版权示范城市、单位、园区(基地)进行核查,继续做好全国版权交易中心(贸易基地)建设工作,开展全国版权创新基地创建,举办国际版权博览会。(版权局负责)

66. 鼓励研究开发机构、高校建设专业化技术转移机构,提升服务能力和水平,培育一批具有示范带动作用的技术转移机构。持续推进高校、科研机构知识产权贯标工作,指导高校和科研机构建立科学化、规范化的知识产权管理体系。(知识产权局、科技部、教育部、中科院负责)

67. 强化与知识产权有关的标准化工作,组织研究标准必要专利布局指南。(市场监管总局、知识产权局负责)

68. 推进知识产权领域认证能力建设,推动落实《知识产权认证管理办法》。(市场监管总局、知识产权局负责)

69. 推动国防科技成果向民用领域转化应用,发布第一批国防专利脱密信息,编制印发第四批国防科技工业知识产权转化目录。(中央军委装备发展部、国防科工局、知识产权局负责)

(二)强化知识产权信息利用

70. 大力推广区域创新质量类、产业规划类和企业运营类专利导航项目,完善专利导航业务指导和项目评价。开展专利导航试点工程总结评估,深化专利导航政策措施。(知识产权局负责)

71. 实施知识产权区域布局工程,制定知识产权区域布局导向目录范本。(知识产权局负责)

72. 制定实施知识产权服务促进产业转型升级三年行动计划。(知识产权局、发展改革委负责)

73. 继续开展"知识产权走基层 服务经济万里行"和知识产权服务品牌机构牵手区域经济发展等活动。(知识产权局负责)

74. 继续开展知识产权服务业集聚发展试验区、示范区建设,新遴选一批知识产权服务品牌培育机构,开展众创空间知识产权服务工作站建设试点。(知识产权局负责)

75. 在全国范围内建设一批商标品牌创业创新基地,有效促进产业集群、小微企业集中区、商标密集型产业集聚区、商标品牌服务业集聚区的发展。(知识产权局负责)

76. 推动开展知识产权分析评议,支持重点园区、企业和科研院所建立知识产权分析评议制度,开展知识产权评议试点工作。(知识产权局、工业和信息化部负责)

77. 针对生物技术等关键领域和技术,深入开展专利布局战略研究及预警分析。(科技部负责)

78. 指导高校知识产权信息中心的建设和运行,遴选确认一批高校国家知识产权信息服务中心。(教育部、知识产权局负责)

79. 加大农业知识产权公共信息平台建设,支持企业利用农业知识产权信息资源服务产业发展。(农业农村部负责)

80. 完善国防知识产权信息平台,完成国防专利的标准数据加工,完成国防专利电子申请系统等应用系统开发和部署,开展国防关键技术领域专利分析,分类建设国防相关领域知识产权信息资源库,建设和完善国防科技工业领域知识

产权信息系统,形成国防科技工业领域专利技术分类体系。(中央军委装备发展部、国防科工局负责)

五、深化知识产权国际交流合作

(一)提升知识产权对外合作水平

81. 加强与世界知识产权组织、世界贸易组织及相关国际组织的合作交流,积极推动"一带一路"沿线国家、金砖国家知识产权合作,办好2018年"一带一路"知识产权高级别会议、第十次金砖国家知识产权局长会议、国际工商知识产权2018峰会,深化与"一带一路"沿线国家的专利审查合作,积极扩大中国专利审查、授权结果海外注册生效范围,继续深度参与发明和工业品外观设计五局合作。加强商标品牌及版权国际交流合作,提升涉外知识产权工作成效。(知识产权局、商务部、外交部牵头,农业农村部、海关总署、版权局、林草局、贸促会按职责分工分别负责)

82. 加强多双边知识产权对话合作的协调力度,继续做好知识产权高层外交。推动第四期中欧知识产权合作项目顺利实施,加快中欧地理标志协定谈判进程。积极推动自贸协定知识产权章节谈判。统筹协调亚太经合组织和金砖国家经贸合作机制下的知识产权合作,做好知识产权相关贸易摩擦应对工作。(商务部、外交部、海关总署、版权局、知识产权局、贸促会按职责分工分别负责)

83. 继续做好"中国政府知识产权奖学金"项目,开展面向发展中国家的知识产权学历教育。(知识产权局、教育部负责)

84. 与世界知识产权组织合作开展中国专利奖、中国版权金奖评选活动。(知识产权局、版权局按职责分别负责)

85. 完成首批世界知识产权组织技术创新支持中心挂牌运行,稳步推进国家知识产权国际合作基地建设。(知识产权局负责)

86. 建立国际版权应对联动机制,推动《视听表演北京条约》早日生效。(版权局负责)

87. 积极参加国际植物新品种保护联盟系列会议,积极履行《生物多样性公约关于获取遗传资源和公正和公平分享其利用所产生惠益的名古屋议定书》,加强履约能力建设。(生态环境部、农业农村部、林草局、知识产权局按职责分别负责)

（二）加强重点产业海外布局和风险防控

88. 指导中央企业联合开展海外专利布局工作，加大主要海外市场国家或地区的知识产权战略布局和风险防控。（国资委、知识产权局负责）

89. 持续推进海外知识产权信息平台"智南针"网建设。（知识产权局负责）

90. 引导企业加快商标品牌海外布局，建立商标海外维权援助机制，建立完善商标国际注册和海外维权数据库。（知识产权局负责）

91. 建立海外知识产权问题及案件信息提交平台，推动形成海外知识产权维权援助服务网。（商务部、知识产权局、版权局、贸促会按职责分别负责）

92. 完善境外重点知名会展知识产权服务站工作机制，继续向重要国际展会派遣监管小组，为中国参展企业提供知识产权法律调解和咨询服务。（商务部、贸促会按职责分别负责）

93. 搭建企业知识产权海外维权平台，推动设立企业知识产权海外维权援助服务基金。（贸促会负责）

六、加强组织实施和保障

（一）加强政策制定和推进落实

94. 完成《国家知识产权战略纲要》实施十年评估工作。（联席会议办公室、联席会议成员单位负责）

95. 启动知识产权强国建设纲要研究制定工作。（联席会议办公室、联席会议成员单位负责）

96. 开展国家知识产权战略纲要实施十年宣传和表彰工作。（联席会议办公室、中央宣传部负责）

97. 开展"十三五"国家知识产权保护和运用规划实施中期评估。（联席会议办公室、联席会议成员单位负责）

98. 加强京津冀、长江经济带等区域的知识产权战略实施工作统筹协调，加大对中西部地区和东北老工业基地知识产权工作支持力度，促进区域协调发展。（知识产权局、发展改革委负责）

99. 加大知识产权强省、强市建设力度，印发实施知识产权强企建设方案，深入实施中小企业知识产权战略推进工程。（知识产权局负责）

100. 制定实施工业和信息化领域知识产权年度推进计划。（工业和信息

化部)

101. 制定实施加快建设知识产权强国林业年度推进计划。(林草局负责)

102. 推动出台《关于贯彻落实创新驱动发展战略 加强国防知识产权工作的若干意见》。(中央军委装备发展部、财政部、国防科工局负责)

(二)加强人才培养和宣传引导

103. 深入实施知识产权人才"十三五"规划,加强知识产权国际化人才、知识产权运营、专利导航等紧缺人才培养培训。(知识产权局、教育部负责)

104. 继续支持有条件的高校自主设置知识产权相关学科,探索知识产权专业学位人才培养,加强法律硕士、工商管理硕士等专业学位知识产权人才培养。支持高水平高校根据国家和区域经济发展需要在相关学科下设置知识产权相关专业。(教育部负责)

105. 依托国家知识产权培训基地,建立产学研联合的人才培养模式。加大知识产权领军人才和高层次人才工作力度。(知识产权局负责)

106. 加快建设中国特色知识产权国家智库,加强中国特色知识产权理论研究。(知识产权局负责)

107. 深入实施专业技术人才知识更新工程,加大对知识产权领域专业技术人才培养培训工作的支持力度。完善知识产权专业技术人员职称评价标准。加大知识产权高层次人才引进力度,完善相关高层次人才回国优惠政策。加强公务员知识产权培训。(人力资源社会保障部、中央组织部、知识产权局负责)

108. 深入实施知识产权文化建设工程,大力倡导以知识产权文化为重要内容的创新文化,深入开展中小学知识产权教育试点示范工作,广泛开展知识产权普及教育,认真落实"谁执法谁普法"普法责任制,大力开展知识产权法治宣传。(知识产权局、教育部、司法部、文化和旅游部、版权局、中国科协负责)

109. 全面构建知识产权大宣传工作格局,统筹用好各类宣传载体,做好知识产权重大选题宣传。办好全国知识产权宣传周、中国专利周、中国专利年会、中国版权年会、专利技术和产品交易会、知识产权保护高层论坛、中国国际商标品牌节等大型活动。(知识产权局、中央宣传部、中央网信办、教育部、司法部、文化和旅游部、版权局负责)

附录 4

2008—2018 年各个地区实施知识产权战略概括

省份	年份	政策条例名称
江苏省	2009	《江苏省重点领域企业和行业知识产权战略推进计划》
	2009	《江苏省知识产权战略纲要》
	2010	《江苏省加强知识产权保护和管理工作实施意见》
	2012	《江苏省知识产权"十二五"发展规划》
	2015	《关于加快建设知识产权强省的意见》
	2016	《江苏省知识产权强企行动计划》
	2016	《关于严格专利保护的若干意见》
	2016	《关于加快推进产业科技创新中心和创新型省份建设的若干政策措施》
	2016	《专利收费减缴办法》
	2016	《江苏省"十三五"知识产权人才发展规划》
	2016	《江苏省"十三五"知识产权发展规划》
	2017	《关于知识产权强省建设的若干政策措施》
	2017	《专利代理行业发展"十三五"规划》
	2018	《江苏省"十三五"知识产权服务业发展规划》
	2018	《知识产权对外转让有关工作办法(试行)》实施细则
	2018	《2018 年江苏省知识产权强省建设工作计划》
浙江省	2008	《实施自主创新能力提升行动计划》
	2008	《浙江省著作权管理办法》
	2008	《关于在科技工作中全面实施知识产权战略的若干意见》
	2008	《浙江省区域知识产权创建与示范工作实施意见》

附录4　2008—2018年各个地区实施知识产权战略概括

(续表)

省份	年份	政策条例名称
浙江省	2008	《浙江省专利行政委托执法暂行办法》
	2008	《2008年浙江省保护知识产权行动计划》
	2009	《浙江省贯彻国家知识产权战略纲要实施意见》
	2009	《关于全省工商系统贯彻落实〈国家知识产权战略纲要〉大力推进商标战略的实施意见》
	2009	《关于审理侵犯专利权纠纷案件适用法定赔偿方法的若干意见》
	2009	《关于审理网络著作权侵权纠纷案件的若干解答意见》
	2009	《关于加强知识产权民事案件诉讼调解工作的指导意见》
	2010	《浙江省流通领域知识产权保护试点单位认定管理办法(试行)》
	2010	《做好专利纠纷案件调解处理工作的指导意见(试行)》
	2010	《关于加强知识产权民事审判司法建议工作的意见(试行)》
	2011	《浙江省"十二五"知识产权发展规划》
	2011	《浙江省"十二五"专利规划》
	2012	《关于进一步培育和规范浙江网上技术市场的若干意见》
	2012	《关于进一步发挥专利支撑作用促进经济转型升级的若干意见》
	2012	《关于建立专利民事纠纷诉调对接机制的意见》
	2012	《关于进一步加强知识产权宣传与信息工作的若干意见》
	2012	《2012年浙江省专利事业发展战略推进计划》
	2012	《关于进一步做好全省工商系统打击侵犯知识产权和制售假冒伪劣商品工作的意见》
	2012	《浙江省关于进一步明确责任切实加强文化市场管理的若干意见》
	2013	《浙江省知识产权发展"十二五"规划》
	2013	《浙江省2013年知识产权战略实施工作要点》
	2013	《浙江省流通领域知识产权保护试点示范单位管理办法》
	2014	《浙江省电子商务领域专利保护工作指导意见(试行)》
	2014	《关于深入实施商标品牌战略的意见》
	2015	《关于深入实施知识产权战略行动计划(2015—2020年)的通知》
	2015	《关于有重大影响的专利侵权案件范围的规定》

(续表)

省份	年份	政策条例名称
浙江省	2015	《加强高新技术产业园区(科技城)知识产权工作的指导意见》
	2015	《浙江省专利条例》
	2016	《关于新形势下加快知识产权强省建设的实施意见》
	2016	《浙江省知识产权发展"十三五"规划》
	2016	《关于做好专利纠纷案件调解处理工作的指导意见(试行)》
	2016	《浙江省专利奖评选办法》
	2016	《浙江省专利示范企业管理办法》
	2016	《浙江省2016年专利事业发展战略推进工作组织实施方案》
	2017	《浙江省出台关于新形势下加快知识产权强省建设的实施意见》
	2017	《2017年浙江省知识产权战略实施工作要点》
	2017	《2017年知识产权重点工作责任清单》
	2017	《浙江省企业知识产权卓越管理工作指南(试行)》
	2017	《浙江省知识产权服务业集聚发展示范区管理办法(试行)》
	2018	《浙江省企业知识产权卓越管理评价工作手则》
	2018	《浙江省2018年电子商务领域专利保护专项行动工作方案》
安徽省	2013	《关于加强战略性新兴产业知识产权工作的实施意见》
	2014	《安徽省深入实施国家知识产权战略行动计划(2014—2020年)实施方案》
	2016	《安徽省知识产权(专利)事业发展"十三五"规划》
	2017	《〈关于严格专利保护的若干意见〉任务分工和工作进度方案》
	2018	《"十三五"安徽省知识产权保护和运用规划》
	2018	《落实〈关于严格专利保护的若干意见〉实施意见暨2018年专利行政保护工作要点》
河南省	2013	《河南省人民政府关于加快实施知识产权战略的意见》
	2017	《河南省专利奖励办法》
	2017	《河南省专利奖励办法实施细则》
	2017	《河南省专利事业发展"十三五"规划》
	2017	《关于新形势下加快知识产权强省建设的若干意见》
	2017	《2017年河南省知识产权质押融资和专利保险工作方案》

(续表)

省份	年份	政策条例名称
河南省	2017	《河南省重大经济活动知识产权评议办法》
	2017	《河南省人民政府关于新形势下加快知识产权强省建设的若干意见》
	2018	《河南省知识产权战略纲要》
	2018	《2018年河南省知识产权局系统专利执法维权"雷霆"专项行动工作方案》
	2018	《河南省扶贫开发工作重点县国内专利资助资金管理办法》
湖北省	2009	《湖北省知识产权战略实施推进计划(2009—2012年)》
	2010	《湖北省知识产权战略纲要》
	2010	《湖北省知识产权(专利)事业"十二五"发展规划(纲要)》
	2010	《湖北省管理专利工作的部门查处假冒专利行为行政处罚裁量权指导标准(试行)》
	2012	《2012年湖北省知识产权战略实施推进计划》
	2013	《2013年湖北省知识产权战略实施推进计划》
	2014	《湖北省知识产权战略实施推进计划(2014—2017)》
	2014	《加强专利创造运用保护暂行办法》
	2014	《加强专利创造运用保护暂行办法实施细则》
	2014	《湖北省2014年知识产权执法维权"护航"专项行动方案》
	2014	《2014年湖北省知识产权战略实施推进计划》
	2016	《关于加快知识产权强省建设的意见》
	2016	《湖北省企业知识产权海外护航工程实施方案》
	2016	《关于加快湖北省知识产权服务业发展的意见》
	2016	《关于激励知识产权创造的若干意见》
	2016	《湖北省知识产权"十三五"发展规划》制定印发
	2016	《湖北省知识产权局专利代理专项整治工作实施方案》
	2017	《湖北省专利条例》
	2017	《关于推进湖北省知识产权金融服务工作的指导意见》
	2017	《2017年度专利行政执法和知识产权维权援助举报投诉工作绩效考核方案》
	2017	《关于严格专利保护的若干意见》

(续表)

省份	年份	政策条例名称
新疆维吾尔自治区	2010	《新疆维吾尔自治区知识产权战略纲要》
	2011	《自治区知识产权战略实施推进计划（2011—2015）》
	2012	《新疆维吾尔自治区专利促进与保护条例》
	2012	《2012年新疆维吾尔自治区知识产权战略实施推进计划》
	2013	《自治区专利行政执法能力提升工程实施方案》
	2013	《自治区2013年知识产权执法维权"护航"专项行动实施方案》
	2013	《新疆维吾尔自治区知识产权举报投诉奖励办法》
	2013	《自治区知识产权局假冒专利行为行政处罚自由裁量基准》
	2014	《新疆维吾尔自治区加强专业市场知识产权保护工作的意见》
	2015	《2015年新疆专利事业发展战略推进计划》
	2015	《2015年新疆维吾尔自治区知识产权战略实施推进计划》
	2016	《关于加强重大经济科技活动知识产权评议工作的意见》
	2016	《自治区重大经济科技活动知识产权评议工作操作指南》
	2017	《自治区关于落实〈国务院关于新形势下加快知识产权强国建设若干意见〉的实施意见》
	2017	《新疆维吾尔自治区知识产权（专利）"十三五"规划》
	2017	《全区知识产权局系统2017年执法维权工作方案》
西藏自治区	2012	《西藏自治区"十二五"时期科学和技术发展规划》
	2014	《西藏自治区科学技术奖励办法》
	2015	《西藏自治区科学技术奖励办法实施细则》
	2016	《西藏自治区人民政府关于加强知识产权工作的若干意见》
	2017	《西藏自治区"十三五"科技创新规划》
	2017	《2017年西藏自治区打击侵犯知识产权和制售假冒伪劣商品工作要点》
	2018	《西藏自治区专利资助办法》
	2018	《2018年西藏自治区打击侵犯知识产权和制售假冒伪劣商品工作要点》
四川省	2009	《四川省知识产权战略纲要》
	2010	《四川省专利申请资助资金管理办法》
	2011	《四川省专利实施与促进专项资金管理办法》

(续表)

省份	年份	政策条例名称
四川省	2012	《关于加强自主创新促进科技成果转化的意见》
	2013	《四川省专利实施与产业化激励办法》
	2014	《四川省知识产权局关于进一步提升全省专利申请质量的实施意见》
	2014	《四川省知识产权局关于深入开展"双打""护航"专项行动进一步加强四川省专利行政执法工作的意见》
	2014	《四川省专利行政处罚裁量权实施办法》
	2015	《关于加强职务发明人合法权益保护促进知识产权运用的实施意见》
	2015	《2015年四川省知识产权战略纲要实施推进计划》
	2015	《2015年专利行政执法重点工作》
	2015	《关于加快推进我省产业园区知识产权服务平台建设的指导意见》
	2015	《四川省专利行政执法办案规范》
	2015	《四川省深入实施四川省知识产权战略行动计划(2016—2020年)》
	2016	《四川省知识产权法治宣传教育第七个五年规划(2016—2020年)》
	2016	《关于深入实施知识产权战略加快建设西部知识产权强省的意见》
	2017	《四川省"十三五"知识产权保护和运用规划》
	2017	《省级知识产权专项资金管理办法》
	2017	《关于严格专利保护的实施意见》
	2017	《四川省专利行政执法办案规范》
	2018	《关于完善知识产权侵权查处机制工作方案》
	2018	《关于企业海外知识产权维权援助平台建设工作方案》
云南省	2009	《云南省人民政府关于贯彻国家知识产权战略的实施意见》
	2010	《云南省查处假冒专利实施行政处罚基准制度》
	2011	《云南省"十二五"知识产权(专利)事业发展规划》
	2013	《云南省人民政府办公厅关于深入推进实施知识产权战略的意见》
	2013	《云南省专利促进与保护条例》
	2015	《贯彻深入实施国家知识产权战略行动计划(2014—2020年)的实施意见》
	2016	《云南省人民政府关于新形势下加快知识产权强国建设的实施意见》

(续表)

省份	年份	政策条例名称
云南省	2016	《专利收费减缴办法》
	2016	《云南省专利资助办法（试行）》
	2016	《云南省举报投诉专利违法行为奖励办法（试行）》
	2017	《云南省"十三五"知识产权发展规划》
	2017	《云南省"十三五"知识产权（专利）运用和保护规划》
	2017	《云南省专利奖奖励办法（试行）》
	2017	《云南省知识产权局关于严格专利保护的实施意见》
	2017	《云南省知识产权强企工程指导意见》
	2017	《2017年云南省知识产权战略实施推进工作指导意见》
	2018	《云南省知识产权人才认定和培养实施方案》
陕西省	2006	《关于加强陕西省知识产权工作的若干意见》
	2008	《关于加强企业知识产权工作的意见》
	2008	《陕西省知识产权战略纲要（2008—2020）》
	2008	《陕西省知识产权战略推进计划（2008—2010）》
	2010	《陕西省知识产权（专利）工作"十一五"发展规划》
	2010	《关于申报2010年陕西省知识产权战略研究课题的通知》
	2010	《2010年陕西省知识产权战略研究计划》
	2010	《关于实施中小企业知识产权战略推进工程的意见》
	2010	《陕西省知识产权局系统执法专项行动实施方案》
	2011	《陕西省知识产权战略推进计划（2011—2012年）》
	2013	《陕西省知识产权战略推进计划（2013—2014年）》
	2013	《陕西省人民政府办公厅关于加强战略性新兴产业知识产权工作的意见》
	2015	《关于加强陕西国防科技工业知识产权工作的意见》
	2016	《陕西省知识产权举报投诉奖励办法（暂行）》
	2016	《陕西省知识产权（专利）"十三五"规划》
	2016	《贯彻国家知识产权战略行动计划建设创新型省份知识产权工作方案（2015—2017年）》
	2017	《陕西省人民政府关于建设知识产权强省的实施意见》

附录4　2008—2018年各个地区实施知识产权战略概括

(续表)

省份	年份	政策条例名称
吉林省	2016	《吉林省人民政府关于新形势下加快知识产权强省建设的实施意见》
	2017	《"十三五"吉林省知识产权保护和运用规划》
	2017	《"十三五"吉林省知识产权保护和运用规划》
甘肃省	2010	《甘肃省知识产权战略纲要》
	2012	《甘肃省专利条例》
	2012	《甘肃省专利权质押融资指导意见》
	2014	《甘肃省中小微企业专利质押融资办法》
	2015	《甘肃省专利资助资金管理办法》
	2015	《关于进一步加强高校知识产权工作的意见》
	2015	《关于加强企业知识产权工作的意见》
	2015	《深入实施甘肃省知识产权战略行动计划(2015—2020)》
	2015	《甘肃省专利奖励试行办法》
	2016	《甘肃省新形势下加快知识产权强省建设的实施方案》(甘政发〔2016〕73号)
	2016	《甘肃省建设特色型知识产权强省试点省实施方案》(甘政发〔2016〕93号)
	2016	《甘肃省支持科技创新若干措施》
	2016	《甘肃省开展专利保险工作指导意见》
	2016	《关于新形势下加快知识产权强省建设的实施方案》
	2017	《兰州新区知识产权综合管理改革试点方案》
	2017	《2017年甘肃省建设特色型知识产权强省试点省年度推进计划》
	2017	《甘肃省产业知识产权联盟备案办法》
	2017	《关于全面组织实施中小企业知识产权战略推进工程的意见》
	2017	《甘肃省知识产权优势企业认定和管理办法》
	2017	《甘肃省知识产权(专利)发展"十三五"规划》
	2017	《甘肃省举报假冒专利行为奖励办法(试行)》
	2018	《关于加快建设甘肃省知识产权运营体系的意见》
	2018	《2018年甘肃省深入实施知识产权战略加快建设知识产权强省推进计划》
	2018	《甘肃省专利保险资助资金管理办法》

(续表)

省份	年份	政策条例名称
广东省	2016	《广东省市场监管条例》
	2017	《广东省重大经济和科技活动知识产权审查评议暂行办法》
福建省	2008	《福州市专利保护与促进若干规定》
	2008	《福建省知识产权强县工程实施方案》
	2009	《福建省专利权质押贷款工作指导意见》
	2009	《福建省著名商标认定管理和保护办法》
	2009	《福建省标准化管理办法》
	2009	《福建省"海上丝绸之路:泉州史迹"文化遗产保护管理办法》
	2009	《关于进一步加强科技创新中知识产权工作的若干意见》
	2010	《关于贯彻国家知识产权战略纲要的实施意见》
	2010	《福建省专利奖评奖办法》
	2012	《福建省展会知识产权管理办法》
	2012	《关于进一步加强高等学校知识产权工作的意见》
	2012	《福建省企业专利权质押贷款贴息办法(试行)》
	2012	《福建省专利申请资助办法》
	2013	《福建省专利促进与保护条例》
	2014	《关于深化省级事业单位科技成果使用处置和收益管理改革的暂行规定》
	2015	《关于修订福建省专利申请资助办法的通知》
	2015	《福建省知识产权强县(市、区)管理办法(暂行)》
	2015	《福建省专利运用行动计划实施方案(2015—2017年)》
	2016	《福建省知识产权软科学研究项目管理办法》
	2016	《福建省加快知识产权强省建设实施方案》
	2016	《福建省专利技术实施与产业化计划项目管理办法(暂行)》
	2016	《福建省"十三五"专利事业发展规划》
	2016	《福建省专利导航试点工作管理暂行办法》
	2017	《福建省知识产权优势企业管理办法》
	2017	《福建省知识产权评议工作指导意见》
	2018	《福建省专利发展专项资金管理暂行办法》
	2018	《福建省专利申请资助资金管理办法》
	2018	《福建省中小学知识产权普及教育试点工作方案》

(续表)

省份	年份	政策条例名称
江西省	2011	《江西省专利广告出证管理办法》
	2011	《江西省专利行政执法实施办法(试行)》
	2011	《江西省专利申请及实施资助暂行办法》
	2011	《江西省专利费资助暂行办法》
	2011	《江西省专利实施资助项目管理暂行办法》
	2011	《江西省专利实施许可合同备案程序》
	2012	《江西省专利管理专业技术资格评价办法》
	2013	《江西省专利行政执法能力提升项目实施方案》
	2013	《省知识产权局2013年重点工作安排》
	2013	《江西省知识产权富民强县示范县建设专项资金项目和资金管理暂行办法》
	2013	《江西省战略性新兴产业专利技术研发引导与产业化示范专项资金项和资金管理暂行办法》
	2013	《江西省专利促进条例》
	2013	《江西省促进专利代理行业发展的意见(暂行)》
	2013	《江西省知识产权软科学研究计划项目管理暂行办法》
	2013	《江西省知识产权举报投诉奖励办法》
	2013	《江西省知识产权局遏制和防范非正常专利申请管理办法》
	2013	《江西省知识产权局非正常专利申请诚信档案管理办法》
	2013	《江西省各市知识产权工作绩效考核暂行办法》
	2013	《关于进一步加强高等学校知识产权工作的意见》
	2014	《江西省知识产权入园强企"十百千万"工程实施方案》
	2014	《江西省知识产权服务机构入册服务暂行办法》
	2014	《江西省知识产权试点示范园区和优势示范企业评定管理办法(试行)》
	2015	《江西省专利奖励办法》
	2015	《江西省专利奖励办法实施细则》
	2015	《江西省中小微企业知识产权质押融资管理办法(暂行)》
	2016	《江西省知识产权维权援助暂行办法》

(续表)

省份	年份	政策条例名称
江西省	2016	《江西省专利代理人实习培训基地管理办法(试行)》
	2016	《江西省知识产权局权力清单》
	2016	《江西省知识产权局责任清单》
	2016	《江西省人民政府关于加快特色型知识产权强省建设的实施意见》
	2016	《江西省建设特色型知识产权强省试点省实施方案》
	2017	《江西省中小学知识产权教育试点示范管理办法》
	2018	《江西省省级知识产权(专利)孵化中心认定和管理办法》
上海市	2012	《关于加强本市服务外包产业知识产权工作的若干意见》
	2013	《上海市专利资助资金管理办法》
	2013	《上海市企事业专利工作试点示范单位认定和管理办法(试行)》
	2015	《上海市知识产权试点和示范园区评定与管理办法》
	2018	《上海市专利资助办法》
湖南省	2008	《湖南省专利行政执法质量考核评议办法》
	2008	《湖南省知识产权软科学课题研究管理办法》
	2008	《湖南省专利申请资助办法(试行)》
	2008	《湖南省文明专利代理机构和优秀专利代理人评选办法(试行)》
	2008	《湖南省知识产权优势企业培育工程管理办法(试行)》
	2008	《湖南省知识产权软科学研究课题评审办法(试行)》
	2008	《湖南省专利奖评选办法》
	2008	《湖南省优秀专利发明人评选办法》
	2008	《湖南省知识产权局局本级专利申请资助工作规程(试行)》
	2008	《湖南省企事业单位知识产权试点工作办法》
	2008	《湖南省专利行政执法质量考核评议办法》
	2008	《湖南省企事业单位知识产权试点工作办法》
	2008	《湖南省优秀专利发明人评选办法》
	2008	《湖南省文明专利代理机构和优秀专利代理人评选办法(试行)》
	2008	《湖南省知识产权软科学研究课题评审办法(试行)》
	2008	《湖南省知识产权局局本级专利申请资助工作规程(试行)》

(续表)

省份	年份	政策条例名称
湖南省	2008	《湖南省专利奖评选办法》
	2008	《湖南省知识产权软科学课题研究管理办法》
	2008	《湖南省知识产权优势企业培育工程管理办法(试行)》
	2010	《湖南省专利行政处罚自由裁量权基准》
	2010	《湖南省知识产权局印发关于加强信息利用工作的若干意见的通知》
	2012	《湖南省专利条例》
	2012	《湖南省专利资助办法》
	2013	《湖南省专利奖励办法》
	2013	《湖南省知识产权战略实施专项项目管理办法》
	2013	《关于促进湖南省专利权质押贷款工作的意见》
	2013	《湖南省专利资助办法》
	2013	《湖南省重点发明专利管理办法》
	2013	《湖南省专利行政处罚自由裁量权基准》
	2015	《2015年湖南省知识产权系统打击侵犯知识产权和制售假冒伪劣商品工作方案》
	2015	《湖南省知识产权专家顾问管理办法》
	2015	《湖南省人民政府办公厅关于深化商事制度改革的实施意见》
	2015	《关于加强专利行政执法工作的意见》
	2015	《湖南省知识产权局政务公开信息发布协调制度》
	2015	《湖南省知识产权局政务公开监督考核制度》
	2015	《湖南省知识产权局合同合法性审查制度(试用稿)》
	2015	《湖南省知识产权局重大行政执法决定法制审核和集体讨论决定制度(试用稿)》
	2015	《重大行政决策事项目录(试用稿)》
	2015	《专利侵权纠纷调处流程工作制度》
	2015	《专利行政执法工作人员业务培训工作制度》
	2015	《专利行政文明执法工作制度》
	2015	《专利行政执法举报投诉处理工作制度》
	2015	《专利行政执法言行工作规范》

(续表)

省份	年份	政策条例名称
湖南省	2015	《专利行政执法工作绩效考核制度》
	2015	《湖南省专利行政执法专项经费使用办法》
	2015	《湖南省专利侵权纠纷案件移送制度(试行)》
	2015	《湖南省专利行政执法信息通报制度》
	2015	《专利行政执法过错责任追究制度》
	2015	《湖南省专利行政执法案卷管理工作制度》
	2015	《专利侵权纠纷调处流程工作制度》
	2015	《湖南省专利行政处罚自由裁量权基准》
	2015	《重大行政决策听证事项目录(试用稿)》
	2015	《湖南省知识产权局党风廉政建设签字背书制度》
	2015	《湖南省知识产权局党组会议议事规则(试行)》
	2015	《湖南省知识产权局政务信息公开制度》
	2015	《湖南省知识产权局计算机网络管理办法》
	2015	《湖南省知识产权局行政复议申请条件和复议程序(试用稿)》
	2015	《关于加强专利行政案件办理质量工作的意见》
	2015	《湖南省专利行政执法案件信息公开工作制度》
	2015	《湖南省专利行政执法工作督查制度》
	2015	《专利侵权纠纷案件取证规定》
	2015	《湖南省知识产权局系统专利纠纷行政调解协议司法确认工作规范(试行)》
	2015	《湖南省知识产权局干部谈心谈话制度》
	2015	《湖南省知识产权局贯彻落实〈湖南省政府服务规定〉实施方案》
	2015	《办理发明专利申请优先审查手续(试行)》
	2016	《湖南省知识产权局办公室关于印发信访工作制度的通知》
	2016	《湖南省知识产权局"三重一大"集体决策制度》
	2017	《湖南省知识产权保护创新示范企业创建工作方案》
	2017	《湖南省知识产权密集型产业培育工作方案》
	2018	《关于建立知识产权纠纷诉调对接机制的意见》

(续表)

省份	年份	政策条例名称
广西壮族自治区	2012	《广西壮族自治区专利条例》
	2013	《2013年广西知识产权系统执法维权"护航"专项行动实施方案》
	2018	《广西壮族自治区知识产权对外转让审查细则(试行)》
贵州省	2009	《贵州科学技术奖励办法》
	2009	《贵州省重大科技专项经费预算评审(试行)办法》
	2009	《贵州省企业研究开发费用加计扣除项目技术鉴定办法(试行)》
	2009	《贵州省科学技术进步条例》
	2013	《关于调整贵州省科技攻关计划重大专项计划和科研机构创新能力建设专项科研体制改革专项经费管理办法若干规定的通知》
	2013	《关于加强科技创新促进经济社会更好更快发展的决定》
	2014	《贵州省农业科技园区管理办法》
	2014	《贵州省专利奖评奖办法》
	2014	《贵州省应用技术研究与开发资金后补助管理暂行规定》
	2014	《关于促进贵州省知识产权服务辅导机构发展的补助管理暂行办法》
	2015	《贵州省优秀青年科技人才培养对象选拔、培养管理办法》
	2015	《贵州省重大经济活动知识产权评议办法》
	2015	《贵州省科技创新券管理办法》
	2015	《贵州省科技保险补助资金管理暂行办法》
	2015	《贵州省专利申请资助管理办法》
	2015	《贵州省众创空间遴选和管理办法(试行)》
	2015	《贵州省知识产权优势企业遴选办法(试行)》
	2015	《贵州省科技型企业成长梯队遴选及管理办法》
	2015	《贵州省科技计划科技报告管理暂行办法》
	2016	《贵州省科技创新券管理办法》有关补充规定
	2016	《贵州省知识产权优势企业遴选办法(试行)》
	2016	《关于促进贵州省知识产权局服务辅导机构发展的补助管理暂行办法》
	2016	《贵州省省级知识产权专项资金使用管理办法》
	2016	《贵州省专利奖评奖办法》

(续表)

省份	年份	政策条例名称
贵州省	2016	《贵州省专利申请资助管理办法》(已失效)
	2016	《贵州省科技特派员管理办法(暂行)》
	2016	《关于公布规范性文件清理结果的公告》
	2016	《贵州省新购大型科研仪器设备联合评议管理办法(试行)》
	2016	《贵州省科技企业孵化器遴选和管理办法(试行)》
	2016	《贵州省技术转移示范机构遴选办法(试行)》
	2016	《贵州省大型科研仪器设备共享服务评估与补助暂行办法》
	2016	《贵州省专利纠纷调处规定》
	2017	《关于研究开发机构和高等院校报送科技成果转化年度报告工作有关事项的通知》
	2017	《贵州省专利代理行业改革试点工作方案》
	2017	《关于进一步改进完善省级财政科研项目资金管理等政策的实施意见》
	2017	《关于转发支持科技创新进口税收政策管理办法的通知》
	2017	《贵州省科技计划科技报告管理办法》补充规定
	2017	《贵州省专利行政执法情况通报制度》
	2018	《贵州省科学技术奖励办法实施细则》
	2018	《贵州省专利权质押贷款贴息补助管理办法》
	2018	《贵州省发明专利运营试点后补助方案》
	2018	《贵州省技术先进型服务企业认定管理办法(试行)》
	2018	《科技(知识产权)领域规范性文件清理情况》
	2018	《贵州省专利资助管理办法》
	2018	《贵州省知识产权对外转让审查细则(试行)》
重庆市	2015	《重庆市知识产权质押融资管理办法(试行)》
海南省	2011	《海南省鼓励和支持战略性新兴产业和高新技术产业发展的若干政策(暂行)》
	2012	《海南省促进知识产权发展若干规定》
	2015	《海南省促进省属高等院校和科研院所科技成果转化的若干意见(试行)》
	2016	《海南省人民政府关于新形势下加快知识产权强省建设的实施意见》

附录 4　2008—2018 年各个地区实施知识产权战略概括

（续表）

省份	年份	政策条例名称
海南省	2017	《海南省人民政府关于加快科技创新的实施意见》
	2018	《海南省专利权质押融资暂行管理办法》
	2018	《海南省"三区"科技人才项目经费管理办法》
宁夏回族自治区	2017	《宁夏回族自治区知识产权补助资金管理暂行办法》
	2018	《宁夏回族自治区知识产权补助资金管理暂行办法》
北京市	2008	《北京市专利申请资助金管理暂行办法》
	2009	《北京市大型商业零售经营单位知识产权保护指导规范》
	2013	《北京市专利保护和促进条例》
	2014	《北京市企业海外知识产权预警和应急救助专项资金管理办法(暂行)》
	2015	《北京市加强专利运用工作暂行办法》
	2015	《加快首都知识产权服务业的实施意见》
	2015	《深入实施首都知识产权战略行动计划(2015—2020 年)》
	2015	《北京市加强知识产权纠纷多元调解工作的意见》
	2016	《关于加快知识产权首善之区建设的意见》
	2016	《北京市展会知识产权保护办法》
	2017	《北京市专利资助金管理办法实施细则》
	2017	《北京市举报假冒专利行为奖励办法》
	2017	《2016 年北京市战略性新兴产业知识产权(专利)状况》
	2018	《北京市重点产业知识产权运营基金管理办法》
	2018	《北京市企业海外知识产权预警项目管理办法》
	2018	《北京市促进知识产权服务业发展行动计划(2018—2020 年)》
	2018	《北京市企业海外知识产权预警项目行业知识产权预警工作办法》
天津市	2009	《关于加强天津市重大高新技术产业化项目知识产权保护和管理工作的指导意见》
	2009	《关于加强政府投入项目专利管理工作的实施意见》
	2011	《天津市专利促进与保护条例》
	2011	《天津市专利奖评奖办法》
	2011	《天津市著名商标认定和保护办法》

(续表)

省份	年份	政策条例名称
天津市	2011	《天津市软件产业发展专项资金使用管理办法》
	2014	《关于我市实施商标战略促进经济发展的意见》
	2015	《天津滨海高新技术产业开发区鼓励企业实施商标战略的奖励办法》
	2015	《天津市软件企业和集成电路企业认定标准及管理办法》
山东省	2012	《山东省知识产权促进条例》
	2012	《山东省知识产权政务信息与新闻宣传工作管理办法》
	2012	《山东省知识产权战略纲要》
	2012	《山东省人民政府关于加强知识产权工作提高企业核心竞争力的意见》
	2013	《山东省专利条例》
	2014	《山东省专利奖励办法》
	2015	《山东省小微企业知识产权质押融资项目管理办法》
	2015	《山东省深入实施知识产权战略行动计划(2015—2020年)》
	2015	《山东省推进重点产业知识产权保护联盟工作办法》
	2016	《山东省专利纠纷处理和调解办法》
	2016	《山东省知识产权强省建设实施方案》
	2017	《山东省知识产权远程教育平台分站管理办法》
	2017	《关于鼓励全省专利代理机构服务创新发展的暂行意见》
	2017	《山东省专利奖励办法实施细则》
	2017	《山东省知识产权示范企业认定管理办法》
	2018	《山东省专利权"政银保"融资试点工作实施办法(试行)》
	2018	《知识产权创新支持新旧动能转换的工作措施》
	2018	《山东省举报假冒专利行为奖励办法》
	2018	《山东省重点产业专利导航试点方案》
内蒙古自治区	2018	《内蒙古自治区发明专利费用资助办法》
	2018	《内蒙古自治区知识产权事业发展"十三五"规划》
河北省	2010	《河北省专利权质押贷款管理暂行办法》
	2012	《河北省企业知识产权管理规范试点工作实施方案》
	2014	《河北省知识产权优势培育工程专利奖评选办法》

(续表)

省份	年份	政策条例名称
河北省	2016	《2016年度专利资助办法》
	2016	《专利权作价出资入股补贴(试行)办法》
	2017	《河北省专利条例》
黑龙江省	2010	《黑龙江省专利补贴资金及知识产权宣传培训费管理办法(试行)》
	2011	《黑龙江省知识产权保护政策》
	2012	《黑龙江省专利资助资金管理办法》
	2014	《黑龙江省知识产权局系统电子商务领域执法维权专项行动方案(试行)》
	2015	《黑龙江省知识产权局"互联网＋"行动计划》
	2016	《黑龙江省深入实施知识产权战略行动计划(2015—2020年)》
	2016	《黑龙江省人民政府关于新形势下加快知识产权强省建设的实施意见》
	2017	《2017年深入实施黑龙江省知识产权战略加快建设知识产权强省推进计划》
青海省	2008	《青海省贯彻落实〈国家知识产权战略纲要〉实施意见》
	2009	《青海省专利资助资金管理暂行办法》
	2011	《青海省专利促进与保护条例》
	2012	《关于建立知识产权保护行政与司法联动机制工作纪要》
	2013	《青海省专利奖励资金管理暂行办法》
	2015	《关于青海省贯彻落实国家知识产权战略行动计划(2014—2020年)实施意见的通知》
	2016	《青海省专利权质押贷款实施办法》
	2016	《青海省专利补助资金管理办法》
	2016	《青海省科技计划知识产权管理办法》
山西省	2011	《山西省知识产权(专利)事业"十二五"发展规划》
	2012	《关于加强加强战略性新兴产业知识产权工作引领资源型经济转型发展若干意见》
	2014	《山西省专利实施和保护条例》
	2015	《山西省知识产权战略实施行动计划(2015—2020年)》
	2015	《山西省专利行政执法案件信息公开工作实施办法》
	2016	《山西省专利奖励办法》

(续表)

省份	年份	政策条例名称
山西省	2016	《关于新形势下推进知识产权强省建设的实施意见》
	2017	《山西省专利奖励办法实施细则》
	2017	《山西省专利事业"十三五"发展规划》
辽宁省	2016	《辽宁省专利条例》
	2017	《关于加强中国(辽宁)自由贸易试验区知识产权工作的若干意见》
	2017	《辽宁省发明专利申请费用补助资金管理办法》
	2017	《辽宁省举报假冒专利行为奖励办法(试行)》
	2018	《省知识产权局贯彻落实辽宁省开展"办事难"问题专项整治工作方案》

主要参考文献

一、中文文献

[1] 安同良,周绍东,皮建才.补贴对中国企业自主创新的激励效应[J].经济研究,2009,44(10):87-98.

[2] 鲍宗客.创新行为与中国企业生存风险:一个经验研究[J].财贸经济,2016a,37(2):85-99.

[3] 鲍宗客.市场进入、年龄和创新激励[J].经济与管理研究,2016b,37(2):77-84.

[4] 鲍宗客.知识产权保护、创新政策与中国研发企业生存风险——一个事件史分析法[J].财贸经济,2017(5):147-160.

[5] 曹献飞,于诚.外部融资约束加剧了企业生存风险吗?——基于Cox比例风险模型的经验分析[J].中央财经大学学报,2015(9):106-116.

[6] 陈凤仙,王琛伟.从模仿到创新——中国创新型国家建设中的最优知识产权保护[J].财贸经济,2015(1):143-156.

[7] 陈乙文,黄铃辊.影响财务危机预警模型因子之研究[J].建国科大学报,2005,24(2):153-168.

[8] 陈志斌,谭瑞娟.财务预警的行业差异模型研究[J].南京师大学报(社会科学版),2006(5):62-67.

[9] 陈艳莹,夏一平.社会网络与市场中介组织行为异化——中国省份面板数据的实证研究[J].中国工业经济,2011(11):148-157.

[10] 陈艳莹,鲍宗客.干中学与中国制造业的市场结构:内生性沉没成本的视角[J].中国工业经济,2012(8):45-57.

[11] 陈磊,任若恩.基于比例危险和主成分模型的公司财务困境预测[J].财经问题研究,2007,(7):93-96.

[12] 陈勇兵,李燕,周世民.中国企业出口持续时间及其决定因素[J].经济研究,

2012,47(7):48-61.

[13] 陈阵,王雪.创新行为、沉没成本与企业生存——基于我国微观数据的实证分析[J].科学学与科学技术管理,2014,35(10):142-149.

[14] 杜本峰.事件史分析及其应用[M].北京:经济科学出版社,2008.

[15] 杜凤莲,刘文忻.失业救济金与中国城镇人口失业持续时间[J].经济科学,2005,27(4):18-28.

[16] 董雪兵,史晋川.累积创新框架下的知识产权保护研究[J].经济研究,2006,41(5):97-105.

[17] 樊纲,王小鲁,朱恒鹏.中国市场化指数——各地区市场化相对进程[M].北京:经济科学出版社,2011.

[18] 傅利平,李小静.政府补贴在企业创新过程的信号传递效应分析——基于战略性新兴产业上市公司面板数据[J].系统工程,2014,32(11):50-58.

[19] 傅利平,李永辉.政府补贴、创新能力与企业存续时间[J].科学学研究,2015,33(10):1496-1503+1495.

[20] 郭慧慧,何树全.中国农业贸易关系生存分析[J].世界经济研究,2012,(2):51-56.

[21] 郭春野,庄子银.知识产权保护与"南方"国家的自主创新激励[J].经济研究,2012(9):32-45.

[22] 郭丽虹,马文杰.融资约束与企业投资-现金流量敏感度的再检验:来自中国上市公司的证据[J].世界经济,2009,32(2):77-87.

[23] 过新伟,胡晓.公司治理,宏观经济环境与财务失败预警研究——离散时间风险模型的应用[J].上海经济研究,2012,(5):85-96.

[24] 韩玉雄,李怀祖.知识产权保护对经济增长的影响:一个基于垂直创新的技术扩散模型[J].当代经济科学,2003(2):33-41+93.

[25] 韩玉雄,李怀祖.知识产权保护对社会福利水平的影响[J].世界经济,2003(9):69-77+80.

[26] 韩玉雄,李怀祖.关于中国知识产权保护水平的定量分析[J].科学学研究,2005(3):377-382.

[27] 何树全,张秀霞.中国对美国农产品出口持续时间研究[J].统计研究,2011,28(2):34-38.

[28] 黄健柏,白冰,曹裕.企业和行业特征对湖南企业生存年限影响的实证研究[J].系统工程理论与实践,2010,30(5):812-821+823-826+822.

[29] 金碚.资源环境管制与工业竞争力关系的理论研究[J].中国工业经济,2009(12):44-48.

[30] 雷鸣,缪巧其.运用生存分析与极值理论对上证指数的研究[J].数量经济技术经济研究,2004(11):130-137.

[31] 雷鸣,谭常春,缪柏其.运用生存分析与变点理论对上证指数的研究[J].中国管理科学,2007,15(5):1-8.

[32] 李春涛,宋敏.中国制造业企业的创新活动:所有制和CEO激励的作用[J].经济研究,2010,45(5):55-67.

[33] 李伟.纠错、替代与过度进入——对中国转轨过程中市场进入问题的实证分析[J].管理世界,2009(12):57-66.

[34] 李平,简泽,江飞涛.进入退出、竞争与中国工业部门的生产率——开放竞争作为一个效率增进过程[J].数量经济技术经济研究,2012(9):3-21.

[35] 林炜.企业创新激励:来自中国劳动力成本上升的解释[J].管理世界,2013(10):95-105.

[36] 刘思明,侯鹏,赵彦云.知识产权保护与中国工业创新能力——来自省级大中型工业企业面板数据的实证研究[J].数量经济技术经济研究,2015,32(3):40-57.

[37] 逯宇铎,戴美虹,刘海洋.融资约束降低了中国研发企业的生存概率吗?[J].科学学研究,2014,32(10):1476-1487.

[38] 马超龙,何克.基于Cox的财务困境时点预测模型研究[J].统计与决策,2010(2):38-42.

[39] 马超群,何文.基于Cox的财务困境时点预测模型研究[J].统计与决策,2010(21):38-42.

[40] 毛其淋,许家云.政府补贴激励了企业新产品创新吗?[R].经济研究工作论文,2015.

[41] 毛其淋,盛斌.中国制造业企业的进入退出与生产率动态演化[J].经济研究,2013,48(4):16-29.

[42] 倪中新,张杨.基于Cox比例危险模型的制造业财务困境恢复研究内[J].统计与信息论坛,2012,27(1):15-20.

[43] 聂辉华,江艇,杨汝岱.中国工业企业数据库的使用现状和潜在问题[J].世界经济,2012(5):142-158.

[44] 欧定余,魏聪.融资约束、政府补贴与研发制造企业的生存风险[J].经济科

学,2016(6):63-74.

[45] 彭建刚,易宇,李樟飞.测算商业银行贷款违约概率的贷款违约表法探讨[J].管理学报,2009,6(6):828-833.

[46] 史宇鹏,顾全林.知识产权保护,异质性企业与创新:来自中国制造业的证据[J].金融研究,2013(8):136-149.

[47] 施方.住房抵押保险的国际比较及其启示[J].经济经纬,2003(4):135-137.

[48] 宋鹏,张信东.基于 Logistic 模型的上市公司财务危机预警研究[J].经济问题,2009,360(8):50-52.

[49] 邵军.中国出口贸易联系持续期及影响因素分析——出口贸易稳定发展的新视角[J].管理世界,2011(6):24-33.

[50] 苏越良,高阳.产品市场生存函数的一种非参数极大似然估计法[J].系统工程理论与实践,2003,23(8):87-87.

[51] 孙晓华,王昀.企业规模对生产率及其差异的影响——来自工业企业微观数据的实证研究[J].中国工业经济,2014(5):57-69.

[52] 孙灵燕,崔喜君.FDI、融资约束与民营企业出口——基于中国企业层面数据的经验分析[J].世界经济研究,2011(01):61-66.

[53] 肖兴志,何文韬,郭晓丹.能力积累、扩张行为与企业持续生存时间——基于我国战略性新兴产业的企业生存研究[J].管理世界,2014(02):77-89.

[54] 苏为华,孔伟杰.基于知识产权保护的国际贸易和FDI技术溢出效应研究[J].统计研究,2010,27(2):58-65.

[55] 许春明,单晓光.中国知识产权保护强度指标体系的构建及验证[J].科学学研究,2008(4):715-723.

[56] 许家云,毛其淋.政府补贴、治理环境与中国企业生存[J].世界经济,2016(2):75-99.

[57] 田巍,余淼杰.企业生产率和企业"走出去"对外直接投资:基于企业层面数据的实证研究[J].经济学(季刊),2012,11(2):383-408.

[58] 魏自儒,李子奈.进入顺序对企业出口持续时间的影响[J].财经研究,2013,39(8):51-63.

[59] 田欣嫒,周镭.基于生存分析法的顾客生命周期计量研究——以商业银行信用卡顾客为例[J].管理学报,2011,8(3):471.

[60] 田军,周勇.信用传染违约 Aalen 加性风险模型[J].应用数学学报,2012,35(3):408-420.

[61] 吴延兵.自主研发、技术引进与生产率——基于中国地区工业的实证研究[J].经济研究,2008(8):51-64.

[62] 吴军,白云霞.我国银行制度的变迁与国有企业预算约束的硬化——来自1999—2007年国有上市公司的证据[J].金融研究,2009,(10):179-192.

[63] 吴碧英,吴晓琪.基于因子分析法的再就业行为研究[J].东南学术,2008,2(2):89-95.

[64] 王华.更严厉的知识产权保护制度有利于技术创新吗?[J].经济研究,2011(s2):124-135.

[65] 王德文,王美艳,陈兰.中国工业的结构调整、效率与劳动配置[J].经济研究,2004(4):41-49.

[66] 魏自儒,李子奈.进入顺序对企业出口持续时间的影响[J].财经研究,2013,39(8):51-63.

[67] 魏后凯.市场竞争、经济绩效和产业集中[M].北京:经济科学出版社,2003.

[68] 袁卫秋.我国上市公司的债务期限结构——基于权衡思想的实证研究[J].会计研究,2005(12):53-58.

[69] 袁康来,周燕.非财务因素变化对企业财务危机影响的实证分析[J].科技与管理,2009(3):94-97.

[70] 袁丽胜,宋逢明.大额交易的生存分析与微观市场状态变迁[J].运筹与管理,2006,15(1):73-77.

[71] 岳上植,张广柱.上市公司财务危机预警模型构建研究[J].会计之友,2009(3):79-84.

[72] 易先忠,张亚斌,刘智勇.自主创新、国外模仿与后发国知识产权保护[J].世界经济,2007(3):31-40.

[73] 于娇,逯宇铎,刘海洋.出口行为与企业生存概率:一个经验研究[J].世界经济,2015(4):25-49.

[74] 于洪霞,龚六堂,陈玉宇.出口固定成本融资约束与企业出口行为[J].经济研究,2011(4):55-67.

[75] 余长林,王瑞芳.发展中国家的知识产权保护与技术创新:只是线性关系吗?[J].当代经济科学,2009,31(3):92-100.

[76] 尹志锋,叶静怡,黄阳华,秦雪征.知识产权保护与企业创新:传导机制及其检验[J].世界经济,2013,36(12):111-129.

[77] 杨慧馨.企业的进入退出与产业组织政策[M].上海人民出版社,2000.

[78] 叶静怡,李晨乐,雷震.专利申请提前公开制度、专利质量与技术知识传播[J].世界经济,2012(8):115-133.

[79] 张鸿.企业寿命问题研究[J].商业研究,2005(16):122-125.

[80] 张杰,陈志远,杨连星,新夫.中国创新补贴政策的绩效评估:理论与证据[J].经济研究,2015,50(10):4-17.

[81] 张慧,彭璧玉.创新行为与企业生存:创新环境、员工教育重要吗[J].产业经济研究,2017(4):30-40.

[82] 周百隆,郭和益.财务风险评估与异常报酬——中国上市公司的实证研究[J].企业管理学报,2006(69):1-38.

[83] 周勇,谢尚宇,袁媛.信用违约风险模型中违约概率的统计推断机[J].系统工程理论与实践,2008,28(8):206-214.

二、外文文献

[1] ACS Z J, ARMINGTON C, ZHANG T. The Determinants of New-firm Survival across Regional Economies: The Role of Human Capital Stock and Knowledge Spillover[J]. Papers in Regional Science, 2007, 86(3): 367-391.

[2] ACS Z J, AUDRETSCH D B. Births and Firm Size[J]. Southern Economic Journal, 1989, 56: 467-475.

[3] AGARWAL, RAJSHREE, GORT. Firm and Product Life Cycles and Firm Survival[J]. American Economic Review, 2002, 36(4):409-412.

[4] AGARWAl R, GORT M. The Evolution of Markets and Entry, Exit and Survival of Firms[J]. The Review of Economics and Statistics, 2013, 78(3): 489-498.

[5] AGARWAL R, AUDRETSCH D. Does Start-up Size Matter? The Impact of Technology and Product Life Cycle on Firm Survival[J]. Journal of Industrial Economics, 2001, 49(1): 21-44.

[6] AGARWAl R, SARKAR M B. The Conditioning Effect of Time on Firm Survival: An Industry Life Cycle Approach[J]. Academy of Management Journal, 2002, 45(5): 971-994.

[7] AGUIRREGABIRIA V, MIRA P. Dynamic Discrete Choice Structural Models: A Survey[J]. Journal of Econometrics, 2010, 156:383-401.

[8] ALFARO L, CHANDA A, KALEMLI O. FDI and Economic Growth: the Role of Local Financial Markets[J]. Journal of International Economics, 2004,64(1):89-112.

[9] ALLISON P D. Event History and Survival Analysis: Regression for Longitudinal Event Data[M]. SAGE Publications, 2014.

[10] ALLRED, B WALTER, G PARK. Patent Rights and Innovative Activities: Evidence from National and Firm-Level Data[J]. Journal of International Business Studies, 2007, 38(6): 878-900.

[11] ALMANDOZ J, TILCSIK A. When Experts Become Liabilities: Domain Experts on Boards and Organizational Failure[J]. Academy of Management Journal, 2016, 59(4): 1124-1149.

[12] ALMEIDA R., Fernandes A M. Openness and Technological Innovations in Developing Countries: Evidence from Firm-Level Surveys[J]. Journal of Development Studies, 2008, 44(5):701-727.

[13] ARGILES R O, MORENO R. Firm Competitive Strategies and the Likelihood of Survival: the Spanish Case[J]. Paper on Entrepreneurship Growth & Public Policy, 2007(4):1856-1879.

[14] ARGENTI J. Corporate Collapse: The Causes and Symptoms[M]. New York: Wiley, 1976.

[15] ARGENTI J. Corporate Planning and Corporate Collapse[J]. Long Range Planning, 1976, 9(6): 12-17.

[16] ARUNDEL A. The Relative Effectiveness of Patents and Secrecy for Appropriation[J]. Research Policy, 2001, 30(4):611-624.

[17] ASPLUND M, NOCKE V. Imperfect Competition, Market Size and Firm Turnover[R]. CEPR. Discussion Papers, 2001.

[18] AUDRETSCH D B, MAHMOOD T. The Hazard Rate of New Establishments: A First Report[J]. Economics Letters, 1991, 36(4): 409-412.

[19] AUDRETSCH D B, MAHMOOD T. New Firm Survival: New Results Using a Hazard Function[J]. The Review of Economics and Statistics, 1995, 77: 97-103.

[20] AUDRETSCH D B, MATA J. The Post-entry Performance of Firms:

Introduction[J]. International Journal of Industrial Organization, 2004, 13(4):413-419.

[21] AUDRETSCH D B, SANTARELLI E, VIVARELLI M. Start-up Size and Industrial Dynamics: Some Evidence from Italian Manufacturing[J]. International Journal of Industrial Organization, 2004, 17(7):965-983.

[22] BALASUBRAMANIAN N, LIEBERMAN M B. Learning-By-Doing and Market Structure[J]. The Journal of Industrial Economics, 2011,59(2): 177-198.

[23] BALCAEN S, MANIGART S, BUYZE J, et al. Firm Exit after Distress: Differentiating Between Bankruptcy, Voluntary Liquidation and M&A[J]. Small Business Economics, 2012, 39(4): 949-975.

[24] BALDWIN J R. The Dynamics of Industrial Competition [M]. Cambridge: Cambridge U Press, 1995.

[25] BALDWIN J, YAN B. Death of Canadian Manufacturing Plants: Heterogeneous Responses to Changes in Tariffs and Real Exchange Rates [J]. Review of World Economics, 2011, 147(1):131-167.

[26] BAJARI P, BENKARD C L, LEVIN J. Estimating Dynamic Models of Imperfect Competition[J]. Econometrica, 2007, 75(5):1331-1370.

[27] BASILE R, PITTIGLIO R, REGANATI F. Do Agglomeration Externalities Affect Firm Survival? [J].Regional Studies, 2017, 51(4): 548-562.

[28] BATTISTIN E, GAVOSTO A, RETTORE E. Why do Subsidised Firms Survive Longer? An Evaluation of a Program Promoting Youth Entrepreneurship in Italy[M]. Econometric Evaluation of Labour Market Policies: Physica-Verlag HD, 2001.

[29] BAYUS B L, AGARWAL R. The Role of Pre-entry Experience, Entry Timing, and Product Technology[J]. Access and Download Statistics, 2007,53(12): 1887-1902.

[30] BELLONE F, MUSSO P, NESTAL E T. Financial Constraints and Firm Export Behavior[J]. World Economy, 2008, 33(33):347-373.

[31] BESEDES T, PRUSA T J. Ins, Outs, and the Duration of Trade[J]. Canadian Journal of Economics Revue, 2006, 39(1):266-295.

[32] BESEDES T, PRUSA T J. The Role of Extensive and Intensive Margins and Export Growth[J]. NBER Working Papers, 2007, 96(2):371-379.

[33] BILLINGS R S, MILBURN T W, SCHAALMAN M L. A Model of Crisis Perception: A Theoretical and Empirical Analysis[J]. Administrative Science Quarterly,1980, 25(2): 300-316.

[34] BIRLEY S. The Role of New Firms: Births, Deaths and Job Generation [J]. Strategic Management Journal, 1986, 7(4): 361-376.

[35] BRANSTETTER L, FISMAN R J, FOLEY C F. Intellectual Property Rights, Imitation, and Foreign Direct Investment: Theory and Evidence [J]. NBER Working Papers, 2007, No. w13033(4):1-44.

[36] BOX M. The Death of Firms: Exploring the Effects of Environment and Birth Cohort on Firm Survival in Sweden[J]. Small Business Economics, 2008, 31(4): 379-393.

[37] BOYER T, BLAZY R. Born to be alive? The Survival of Innovation and Non-innovative French Microstart-ups[J]. Small Business Economics, 2014, 42(4): 669-683.

[38] BRUDERL J, SCHUSSLER R. Organizational Mortality: The Liabilities of Newness and Adolescence[J]. Administrative Science Quarterly, 1990, 35(3): 530-547.

[39] BUDDELMEYER H, JENSENY P H, WEBSTER E. Innovation and the Determinants of Company Survival[J]. Oxford Economic Papers, 2010, 62(2): 261-285.

[40] CARROLL G R, DELACROIX J. Organizational Mortality in the Newspaper Industries of Argentina and Ireland: An Ecological Approach [J]. Administrative Science Quarterly, 1982, 27(2): 169-198.

[41] CAVES R E. Industrial Organization and New Findings on the Turnover and Mobility of Firms[J]. Journal of Economic Literature, 1998,36(4): 1947-1982.

[42] CEFIS E, MARSILI O. A Matter of Life and Death: Innovation and Firm Survival[J]. Industrial and Corporate Change, 2005, 14(6):1-26.

[43] CEFIS E, MARSILI O. Survivor: The Role of Innovation in Firms' Survival[J]. Research Policy, 2006, 35(5): 626-641.

[44] CHADWICK C, GUTHRIE J P, XING X. The HR Executive Effect on Firm Performance and Survival[J]. Strategic Management Journal, 2016, 37(11): 2346-2361.

[45] CHAGANTI R S, MAHAJAN V, SHARMA S. Corporate Board Size, Composition and Corporate failures in Retailing Industry[J]. Journal of Management Studies, 1985, 22(4): 400-417.

[46] CHAVA S, JARROW R. Modeling Loan Commitments[J]. Finance Research Letters, 2008, 5(1): 11-20.

[47] CHEN M, GUARIGLIA A. Internal Financial Constraints and Firm Productivity in China: Do Liquidity and Export Behavior Make a Difference[J]. Journal of Comparative Economics, 2013, 41(4): 1123-1140.

[48] CHE Y, LU Y, TAO Z. Institutional Quality and New Firm Survival[J]. Economics of Transition, 2017, 25(3): 495-525.

[49] CHEN Y M, PUTTITANUN T. Intellectual Property Rights and Innovation in Developing Countries[J]. Journal of Development Economics, 2005, 78(2): 474-493.

[50] CHINDOOROY R, MULLER P, NOTARO G. Company Survival Following Rescue and Restructuring State Aid[J]. European Journal of Law and Economics, 2007, 24(2): 165-186.

[51] CHRISTENSEN C M, BOWER J L. Customer Power, Strategic Investment, and the Failure of Leading Firms[J]. Strategic Management Journal, 1996, 17(3): 197-218.

[52] CHRISTENSEN C. Patterns in the Evolution of Product Competition[J]. European Management Journal, 1997, 15(2): 117-127.

[53] CLEMENT, KONG, WING E T. Ownership Structure, Lending Bias, and Liquidity Constraints: Evidence from Shanghai's Manufacturing Sector[J]. Journal of Comparative Economics, 1998, 26(2): 301-316.

[54] COAD A, SEGARRA A, TERUEL M. Like Milk or Wine: Does Firm Performance Improve With Age[N]. Papers on Economics & Evolution, 2010, 24(1): 173-189.

[55] COCKBURN I, WAGNER S. Patents and the Survival of Internet-related IPOs[J]. Research Policy, 2009, 39(2): 214-228.

[56] COHEN, WESLEY M. Fifty Years of Empirical Studies of Innovative Activity and Performance [M]. North-Holland, Handbook of the Economics of Innovation, 2010,1: 129-213.

[57] COLEMAN J S. Social Capital in the Creation of Human Capital[J]. American Journal of Sociology, 1988, 94: S95-S120.

[58] COLOMBELLI A, HANED N, BAS C L. On Firm Growth and Innovation: Some New Empirical Perspectives Using French CIS (1992-2004)[J]. Structural Change & Economic Dynamics, 2013, 26: 14-26.

[59] DAI M, HARRIS R, LU Y, LIU H. Exports and Firm Survival: Do Trade Regime and Productivity Matter?[J]. Applied Economics Letters, 2016, 23(6): 457-460.

[60] DAVID G, RICHARD K. Firm Heterogeneity, Exporting and Foreign Direct Investment[J]. Economic Journal, 2010(517):134-161.

[61] D'AVENI R A. The Aftermath of Organizational Decline: A Longitudinal Study of the Strategic and Managerial Characteristics of Declining Firms [J]. Academy of Management Journal, 1989a, 32(3): 577-605.

[62] D'AVENI R A. Dependability and Organizational Bankruptcy: An Application of Agency and Prospect Theory[J]. Management Science, 1989b, 35(9): 1120-1138.

[63] DESAI V M. Mass Media and Massive Failures: Determining Organizational Efforts to Defend Field Legitimacy Following Crises[J]. Academy of Management Journal, 2011, 54(2): 263-278.

[64] DONOGHUE T D, ZWEIMÜLLER J. Patents in a Model of Endogenous Growth[J]. Journal of Economic Growth, 2004, 9(1):81-123.

[65] DOSI G, MARENGO L, PASQUALI C. How Much Should Society Fuel the Greed of Innovators? on the Relations Between Appropriability, Opportunities and Rates of Innovation [J]. Research Policy, 2006, 35 (8): 1110-1121.

[66] DOWELL G, SWAMINATHAN A. Entry Timing, Exploration, and Firm Survival in the Early U. S. Bicycle Industry [J]. Strategic Management Journal, 2006, 27(12): 1159-1182.

[67] DUHAUTOIS R, REDOR D, DESIAGE L. Long Term Effect of Public Subsidies on Start-up Survival and Economic Performance: An Empirical Study with French Data[J]. Revue D'économie Industrielle, 2015 (1): 11-41.

[68] DU J, LU Y, TAO Z, YU L. Do Domestic and Foreign Exporters Differ in Learning by Exporting? Evidence from China[J]. China Economic Review, 2012, 23(2): 296-315.

[69] DUNNE P, HUGHES A. Age, Size, Growth and Survival: UK Companies in the 1980s[J]. The Journal of Industrial Economics, 1994, 35: 567-581.

[70] DUNNE T, S D KLIMEK, M J ROBERTS. The Dynamics of Market Structure and Market Size in Two Health Service Industries: New Evidence from Micro Data[J]. Working Papers (Old Series), 2007(712): 303-327.

[71] DZHUMASHEV R, MISHRA V, SMYTH R. Exporting, R&D Investment and Firm Survival in the Indian IT Sector[J]. Journal of Asian Economics, 2016, 42: 1-19.

[72] EBERSBERGER B. Public Funding for Innovation and the Exit of Firms[J]. Journal of Evolutionary Economics, 2011, 21(3): 519-543.

[73] EISENHARDT K M, MARTIN J A. Dynamic Capabilities: What Are They? [J]. Strategic Management Journal, 2000, 21:1105-1121.

[74] ELENA C, ORIETTA M. A Matter of Life and Death: Innovation and Firm Survival[J]. Industrial & Corporate Change, 2006(6): 1167-1192.

[75] EJERMO O, XIAO J. Entrepreneurship and Survival over the Business Cycle: How Do New Technology-Based Firms Differ? [J]. Small Business Economics, 2014, 43: 809-843.

[76] ESTEVE P S, MAÑEZ C A J. The Resource-based Theory of the Firm and Firm Survival[J]. Small Business Economics, 2008, 30(3): 231-249.

[77] ESTEVE P S, SANCHIS L A, SANCHIS J A L. A Competing Risks Analysis of Firms' Exit[J]. Empirical Economics, 2010, 38(2): 281-304.

[78] ESPENLAUB S, GOYAL A, MOHAMED A. Impact of Legal Institutions on IPO Survival: A Global Perspective[J]. Journal of Financial Stability,

2016, 25: 98-112.

[79] FERRAGINA A, PITTIGLIO R, REGANATI F. Multinational Status and Firm Exit in the Italian Manufacturing and Service Sectors[J]. Structural Change and Economic Dynamics, 2012, 23(4): 363-372.

[80] FERRAGINA A M, PITTIGLIO R., REGANATI F. Does Multinational Ownership Affect Firm Survival in Italy?[J]. Journal of Business Economics and Management, 2014, 15(2): 335-355.

[81] FRITSCH M, BRIXY U, FALCK O. The Effect of Industry, Region, and Time on New Business Survival-A Multi-dimensional Analysis[J]. Review of Industrial Organization, 2006, 28(3): 285-306.

[82] FONTANA R, NESTA L. Product Innovation and Survival in a High-tech Industry[J]. Review of Industrial Organization, 2009, 34(4): 287-306.

[83] FU X, YANG Q G. Exploring The Cross-Country Gap in Patenting: A Stochastic Frontier Approach[J]. Research Policy, 2009, 38(7):1203-1213.

[84] FURUKAWA Y C. Intellectual Property Protection and Innovation[J]. Economics Letters, 2010, 109 (2): 99-101.

[85] FURUKAWA Y. The Struggle to Survive in the R&D Sector: Implications for Innovation and Growth[J]. Economics Letters, 2013, 121(1): 26-29.

[86] GABLE J, SCHWALBACH J. International Comparisons of Entry and Exit[M]. Oxford: blacwell, 1990.

[87] GAMMON A E, LEVIE B J. Founder's Human Capital, External Investment, and the Survival of New High-technology Ventures[J]. Research Policy, 2010, 39(9): 1214-1226.

[88] GARNSEY E, STAM E, HEFFERNAN P. New Firm Growth: Exploring Processes and Paths[J]. Industry & Innovation, 2006, 13(1): 1-20.

[89] GATTI R, LOVE I. Does Access to Credit Improve Productivity? Evidence from Bulgarian Firms[J]. Policy Research Working Paper Series, 2006, 16(3):445-465.

[90] GEROSKI P A, MATA J, PORTUGAL P. Founding Conditions and the Survival of New Firms[J]. Strategic Management Journal, 2010, 31(5):

510-529.

[91] GLASS A J, SAGGI K. Intellectual Property Rights and Foreign Direct Investment [J]. Journal of International Economics, 2002, 56(2): 387-410.

[92] GIBSON J K, HARRIS E T. Trade Liberalisation and Plant Exit in New Zealand Manufacturing[J]. Revecon Statist, 1996, 13(5): 915-933.

[93] GIMMON E, LEVIE J. Founder's Human Capital, External Investment, and the Survival of New High-technology Ventures[J]. Research Policy, 2010, 39(9): 1214-1226.

[94] GINARTE J C, PARK W G. Determinants of Patent Rights: A Cross-National Study[J]. Research Policy, 1997, 26(3): 283-301.

[95] GIOVANNETTI G, RICCHIUTI G, VELUCCHI M. Size, Innovation and Internationalization: A Survival Analysis of Italian Firms[J]. Applied Economics, 2011, 43(12): 1511-1520.

[96] GÖRG H, STROBL E. Multinational Companies, Technology Spillovers and Plant Survival[J]. The Scandinavian Journal of Economics, 2003, 105(4): 581-595.

[97] GORG H, SPALIARA M E. Financial Health, Exports and Firm Survival: Evidence From UK and French Firms[J]. Economica, 2014, 81(323):419-444.

[98] GROSSMAN G, HELPMAN E. Quality Ladders in the Theory of Growth[J]. The Review of Economic Studies, 1991, 58(1): 43-61.

[99] GUARIGLIA A, SPALIARA M E, TSOUKAS S. To What Extent does the Interest Burden Affect Firm Survival? Evidence from a Panel of UK Firms During the Recent Financial Crisis [J]. Oxford Bulletin of Economics & Statistics, 2016, 78(4): 576-594.

[100] Hall B H. Exploring the Patent Explosion[J]. The Journal of Technology Transfer, 2005, 30(2):35-48.

[101] HAMBRICK D C, D'AVENI R A. Large Corporate Failures as Downward Spirals[J]. Administrative Science Quarterly, 1988, 33(1): 1-23.

[102] HAMBRICK D C, D'AVENI R A. Top Team Deterioration as Part of the Downward Spiral of Large Corporate Bankruptcies[J]. Management

Science, 1992, 38(10): 1445-1466.

[103] HANNAN M T. Rethinking Age Dependence in Organizational Mortality: Logical Fromalizations[J]. American Journal of Sociology, 1998, 104(1): 126-164.

[104] HANNAN M T, FREEMAN. The Ecology of Organizational Mortality[J].American Labor Unions, 1988, 94(1): 25-52.

[105] HANSEN H, RAND J, TARP F. Enterprise Growth and Survival in Vietnam: Does Government Support Matter? [J]. The Journal of Development Studies, 2009, 45(7): 1048-1069.

[106] HARHOFF D, NARIN F, VOPEL K. Citation Frequency and the Value of Patented Inventions [J]. The Review of Economics and Statistics, 1999, 81(3): 511-515.

[107] HAYNES G W, DANES S M, STAFFORD K. Influence of Federal Disaster Assistance on Family Business Survival and Success[J]. Journal of Contingencies and Crisis Management, 2011, 19(2): 86-98.

[108] HAYWARD M L, SHIMIZU K. De-commitment to Losing Strategic Action: Evidence from the Divestiture of Poorly Performing Acquisitions[J]. Strategic Management Journal, 2006, 27(6): 541-557.

[109] HELMERS C, ROGERS M. Innovation and the Survival of New Firms in the UK[J]. Review of Industrial Organization, 2010, 36(3): 227-248.

[110] HELPMAN E. Innovation, Imitation and Intellectual Property Rights[J]. Econometrica, 1993, 61(6): 1247-1280.

[111] HLAVACEK J D, THOMPSON V A. Bureaucracy and Venture Failures[J]. Academy of Management Review, 1978, 3(2): 242-248.

[112] HO C, WU D D. Online Banking Performance Evaluation Using Data Envelopment Analysis and Principal Component Analysis[J]. Computers & Operations Research, 2009, 36(6): 1835-1842.

[113] HOLMES P, HUNT A. An Analysis of New Firm Survival Using a Hazard Function[J]. Applied Economics, 2010, 42: 185-195.

[114] HOPENHAYN H. Entry, Exit, and Firm Dynamics in Long Run Equilibrium[J]. Econometrica, 1992, 60(5):1127-1150.

[115] HUGGINS R, PROKOP D, THOMPSON P. Entrepreneurship and the

Determinants of Firm Survival within Regions: Human Capital, Growth Motivation and Locational Conditions[J]. Entrepreneurship & Regional Development, 2017, 29(3): 1-33.

[116] JENNINGS P L, BEAVER G. The Managerial Dimension of Small Business Failure[J]. Strategic Change, 2010, 4(4):185-200.

[117] JENNINGS P L, BEAVER G. The Managerial Dimension of Small Business Failure[J]. Strategic Change,1995, 4(4): 185-200.

[118] JENSEN P H, WEBSTER E, BUDDELMEYER H. Innovation, Technological Conditions and New Firm Survival[J]. Economic Record, 2008,84(267):434-448.

[119] JOSEFY M A, HARRISON J S, SIRMON D G. Living and dying: Synthesizing the Literature on Firm Survival and Failure Across Stages of Development[J]. Academy of Management Annals, 2017, 11(2): 770-799.

[120] KANIOVSKI S, PENEDER M. Determinants of Firm Survival: A Duration Analysis Using the Generalized Gamma Distribution [J]. Empirica, 2008, 35(1): 41-58.

[121] KATO M, HONJO Y. Entrepreneurial Human Capital and the Survival of New Firms in High-and Low-tech Sectors[J]. Journal of Evolutionary Economics, 2015, 25(5): 925-957.

[122] KATO M, OKAMURO H, HONJO Y. Does Founders' Human Capital Matter for Innovation? Evidence From Japanese Start-ups[J]. Journal of Small Business Management, 2015, 53(1):114-128.

[123] KEY N, ROBERTS M J. Government Payments and Farm Business Survival[J]. American Journal of Agricultural Economics, 2006, 88(2): 382-392.

[124] KEY N D, ROBERTS M J. Do Government Payments Influence Farm Size and Survival? [J]. Journal of Agricultural and Resource Economics, 2007, 32(2): 330-348.

[125] KIM E H, SCHATZBERG J D. Voluntary corporate liquidations[J]. Journal of Financial Economics, 1987, 19(2): 311-328.

[126] KIM J, LEE C Y. Technological Regimes and the Persistence of First-

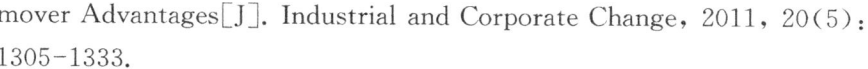

mover Advantages[J]. Industrial and Corporate Change, 2011, 20(5): 1305-1333.

[127] KIM Y, LEE K, PARK W, CHOO K. Appropriate Intellectual Property Protection and Economic Growth in Countries at Different Levels of Development[J]. Research Policy, 2012,41(5):358-375.

[128] KING R G, LEVINE R. Finance, Entrepreneurship and Growth[J]. Journal of Monetary Economics, 1993, 32(3):513-542.

[129] KLEINKNECHT A, MONTFORT V K, BROUWER E. The Nontrivial Choice between Innovation Indicators [J]. Economics of Innovation and New Technology, 2002,11(2):109-121.

[130] LERNER J. The Empirical Impact of Intellectual Property Rights on Innovation: Puzzle and Clues[J]. The American Economic Review, 2009,99(2):343-348.

[131] LILEEVA A, TREFLER D. Improved Access to Foreign Markets Raises Plant-level Productivity For Some Plants[J]. NBER Working Papers, 2007, 125(13297):1051-1099.

[132] LI S, SHANG J. Why Do Software Firms Fail? Capabilities, Competitive Actions and Firm Survival in the Software Industry From 1995 to 2007[J]. Information Systems Research, 2010,21(3):631-654.

[133] LOTTI F, SANTARELLI E, VIVARELLI M. Does Gibrat's Law Hold among Young, Small Firms?[J]. Journal of Evolutionary Economics, 2003, 13(3):213-235.

[134] MANJÓN-ANTOLÍN M C, ARAUZO-CAROD J M. Firm survival: Methods and Evidence[J]. Empirica, 2008, 35(1): 1-24.

[135] MATA A, B P P, C P G. The Survival of New Plants: Start-up Conditions and Post-entry Evolution[J]. International Journal of Industrial Organization, 1995, 13(4):459-481.

[136] MATA J, PORTUGAL P, GUIMARES P. The Survival of New Plants: Start-up Conditions and Post-entry Evolution[J]. International Journal of Industrial Organization, 1995, 13(4):459-481.

[137] MARK B E A, SLEY, DON E T. Information Conveyed in Hiring Announcements of Senior Executives Overseeing Enterprise-Wide Risk

Management Processes[J]. Journal of Accounting Auditing & Finance, 2008, 23(3):311-332.

[138] MASKUS, KIETH E. The Role of Intellectual Property Rights in Encouraging Foreign Direct Investment and Technology Transfer[J]. Duke Journal of Comparative & International Law, 1998,9(1):109-161.

[139] MCMILLAN J, NAUGHTON B. How to Reform a Planned Economy: Lessons from China[J]. Oxford Review of Economic Policy,1992,8(1): 130-143.

[140] MILLER D, FRIESEN P H. Strategy Making In Context: Ten Empirical Archetypes[J]. Journal of Management Studies, 1977, 14(3):253-280.

[141] MILLÁN J M, CONGREGADO E, ROMÁN C. Determinants of Self-employment Survival in Europe[J]. Small Business Economics, 2012, 38(2): 231-258.

[142] MILLER D, FRIESEN P H. A Longitudinal Study of the Corporate Life Cycle[J]. Management Science, 1984, 30(10): 1161-1183.

[143] MILLER D. Common Syndromes of Business Failure[J]. Business Horizons, 1977, 20(6): 43-53.

[144] MINETTI R, ZHU S C. Credit Constraints and Firm Export: Microeconomic Evidence from Italy [J]. Journal of International Economics, 2015, 83(2):109-125.

[145] MOFFAT J. Regional Selective Assistance (RSA) in Scotland: Does It Make a Difference to Plant Survival? [J]. Regional Studies, 2015, 49(4): 568-581.

[146] MOSER P. Innovation Without Patents-Evidence from the World Fairs [J]. SSRN Electronic Journal, 2011.

[147] MOULTON W N, THOMAS H. Bankruptcy as a Deliberate Strategy: Theoretical Considerations and Empirical Evidence [J]. Strategic Management Journal, 1993, 14(2): 125-135.

[148] MUELLER E, HARHOFF D, HAEUSSLER C. To Be Financed or not: The Role of Patents for Venture Capital Financing[J]. REPEC Workingpaper, 2009: 253.

[149] NAMINI J.E, FACCHINI G, LOPEZ R A. Export Growth and Firm

Survival[J]. Economics Letters, 2013,120(3):481-486.

[150] NAUGUTON B. Implications of State Monopoly over Industry and Its Relaxation[J]. Modern China,1992,18(1):14-41.

[151] NICKELL S, NICOLITSAS D. How does Financial Pressure Affect Firms?[J]. European Economic Review, 1999, 43(8):1435-1456.

[152] NORDHAUS W. An Economic Theory of Technological Change[M]. Cowles Foundation for Research in Economics: Yale University,1969.

[153] NURMI S. Sectoral Differences in Plant Startup Size in the Finnish Economy[J]. Small Business Economics, 2006, 26: 39-60.

[154] PAKES A, ERICSON R. Empirical Implications of Alternative Models of Firm Dynamics[J]. Journal of Economic Theory, 1998, 79(1):1-45.

[155] PETER A, KEIL T. Are all Startups Affected Similarly by Clusters? Agglomeration, Competition, Firm Heterogeneity, and Survival[J]. Journal of Business Venturing, 2013, 28(3):354-372.

[156] PELLEGRINI G, MUCCIGROSSO T. Do Subsidized New Firms Survive Longer? Evidence from a Counterfactual Approach[J]. Regional Studies, 2017, 51(10):1-11.

[157] PÉREZ S E, LLOPIS A S, LLOPIS J A S. The Determinants of Survival of Spanish Manufacturing Firms [J]. Review of Industrial Organization, 2004, 25(3):251-273.

[158] PERSSON H. The Survival and Growth of New Establishments in Sweden, 1987-1995[J]. Small Business Economics, 2004, 23(5):423-440.

[159] PERKIN D H. The Challenge China's Economy Poses for China Economists[J].China Economic Review, 2002,13(4):412-418.

[160] RAUCH A, RIJSDIJK S A. The Effects of General and Specific Human Capital on Long-Term Growth and Failure of Newly Founded Businesses [J]. Entrepreneurship Theory and Practice, 2013. 13(5):915-933.

[161] RESENDE M, CARDOSO V, FAÇANHA L O. Determinants of Survival of Newly Created SMEs in the Brazilian Manufacturing Industry: An Econometric Study[J]. Empirical Economics, 2016, 50(4):1255-1274.

[162] RENSKI H. External Economies of Localization, Urbanization and Industrial Diversity and New Firm Survival[J]. Papers in Regional Science, 2011, 90(3):304-323.

[163] RICHARD D, JONATHAN H, YLVA H. Restructuring and Productivity Growth in UK Manufacturing[J]. Economic Journal, 2010(489):666-694.

[164] RUEF M. Assessing Organizational Fitness on a Dynamic Landscape: An Empirical Test of the Relative Inertia Thesis[J]. Strategic Management Journal,1997, 18(11): 837-853.

[165] SARKAR M B, ECHAMBADI R, AGARWAL R. The Effect of the Innovative Environment on Exit of Entrepreneurial Firms[J]. Strategic Management Journal, 2006, 27(6): 519-539.

[166] SCHWARTZ M. A Control Group Study of Incubators Impact to Promote Firm Survival[J]. The Journal of Technology Transfer,2013, 38(3):302-331.

[167] SCARPETTA S, SCHIVARDI F, ARTELSMAN E B. Comparative Analysis of Firm Demographics and Survival: Evidence From Micro-Level Sources in OECD Countries[J]. Industrial and Corporate Change, 2005, 14(3):365-391.

[168] SHARAPOV D, KATTUMAN P, SENA V. Technological Environments, R&D Investment, and Firm Survival[R]. Micro-DYN Working Paper: Jvi.Wiiw.Ac.At, 2011.

[169] SHEPPARD J P. Strategy and Bankruptcy: An Exploration into Organizational Death[J]. Journal of Management, 1994,20(4): 795-833.

[170] SHIMIZU K. Prospect Theory, Behavioral Theory, and the Threat-rigidity Thesis: Combinative Effects on Organizational Decisions to Divest Formerly Acquired Units[J]. Academy of Management Journal, 2007, 50(6): 1495-1514.

[171] SIMÓN-MOYA V, REVUELTO-TABOADA L, RIBEIRO SORIANO D. Influence of Economic Crisis on New SME Survival: Reality or Fiction? [J]. Entrepreneurship & Regional Development, 2016, 28(1-2): 157-176.

[172] SINGH J V, HOUSE R J, TUCKER D J. Organizational Change and Organizational Mortality[J]. Administrative Science Quarterly, 1986, 31(4): 587-611.

[173] SIVADAS E, DWYER R F. An Examination of Organizational Factors Influencing New Product Development in Internal and Alliance-based Processes[J]. Journal of Marketing, 2000, 64(1): 31-49.

[174] STABER U. Spatial Proximity and Firm Survival in a Declining Industrial District: The Case of Knitwear Firms in Baden-Wurttemberg [J]. Regional Studies, 2001, 35(4): 329-341.

[175] STEARNS T M, CARTER N M, REYNOLDS P D, WILLIAMS M L. New Firm Survival: Industry, Strategy, and Location[J]. Journal of Business Venturing, 1995, 10(1): 23-42.

[176] STROTMANN H. Entrepreneurial Survival [J]. Small Business Economics, 2007, 28(1): 87-104.

[177] SUTTON R I. The Process of Organizational Death: Disbanding and Reconnecting[J]. Administrative Science Quarterly, 1987, 32 (4): 542-569.

[178] TAYLOR M S. Trips, Trade and Growth[J]. International Economic Review, 1994(35): 361-381.

[179] THORNHILL S, AMIT R. Learning About Failure: Bankruptcy, Firm Age, and the Resource-based View[J]. Organization Science, 2003, 14(5): 497-509.

[180] TORAGANLI N, YAZGAN M E. Exchange Rates and Firm Survival: An Examination with Turkish Firm-level Data[J]. Economic Systems, 2016, 40(3): 433-443.

[181] TRAHMS C A, NDOFOR H A, SIRMON D G. Organizational Decline and Turnaround: A Review and Agenda for Future Research[J]. Journal of Management, 2013, 39(5): 1277-1307.

[182] TRIPSAS M, GAVETTI G. Capabilities, Cognition, and Inertia: Evidence from Digital Imaging [J]. Strategic Management Journal, 2000, 21(11): 1147-1161.

[183] TSVETKOVA A, THILL J C, STRUMSKY D. External Effects of

Metropolitan Innovation on Firm Survival: Non-parametric Evidence [M]//Applied Regional Growth and Innovation Models. Berlin Heidelberg: Springer Verlag, 2014: 83-106.

[184] TSOUKAS S. Firm Survival and Financial Development: Evidence From a Panel of Emerging Asian Economies-Science Direct[J]. Journal of Banking & Finance, 2011, 35(7): 1736-1752.

[185] TUSHMAN M L, ANDERSON P. Technological Discontinuities and Organizational Environments[J]. Administrative Science Quarterly, 1986, 31(3): 439-465.

[186] UGUR M, TRUSHIN E, SOLOMON E. Inverted-U Relationship between R&D Intensity and Survival: Evidence on Scale and Complementarity Effects in UK Data[J]. Research Policy, 2016, 45(7): 1474-1492.

[187] VELU C. Business Model Innovation and Third-party Alliance on the Survival of New Firms[J]. Technovation, 2015, 35: 1-11.

[188] WAGNER J. Exports, Imports and Firm Survival: First Evidence for Manufacturing Enterprises in Germany[J]. Review of World Economics, 2013, 149(1): 113-130.

[189] WAGNER S, COCKBURN I. Patents and the Survival of Internet-Related IPOs[J]. Research Policy, 2010(2): 214-228.

[190] WANG Y. Exposure to FDI and New Plant Survival: Evidence in Canada[J]. Canadian Journal of Economics/Revue Canadienne D'économique, 2013, 46(1): 46-77.

[191] WILBON A D. Predicting Survival of High-Technology Initial Public Offering Firms[J]. The Journal of High Technology Management Research, 2002, 13(1): 127-141.

[192] YANG G, MASKUS K E. Intellectual Property Rights, Licensing and Innovation in an Endogenous Product-cycle Model[J]. Journal of International Economies, 2001, 53(1): 169-187.

[193] YANG H B, LIN Z A, PENG M W. Behind Acquisitions of Alliance Partners: Exploratory Learning and Network Embeddedness[J]. Academy of Management Journal, 2011, 54(5): 1069-1080.

[194] YU Y, UMASHANKAR N, RAO V R. Choosing the Right Target:

Relative Preferences for Resource Similarity and Complementarity in Acquisition Choice[J]. Strategic Management Journal, 2016, 37(8): 1808-1825.

[195] ZAHRA S A, SAPIENZA H J. Entrepreneurship and Dynamic Capabilities: A Review, Model and Research Agenda [J]. Journal of Management Studies, 2006, 43: 917-955.

[196] ZHANG M, MOHNEN P. Innovation and Survival of New Firms in Chinese Manufacturing, 2000 - 2006[J]. Merit Working Papers, 2013, 91(6): 33-51.